林宜嗣+林亮輔=編著

高林喜久生+林勇貴+髙﨑滋之+能瀬昂介=著

Introduction to
Regional Data Analysis

A Practical Guide for
Evidence Based Policy Making

地域
データ分析
入門

すぐに役立つEBPM
実践ガイドブック

日本評論社

はしがき

　多くの地域が人口を減らし、持続可能性すら危ぶまれています。もちろん、国や自治体が地域の衰退に対して手をこまねいているわけではなく、さまざまな対策が講じられてきました。しかし、現在のところ衰退に歯止めがかかりません。地域政策の効果が十分に発揮されない背景には、日本型地域政策の問題点があります。

　日本の地域政策の特徴は、総花的で網羅的というものです。また、行政評価の必要性が叫ばれながらも、政策形成と予算編成に十分に活かされているとはいえません。その背景には、問題発生の原因とメカニズムを十分に分析しないままに、例えば、商店街がシャッター通りになっているといった現状認識からいっきに最終目標、それも抽象的な目標をめざそうとすることがあります。しかし、「にぎわいのあるまちづくり」「安全で安心できるまちづくり」といったように、最終目標が抽象的であれば、事業評価が困難ですし、効果的な目標達成戦略を立てることもできません。そのため他自治体の事例を模倣したり、住民あるいは有識者の、科学的根拠の乏しい意見を参考にしたりしながら、ステレオタイプの政策メニューを提示することになってしまいます。その結果、金太郎飴的な政策の羅列と不十分な政策効果になる可能性が大きいのです。

　日本の地域政策のこうした問題点は、政策が科学的根拠（エビデンス）に基づいていないことから生まれています。欧米諸国では、エビデンスに基づいて政策を形成する EBPM（Evidence Based Policy Making）という考え方が導入され、成果をあげています。例えば、イギリスでは政策立案の際「何が有効か（what works）」が重要視されており、実証的手法によるエビデンスの形成を政府が推奨しています。EBPM には、「現状分析のための EBPM」と、「政策効果把握のための EBPM」がありますが、いずれの面においても日本では導入が遅れています。EBPM を重視する傾向は世界的な流れであり、わが国においてもその導入が望まれているところです。

　ですが、EBPM はデータを集め、加工し、分析すれば可能になるわけではあ

りません。EBPM の目的は地域問題の解決に有効な戦略を立てることであって、データ収集と分析が目的になるのは本末転倒です。対症療法ではない根本的な構造改革を実現するためには、問題発生の原因を探り、そこにメスを入れる必要があります。雇用、企業の立地、若者の転出といった、地域に大きな影響を与える活動の多くは市場メカニズムに支配されています。また、地域政策の多くは、市場の失敗を是正したり、人や企業の活動にインセンティブを与えて市場メカニズムに介入したりするものです。したがって、EBPM を成功させるためには地域問題の発生原因とメカニズムを把握しておく必要があります。

こうした問題意識の下、私達は2018年に『地域政策の経済学』（日本評論社）を出版しました（林他 2018）。同書は、①地域経済の現状を多面的に検証し、②現状がどのようなメカニズムで発生したのかを明らかにした上で、③地域問題解決のために行われてきたこれまでの政策を検証し、④理論と実証の両面から、今後の政策を提示することを目的としたものです。そして、同書で利用されている実証分析の方法を紹介し、分析のポイントを内容に盛り込みました。

しかし、政策におけるデータ分析が重視される中、多くの方からデータ分析の手法を体系的に習得できる本を出版してほしいという声をいただき、このたびの発刊に至りました。地域データ分析に関する本がないわけではありません。しかし、その多くは、人口や GDP などの一次公表データを用いた地域の現状あるいは過去からの推移の紹介にとどまっています。つまり、地域の実態をデータ化して解説することが中心なのです。一方、地域分析の本は、専門書に近い高度な分析手法の解説であり、これでは学生や一般社会人の手に負えません。本書は、地域経済のデータ分析を実践したいと考えている学生や自治体関係者にとって理解しやすく、事例に従って作業することで実際に政策形成に役立つデータ分析方法が身につくようにしています。

事例をとりあげて内容を数値で表すというだけでは、単に図表化したに過ぎず、地方創生には結びつきません。地域の実態をランキングで表すことが多く見られます。地域分析では他地域と比較する（相対化する）ことが必要ですが、ここで終わってしまったのでは地域問題は解決しません。住みやすさランキングでは北陸３県（富山、石川、福井）が上位にあがってきますが、これらの地域では人口が減少しています。住みやすいことをデータで示すだけでは人口減少を抑えることはできないのです。

　本書は、読者が自らの問題として地域に関心を持つだけでなく、EBPMの発想に基づいて地域の現状、課題、将来、政策効果を「見える化」することによって、地域問題の解決策が提案できるようにすることをねらいとしています。そのために、データ解析や計量分析を含めて基本的な分析スキルを習得し、使えるようにするとともに、アンケート調査等、分析に必要なデータ収集・加工の方法を解説しています。また、本書で例示している分析は日本評論社HPの本書紹介ページ（https://www.nippyo.co.jp/shop/book/8687.html）にExcelファイルを用意しています。このような本は他に例がなく、公共政策、地域経済という大学の講義だけでなく、国・地方公務員、議員、地域系シンクタンクの関係者にも有用な本となることを心がけました。

　2019年6月に第1回目の執筆者の打ち合わせを行ってから刊行に至るまでに2年を費やしてしまいました。EBPMの推進と地域活性化に結びつく「新しい地域データ分析の本を作る」という困難さがあったとはいえ、原稿の完成を辛抱強く待ってくださった日本評論社第2編集部の斎藤博氏、小西ふき子氏には心より御礼申し上げたいと思います。この間、新型コロナウイルスの感染問題によって、地域を取り巻く社会経済環境は大きく変化しました。こうした中、本書が地域活性化に少しでも貢献できるなら、執筆者にとって大きな喜びです。

2021年11月

執筆者代表

林　宜嗣

林　亮輔

本書と『地域政策の経済学』

　人口や企業の転出、失業や貧困といった地域問題の多くは市場メカニズムによって発生しています。そのため、どれだけ高度な分析手法を身につけていたとしても、地域問題発生のメカニズムを考慮したエビデンスでなければ、EBPM は対症療法に終わってしまいます。

　本書の姉妹版である『地域政策の経済学』（林他 2018）では地域経済のメカニズムについて解説していますので、本書と併せて学ぶことで、ロジックとエビデンスを踏まえた最適な地域政策形成を実現してください。

地域のメカニズムを学びロジックを身につける『地域政策の経済学』

Part 1：地域経済問題を知る 第1章 データで読み解く地域の実態 第2章 地域の見方・考え方	**Part 2：地域経済の衰退と活性化戦略** 第3章 地方経済の構造問題 第4章 地域経済の成長と衰退のメカニズム 第5章 地域経済成長戦略の展開
Part 3：都市の衰退と再生 第6章 都市構造の変化とそのメカニズム 第7章 都市の再開発	**Part 4：公共部門の役割とあり方** 第8章 地域政策効果の最大化とその条件 第9章 地域政策におけるガバナンスとマネジメント

EBPMによる最適な地域政策形成の実現

地域分析の手法を体得しエビデンスを構築する『地域データ分析入門』（本書）

Part 1：データ収集・分析の基礎を身につける 第1章 地域政策形成になぜエビデンスが必要なのか？ 第2章 EBPMの下準備① 第3章 EBPMの下準備② 第4章 EBPMの強い味方① 第5章 EBPMの強い味方②	**Part 2：現状把握のための分析手法を身につける** 第6章 地域で発生している問題の決定要因を探る 第7章 地域経済と財政の将来を予測する 第8章 地域経済と産業の特徴を認識する 第9章 地域の強みと弱みから地域戦略を導出する
Part 3：政策効果把握のための分析手法を身につける 第10章 経済波及効果を計算する 第11章 プロジェクトのコスト・パフォーマンスを検証する 第12章 政策効果を把握する	**Part 4：EBPMの適用事例** 第13章 観光政策立案にチャレンジしよう 補　章 データ先進都市・米国ダーラムに学ぼう

目　次

Part 2　現状把握のための分析手法を身につける

Part 3　政策効果把握のための分析手法を身につける

第10章　経済波及効果を計測する—産業連関分析をマスターしよう—　186

Part 4　EBPM の適用事例

第13章　観光政策立案にチャレンジしよう ———————— 272

＊日本評論社 HP の本書紹介ページより、分析方法を解説している図表の Excel ファイルが
ダウンロードできます。データ分析に取り組む際はご活用ください。
（日本評論社 HP 内 URL：https://www.nippyo.co.jp/shop/book/8687.html）

Part 1

データ収集・分析の基礎を身につける

第1章

地域政策形成になぜエビデンスが必要なのか？

本章のねらい

　日本の地域政策が十分な効果を発揮しない理由はさまざまなのですが、その根本には、政策が十分なエビデンス（科学的根拠）に基づいたものになっていないという問題があります。地域の発展戦略はその場しのぎの対症療法であってはなりません。戦略はこれまでの国土政策や地域政策のように公共部門が中心となって立てるのではなく、自治体（国）、住民、企業、非政府部門がパートナーとして対等の立場で地域経済成長と雇用増のための条件を共同で創り出すことです。したがって、戦略形成に関わる者は、地域が置かれている状況を理解し、地域の将来はどうあるべきなのか？地域を良くするためには何をしなければならないのか？といったことを十分に理解しておく必要があります。ところが、関係者が多くなればなるほど、合意形成が難しくなります。合意を作り出すのに不可欠なのがデータとデータ分析に基づいたエビデンスです。思いつきや思い込みベースの戦略にしないためには、地域目標の設定、戦略の策定と実施、評価というプロセスこそが重要です。本章は、地域政策の作成プロセスに沿ってエビデンスがどのように活用されるべきかを解説します。なお、それぞれのエビデンスの詳細や作成方法は第2章以降でとりあげます。

1　エビデンスの意義

1.1　日本の地域政策のどこが問題か

　政策メニューを思いつくままに羅列することは、地域再生にはふさわしくありません。にもかかわらず、日本の地域政策がメニューの羅列になっていることが多いのは、**図1−1**に示すように、①地域の現状と課題を明確にしないままに抽象的な目標を設定し、②科学的根拠のない目標を立て、③効果に関するエビデン

図1-1　日本型地域政策の特徴とあるべき地域政策

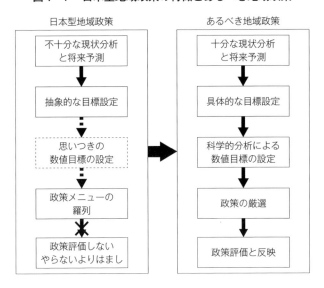

スに基づかない政策手段を実行し、④どの程度の効果があったのかを評価することなく「何もしないよりはまし」ということで終わっているからです。以上の問題点を一言で表現するなら、「エビデンス（科学的根拠）に基づかない政策形成」ということになります。

日本の地域政策に求められているのは、従来型の「**意見に基づいた政策形成（OBPM：Opinion Based Policy Making）**」から、「**エビデンスに基づいた政策形成（EBPM：Evidence Based Policy Making）**」への転換です。EBPMは欧米諸国では早くから導入され、政策形成に活かされています。例えば、イギリスでは政策立案の際「何が有効か（what works）」が重要視されており、実証的手法によるエビデンスの形成を政府が推奨しています。エビデンスには、「現状分析のためのエビデンス」と「政策効果把握のためのエビデンス」がありますが、いずれの面においてもわが国では導入が遅れており、早期の導入が求められています。

EBPMは、調査研究等の客観的で信頼のおけるエビデンスに基づいて適切な政策形成を行うのを助けるためのものであって、政策の最終目標である「あるべき姿」を決定することを目的とするものではありません。つまり、目標達成のた

めの政策策定プロセスを改善する手法であることを忘れてはなりません。したがって、たとえ大量のデータと高度な統計技術を駆使してエビデンスを作り上げても、そのエビデンスが意思決定者に理解不能であったり、政策改善に活用できなかったり、高コストであったりしたのでは、政策形成プロセスの改革を目指すEBPM としては不適当なのです。

1.2　エビデンスとは

エビデンスといえばデータ、とくに量的データを思い浮かべますが、政策形成に利用されるエビデンスには**図1-2** のようにいくつかの種類があります。データも量的なものだけでなく、誰が、何を、いつ、どこで、なぜといった**質的データ**も政策形成には重要です。その他にも、各種の委員会での参加者の発言、自治体職員の実践経験や実績等から得られる情報も重要ですし、論文や著書といった文献から得られる調査研究情報も政策形成に役立ちます。

ただ、注意しなければならないのは、EBPM に必要なエビデンスは、体系的な**リサーチに基づいたエビデンス**（RBE：Research Based Evidence）でなくてはならないということです。イメージ通りで共有しやすいものであっても、リサーチに基づかないものはエビデンスではありません。アンケート調査による一般市民の声も、それらが体系的なプロセスを通じて収集されており、十分な客観性を持つことが示されてはじめてエビデンスとして利用できるのです。

エビデンスの中心となる量的データについては、第2章で説明するように e-Stat 等のウェブサイトで手に入れることができます。このように、誰もが自由に利用できる情報を**オープンデータ**といいます。これらのデータからは、地域政策に必要な情報、とくに、地元の自治体が全国的に見てどのレベルにあるのかや、地域で発生している現象の背景を統計的に調べることができます。しかし、オープンデータの多くは国全体、都道府県別、市町村別であり、一定の形式で表示されている基礎データが中心ですので、地域の実態をより詳細に分析するためには、データの集計や加工等の工夫が必要になります。また、自治体にデータが存在しない場合には、アンケート調査によって情報を収集する必要があります。例えば自治体の政策に関する住民や企業の「満足度」情報は地域政策においてきわめて重要ですが、これらはアンケートによって収集する必要があります。アンケート調査については第4章でとりあげます。

図1-2　多様なエビデンス

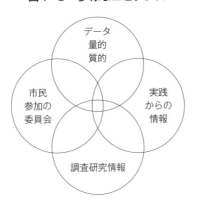

1.3　ロジックとエビデンスは政策形成の両輪

　多くのオープンデータは、省庁別、分野別といった形で整理されており、政策形成に必要な前後関係や背景にある事情に配慮したものではありません。大量のオープンデータが提供されるようになったからといって、ただ関連がありそうなデータを収集しても EBPM にはなりません。政策形成にはロジック（論理）が不可欠なのです。

　政策形成における思考方法には、①**論理的思考（ロジカルシンキング）**と②**批判的思考（クリティカルシンキング）**があります。ロジカルシンキングは物事に筋道を立てて、各段階、各要素別に分類、分解して思考する方法であり、クリティカルシンキングは物事の前提の正誤を検証したのち、その事象の本質を見極めていく方法です。

　この2つの思考方法は対立するものではなく、クリティカルシンキングにはロジカルシンキングの考え方を活かすことができますし、その逆もまたしかりです。思考方法として両者はともに重要なのですが、思考結果に基づいて戦略という具体的な回答を導くために不可欠なものがあります。判断基準（ベンチマーク）と客観的（科学的）分析に基づいたエビデンスです。これがなければ、単なる戦略形成の考え方や方向性の提示に終わり、立てられた戦略がどの程度のパフォーマンスを持つのかが不明なままになります。

　しかし、情報やデータといったエビデンスがそろっていても、その使い方や考

図1-3　思考方法とエビデンスは政策形成の両輪

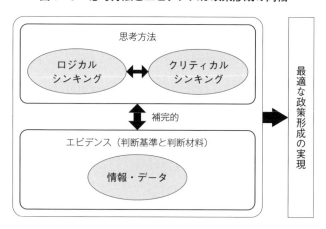

え方を十分に踏まえたものでなくてはなりません。このように、適正な政策を形成し実行していくためには、**図1-3**のように思考方法とエビデンスとが一体となることが不可欠なのです。

　また、地域政策は、地域問題がどのような原因とメカニズムによって発生するのかについて考慮したものでなければ、対症療法に終わってしまいます。人口や企業の転出、失業や貧困といった地域問題の多くは市場メカニズムによって発生しています。このメカニズムにメスを入れない政策は「対症療法」に終わってしまうでしょう。こうした原因やメカニズムも論理的思考には不可欠です。本書の姉妹版である『地域政策の経済学』（林他 2018）では地域経済のメカニズムについて解説していますので、エビデンスの構築に必要なロジックを身につけてください。

1.4　政策形成に活用できるエビデンスの条件

　エビデンスが政策形成に役立つための条件を Sutcliffe and Court（2005）は次のように指摘しています。

●品質／精度／客観性

　エビデンス自体が納得のいくものになっていること。そのためには、原因と結果が正しくとらえられており、考えを引用する場合には大部分の人びとが共感するものであり、エビデンスの入手ソースは客観性のあるものでなくてはなりませ

ん。

●信頼性

　エビデンスは強力で明確な論拠に基づいていること。そのためには、分析方法が妥当で、データの収集と分析が厳密に行われており、分析の結論が明確に示されていることが求められます。第4章で解説しますが、例えばアンケート調査のサンプル（標本）数が十分なものであり、分析結果が統計的に見て確かなものになっている等も信頼性を確保するためには必要です。

●適切さ

　エビデンスはタイムリーかつ話題性があるとともに、政策的意味合いを持たなければなりません。「昔はこうだったから」というのではエビデンスとしては不適切です。多くの政策に抜本的なメスが入らないのは、制度や政策が創設された時の状況が、社会経済情勢が大きく変わった現在でも持ち出されるからです。また、政策形成は特定地域の特定課題についてのケーススタディなのですが、そこで使われるエビデンスの考え方は他の地域や課題にも適用できるという意味で一般化可能なものでなくてはなりません。

●実用性

　エビデンスは、政策立案者が容易に政策に変換できるものでなければなりません。難解な統計技法を用いてエビデンスを導いても、政策立案者がエビデンスを理解できなかったり、政策に使えなかったりするなら意味がありません。また、エビデンスを構築するためのコストや時間も重要です。つまり、エビデンスそれ自体の費用対効果にも配慮しなければならないのです。

2　政策形成プロセスとエビデンス

2.1　フェーズ1―ビジョンの設定―

2.1.1　全体ビジョンの設定

　図1-4は政策形成プロセスを概念化したものです。地域が抱えている課題を明らかにし委員会の議題に乗せるためのエビデンス、政策手段を選択するためのエビデンス、政策を実行しそれを改善していくためのエビデンスといったように、政策形成に必要なエビデンスはフェーズによって異なります。なお、太字はとく

図1-4　政策形成プロセスとエビデンス

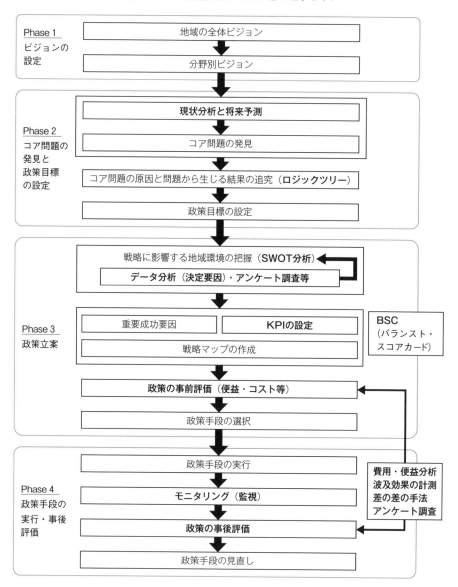

にエビデンスが必要とされる部分であり、本書で詳しくとりあげています。

　「ビジョンがないプロジェクトは失敗する」といわれるほどにビジョンは重要です。理想像、未来像、展望、見通しといった意味で使われるビジョンですが、それは単なる理想や思いつき、あるいは模倣であってはなりません。**ビジョン**はプロジェクトが達成しようとしている目標の枠組みを示すものであり、プロジェクトの成否を判断する**ベンチマーク**（基準や目標といった意味）の役割を果たすものでなければなりません。

　米国ノースキャロライナ州にある**ダーラム都市圏**の例を見てみましょう。アメリカで発行され、金融、投資などの記事を掲載している世界的な経済雑誌『フォーブス』は、ダーラム（Durham）／ローリー（Raleigh）都市圏を企業立地の際の有望な10都市の一つに選ぶとともに、ダーラムをビジネスに理想的な都市のランキングで第10位に選びました（2013年8月）。古くはたばこ産業や繊維産業で栄えたダーラムでしたが、その後、これらの産業の衰退とともに町も衰退しました。しかし、今ではダーラムはデューク大学を抱える大学町として、またハイテク産業の研究・開発拠点として発展しています（林・中村 2018）。

　ダーラム市は、「戦略プラン2019-2021」において、「ダーラムは優れた持続可能な生活の質を提供するリーディング・シティ（先導的都市）となる」というビジョンを掲げ、地域経済活性化策を講じています。これまでの政策の結果、1990年に136,611人であったダーラム市の人口は2018年には274,291人に倍増しました。ダーラム市が全体ビジョンとして掲げた「リーディング・シティ」が実現すれば人口はさらに増加すると予想されています。

2.1.2　分野別ビジョンの設定

　地域全体のビジョンが描けたら、次は分野別ビジョンです。高度経済成長期に比べて、社会経済構造が複雑化した現在、地域づくり戦略を総合的な視点から作成し実施することの重要性はいっそう高まっています。しかし、現在の地域づくりは総合戦略からはほど遠く、施策メニューを網羅的に記述しているケースが多く見られます。

　産業、暮らし、教育、福祉、自然、行政運営……。これらは地域の全体ビジョンを実現する上で重要な分野です。EBPM研究所のウェブサイトには（1）経済、（2）所得・資産、（3）財政、（4）健康、（5）文化・娯楽という地域力が、

人口移動（人口の純転入率）にどのように影響しているかの分析結果が掲載されています（https://ebpm.ne.jp/）。これによると、20歳から24歳までの若者には、文化・娯楽、経済、財政に訴求力があり、30代の子育て世代は健康を重視しているなど、世代によって人口移動の背景が異なることが示されています。同時に、若者に魅力のある地域づくりは経済の活性化だけではないことも明らかにされています。

　分野別ビジョンを寄せ集めたものが地域の全体ビジョンではなく、分野別ビジョンはそれぞれが相互に関連しながら地域全体のビジョンを実現するものとして設定されなければならないのです。したがって、地域によって全体ビジョンが異なれば、分野別ビジョンも違ったものになります。

2.2　フェーズ2―コア問題の発見と政策目標の設定―

2.2.1　コア問題の発見―議題（アジェンダ）にのせるための現状分析と将来予測―

　このフェーズで必要なのは、市民、議会、行政部局の政策担当者が、「この問題は重要だ」と気づき、政策形成の議題にのせるべきだとの判断に導く信頼のおけるエビデンスを構築することです。つまり、地域問題を単なる問題（プロブレム）で終わらせることなく、政策対象として議論すべき課題（イシュー）に転換することが求められるのです。そのためのエビデンスは、「人口が何％減少した」「雇用者数が何人減少した」「産業構造が停滞産業に偏っている」という事実の羅列ではなく、地域が置かれている現状を的確に把握し、問題を洗い出し、政策課題に結びつけ、目標の設定に結びつくものでなければなりません。

　「地域が今どのような状況にあるのか？」という現状把握は地域課題を明らかにする上で重要です。しかし、プラスの方向であれマイナスの方向であれ、地域はダイナミックに変動しています。このまま放置するとどのような将来が訪れるのかを知ることも同様に重要です。さらに、政策目標は多くの場合、中長期的な視点で設定されることが多いため、目標設定を行う上でも予測は極めて重要です。

　政策の影響を受ける利害関係者（ステークホルダー）が持つ情報、経験、資源は計画策定に役立つだけでなく、共同で作業を行うことによって緊密な関係が育っていき、それ自体が地域発展戦略への取り組みに大きく影響する要因となります。地域政策を成功させる上で重要なことは、すべてのステークホルダーがビジ

ョンを共有し、課題解決のために足並みをそろえることです。しかし、分野横断的になればなるほど、関係者間の意見の対立が表面化する可能性は大きくなります。だからこそ、利害関係者が納得する現状分析と将来予測が必要なのです。

　現状分析と将来予測が完了すれば、フェーズ1で設定したビジョンと突き合わせることによって、ビジョン達成のために解決しなければならない重要な地域問題（以下ではコア問題と呼ぶことにします）を発見してください。コア問題が見つかれば、次は、対応すべき政策課題の抽出です。例えば、人口統計から「若者の転出が著しい」ことを地域のコア問題ととらえるとします。政策課題は、いかにして若者の転出を防ぐか、そのためには若者に魅力のある地域をどのように創出すればよいか、となります。

2.2.2　ロジックツリーを作る

　政策課題が決まったら、政策目標を設定するとともに、目標を達成するために必要な政策への手がかりを得る必要があります。そこで役立つのが論理的思考のフレームワークとして知られる、**ロジックツリー（Logic Tree）**です。議題とコア問題が決まったら、コア問題を引き起こした原因をどんどん深く追究していきます。例えば、地域内の若者が域外に転出しているという状況をコア問題だと認識したとします。その原因を議論の参加者が考えていくことになります。以下は想定したストーリーです。

　「若者が転出しているのは労働者の給与水準が他地域に比べて低いからではないか」という意見が出ました。「たしかにそうかもしれないが、それでは給与が低いのはなぜなのだろうか？」という疑問を受けて、「労働生産性が低いからではないか」という考えが出たとします。次に出てくる疑問は、「なぜ、労働生産性が低いのか？」です。これに対して、「労働者が十分なスキルを身につけていないからではないか」という意見が出ます。「それではなぜ十分なスキルが備わっていないのか？」という疑問につながり、「職業訓練や技能向上セミナーを受ける機会が少ないからではないか」という意見が出ます。その意見に対して「それではなぜ訓練やセミナーを受ける機会が少ないのか？」という疑問が出て、「自治体に職業訓練施設がなく、スキル向上を指導するスタッフがいないからではないか」というようにインプットが不十分だという考えに到達します。このように、「Why?」を重ね、問題発生の原因を追究していくことで政策形成のヒン

図1-5　ロジックツリー

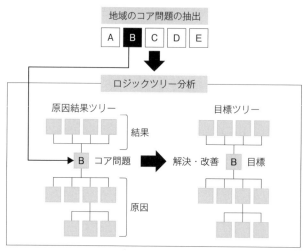

トが得られます。以上がロジックツリーの「根っこ」の部分です。

　次はツリーの「葉っぱ」の部分です。若者が域外に転出しているというコア問題からさまざまな問題が連鎖的に起こっていきます。例えば、IT産業をはじめとした企業活動の担い手が減り、経済活動が衰退するといった問題や、お祭りのような伝統行事が維持できなくなるため、社会・地域における人々の信頼関係や結びつきという**ソーシャル・キャピタル**が失われていくといった問題が起こることによって、地域社会の衰退につながりかねません。このように、コア問題からさまざまな問題は発生していきます。

　以上のプロセスを経て、**図1-5**のようにコア問題（幹）、原因（根）、結果（葉）というロジックツリーができあがり、政策の目標と政策形成へのヒントが浮かび上がっていきます。ロジックツリーを政策目標と政策形成に活用するためには、**原因結果ツリー**（Cause-Effect Tree）を**目標ツリー**（Objectives Tree）に転換するわけですが、これは問題を目標に変えれば良いだけです。先の例でいえば、「若者が転出する」というコア問題を、「若者の転出を抑える」という目標に置き換え、その目標を達成する政策も、原因結果ツリーで得られた「職業訓練施設がないこと」を「職業訓練施設を作る」に置き換えれば目標になります。しかし、これはあくまでもインプットレベルでの目標にすぎません。政策目標はコ

ア問題の解決・改善であり、若者の転出を抑えるというアウトカムです。

2.2.3　政策目標はアウトカムベースで

　EBPM では政策効果（パフォーマンス）を評価することが重要になります。そのためにも設定すべき目標は評価が可能なものでなければなりません。自治体は財政支出を行って職員や施設などの**インプット**を手に入れ、行政サービスというアウトプットを供給し、それが生活の利便性や地域経済の発展という**アウトカム**を生みます。

　地域経済にとって重要な政策である中小企業の支援、労働者のスキル開発についてみてみましょう。起業支援策として提案されるのがインキュベーション（孵化器）施設や起業セミナーの開催です。しかし、インキュベーション施設やセミナーの講師は、施設の利用やセミナーの開催というアウトプットを生み出すためのインプットにすぎません。インプットを増やしてセミナー開催数や施設の利用者数を増やしても、起業の促進や既存事業の売上増といった地域の産業振興に結びつかなければ意味がありません。政策目標は起業の実績、労働者の稼得能力の向上といったアウトカムをベースに設定しなければならないのです（林・中村2018）。

　アウトカムの種類によってはデータが公表されていないものもあります。このような場合には、アンケート調査によって情報を収集する必要が生まれます。先述したダーラムは地域の企業に対してアンケート調査を行い、ダーラムが企業活動にふさわしい環境を備えているかどうかを検証し、政策に活用しています。また、レクリエーションや文化関連施設については、利用者にとっての便益（満足度）がアウトカムの中心ですが、民間の施設と違って公共施設は無料あるいは低料金に設定されているため、売上げで評価することができません。このようなケースではやはりアンケート調査によって利用者満足度に関する情報を収集する必要が生まれます。本書では第11章で公共施設が利用者に与える直接的な便益の計測方法を解説します。

　政策目標はアウトカムベースで立てなくてはならないとしても、現実の政策ではインプットによってアウトプットが作られ、それによってアウトカムが生み出されます。したがって、政策形成プロセスとしてはインプットレベルでの目標、アウトプットレベルでの目標、そしてアウトカムレベルでの目標というように、

段階的に目標を設定し、インプット目標から順次クリアしていくことが必要となります。このような政策形成の仕方を**ロジカルフレームワーク**（Logical Framework、ログフレームとも呼ばれる）といいます。

2.2.4 政策目標と将来予測

目標の設定において注意しなければならない点がもう一つあります。目標はあくまでも将来に達成しようとするターゲットですから、現状のままで推移するとした将来予測を踏まえて設定する必要があります。つまり、「このまま放置すると10年後には○○になってしまう。この数値を△△にまで引き上げることを目標とする」としなければならないのです。ところが、多くの政策提言では、「現在は□□なので、それを10年後には××にまで引き上げたい」という目標を立てています。これでは目標の設定に錯誤が生じやすく、目標を達成しようとしても現状を引き起こした要因が不明確なために、的確な戦略を立てることができません。

図1-6は現状のままで放置した場合と目標となるアウトカムの違いを説明したものです。2030年の目標を現状維持に設定したとします。つまりアウトカムはcとなります。しかし、何の対策も講じない現状放置のケースでは、2030年にはaになります。これを踏まえて2030年にはbにまで持って行く、つまり、下落幅を抑えるというように目標を設定すべきなのです。もちろん目標をcに設定することはあります。しかしこの場合には、目標は現状維持というより、むしろ「aをcにまでかさ上げする」としなければならないのです。

将来予測を行う上で活用できるのは回帰分析というデータ分析方法です。回帰分析はフェーズ3での地域問題の決定要因やフェーズ4のパフォーマンス評価のためのベンチマークを見出すのにも利用できますので、本書では第5、6、7章でとりあげます。

2.3 フェーズ3―政策立案―

2.3.1 SWOT分析

目標達成に効果を発揮する政策を作るためには、ロジックツリーを用いてコア問題を発生させている原因を探り、問題解決に対処するのに必要な条件を地域が備えているかどうかを的確に評価することが求められます。その方法の一つがSWOT分析です。この分析手法はもともと民間企業の経営戦略を立てるものと

図1-6　将来予測と目標設定

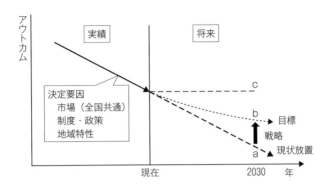

して考案されたのですが、公共部門についても適用が可能であり、欧米諸国では地域発展戦略の立案にも活用されるようになっています。

　SWOT分析は地域の経済状況を、「強み（Strengths）」、「弱み（Weaknesses）」、「機会（Opportunities）」、「脅威（Threats）」という4つの要素に焦点を当てて分析する手法です。戦略それ自体を分析するのではなく、戦略を立てるためのプロセスの一環として、地域の現状と課題を知ることが主な目的です。そして、強みや弱みは現状に照らして見出すだけでなく、地域がこのままのトレンドで進めばどのような状態になるかという将来予測を踏まえることも必要です。SWOT分析によって戦略の焦点をどこに当てるべきかを知り、問題解決への解答を効率的に導くことが期待されています。詳細は第9章で解説します。

　もちろん、強みや弱みといった地域の特性が信頼に足るものになるためには、客観性が不可欠であり、データ分析、アンケート調査などに基づいた情報を収集しなければなりません。こうしたエビデンスが提示されて初めて、地域が抱える課題を選択したり、解決の優先順位を付けたりすることができるのです。

　したがって、最初の段階ではロジックツリーをもとに、コア問題に関連した理論や専門家の知見等も活用しながらイメージベースのSWOT分析を行い、その後に、エビデンスベースのものに改善するという方法でもかまいません。重要なことはイメージベースのままにとどめないことです。

2.3.2　決定要因分析

　ロジックツリーで追究したコア問題発生の原因や、SWOT分析でイメージし

た強み、弱み、機会、脅威に十分なエビデンスがあるのかどうかを検証する分析方法の一つが第5章から第7章でとりあげる回帰分析です。地域が抱える問題を解決する決め手は、効果的な政策手段を選択することにあります。そのためには、問題を発生させている原因を科学的に明らかにし、どこにメスを入れれば目標を効果的に達成できるかが問われます。「原因だろう」と思っていても実は大きな影響を与えていない可能性がありますし、逆に重要ではないと思っていたことが重要であったりします。また、原因は地域によって異なる場合も多いのです。問題発生に大きく影響する原因がわかれば、問題解決の糸口を効率的に見出すことができるようになります。このときに役立つのが第5章の回帰分析と、その応用である第6章の決定要因分析と第7章の将来予測です。

　地域戦略を立てる際に将来予測が役に立つのは、現在の状況をもたらした要因を計量経済学の手法を用いて分析したものを将来予測に利用するからです。例えば、自治体の財政状況が将来においてさらに悪化すると予測されるとき、その要因としてはバブル崩壊後の経済の低迷のように全国共通のものもあれば、地元の工場が海外に移転したという、地域に特有の事情もあります。これらの要因を科学的に見極めることができれば、地域の裁量によって変更が可能な要因にメスを入れる（戦略）ことでアウトカムを目標の水準に持って行くことが可能になるのです。

　問題を発生させている主要な要因は、裏返せば、問題を解決し目標に近づくための要因でもあります。「**重要成功要因**」（CSF：Critical Success Factor、KSF：Key Success Factor、KFS：Key Factor for Success）と呼ばれるものがこれにあたります。重要成功要因を知ることができれば、目標達成を効果的、効率的に実現できるようになります。重要成功要因は思いつきやイメージであってはなりません。回帰分析を用いた決定要因分析は重要成功要因を科学的に発見しようとするものであり、地域問題解決への近道です。

2.3.3　バランスト・スコアカード

　先述したロジカルフレームワークではインプットからアウトプットへ、そしてアウトカムというように、政策効果が一本の道をたどることが想定されています。目標を実現することが第一の目的なのですから、ステークホルダー全員の合意さえ得られればひたすら目標に向かって進むことも認められるかもしれません。

　ところが、どのような政策もその目標を達成する過程で副次的な影響を及ぼします。中には、副作用ともいえるマイナスの影響もあるかもしれません。地域住民の満足度を最大限に高めることが公共部門の目的です。しかし、住民に対して公共サービスを手厚く提供することは多額の費用がかかることを意味し、財政状況の悪化という問題を通じて地域住民に悪影響を及ぼす可能性があります。また、職員の新規採用を抑えたり、インフラの更新を遅らせたりすると、現時点で財政状況は改善するかもしれませんが、住民サービスの低下や長期的に見ればマイナスになるかもしれません。したがって、政策を立案し実行する際には、さまざまな側面への影響に対する配慮も必要になります。

　キャプランとノートン（R S. Kaplan and D. P. Norton）が開発した**バランスト・スコアカード**（Balanced Scorecard）は、いくつかの「視点」を設定し、その視点に基づいて企業の経営戦略を導出し評価することで、その名の通りバランスの取れた戦略の展開をめざそうとしたものです。近年、公共部門でもバランスト・スコアカードの導入が話題になっています。バランスト・スコアカードは、①ビジョン（将来目標）を実現するための戦略を可視化し、②戦略を実行することによって得られた結果を多面的な定量データによって評価することで、③次期のビジョンと戦略にフィードバックするという、戦略マネジメント・システムです。

　例えば、最もオーソドックスなバランスト・スコアカードでは、①利用者に対してなすべきことは何かを考える「顧客の視点」、②財務の成功を考える「財務の視点（自治体の場合は「財政の視点」）」、③どのようにしてスタッフの能力を維持、向上させるかを考える「学習と成長の視点」、④どのように業務を行うと効果的、効率的かを考える「内部（業務）プロセスの視点」という４つの視点が設定され、これらの視点に基づいてバランスの取れた戦略が展開されます。そして、政策の成否は、事業の評価指標である「**重要業績評価指標**（KPI：Key Performance Indicator）」というエビデンスを用いて判断されます。バランスト・スコアカードの実際の使い方については『地域政策の経済学』（林他 2018）の第13章でとりあげていますので、参照してください。

2.3.4　政策手段の事前評価

　地域政策の形成プロセスもだいぶ進んできました。次は政策手段の選択です。

仮に政策目標が特定化できたとしても政策に投入できる資金には限りがありますから、費用対効果が優れた政策手段を注意深く選択しなければなりません。そのために必要なのが事前評価です。この事前評価が日本の政策形成において欠けているといわれています。

　公共部門にも適用すべきだとされる **PDCA サイクル**（Plan → Do → Check → Act）では、Check は Do の後に位置づけられています。つまり、プロジェクト実施後に評価を行い、それをもとに実施方法を修正したり、計画を立て直したりすることに力点が置かれているわけです。しかし、政府活動の無駄を省くためには、最も効率的で効果的なプロジェクトを選択し、予算化することが不可欠です。したがって、事前評価はマネジメントサイクルにおいて最も重要なステップともいえます。

　これを実践しているのがイギリスです。イギリスで使われている **ROAMEF サイクル**（Rationale 必要性→ Objectives 目的の設定→ Appraisal 事前評価→ Monitoring 実行と監視→ Evaluation 事後評価→ Feedback 見直し）は事前評価を重視しています。イギリスでは、提案されたプロジェクトにゴーサインを出すかどうかを大蔵省が判断するための情報として、各省はプロジェクトに関する調査・分析をまとめた、以下の**ビジネス・ケース**（business case, 投資対効果検討書）を作成することになっています。

①戦略ケース：政策が現在および将来のニーズに沿ったものになっているか？

②経済ケース：プロジェクトの費用対効果は十分か？

③商業ケース：提案されたプロジェクトが事業収益的に優れた方法で供給されているか？

④財務ケース：予算上の資金は十分に確保されるのか？　所得・支出勘定やバランスシートにどのような影響を与えるか？

⑤マネジメントケース：プロジェクトは現在の組織の能力で達成可能か？

　この中で中核となるのが経済ケースであり、費用と便益を数量化し、政策手段の判断を行うためのエビデンスとなります。その一つの方法が**費用便益分析**です。費用便益分析の具体的な事例や分析の際に必要である割引率などの解説は第11章で行います。

　地域経済の活性化策としてイベントが多く利用されます。イベントは開催期間中に多くの人が訪れ、飲食、土産、宿泊等の支出をしてくれます。また、イベン

ト用に施設を作ったり、人を雇ったりすると、建設費や人件費が地域経済をかさ上げする効果もあります。イベントが終わると、この効果は消失しますので、「イベントの効果は一過性のものだ」といわれることがありますが、こうした効果は短期的であっても、地域にとっては魅力的です。ただ、重要なのは、同じコストをかけるのなら、波及効果が最大になるような工夫が必要だということです。科学的根拠のない達成不可能な目標を立てて経済波及効果を計測しても、それは「絵に描いた餅」に終わってしまう可能性があります。経済波及効果の計測は単なる興味に答えるためのものではなく、政策の是非を判断する一つの評価方法だということと、その評価のためには、政策の目標とその実現が不可欠なのです。

　経済波及効果の計測は**産業連関表**を使って行います。産業連関表は経済循環の過程の中で各産業部門の相互依存の関係を分析するものなので、波及効果が発生するプロセスを分析することで、地域経済の構造を知るというメリットもあります。産業連関分析については第10章で解説します。

2.4　フェーズ4―政策手段の実行・事後評価―

　フェーズ3のハードルをクリアしたプロジェクトが実行の段階に進みますが、すべての政策手段が成功するとは限りません。PDCA や ROAMEF といったマネジメントサイクルは、政策手段の事後評価を行うことによってプロジェクトの見直しを行うことを重視しています。

　しかし、事業開始後、相当の時間が経過した後に事業評価を行うだけでは、事業の有効な見直しを行うことはできません。事業開始後にはプロジェクトが所期の目標をどの程度達成しているか、要したコストはどの程度なのかについての監視（モニタリング）が不可欠です。つまり、監視はプロジェクトの実行の一要素と考えるべきなのです。もちろん、プロジェクトの種類によって監視すべき項目が異なることは十分に考えられます。つまり、監視すべきエビデンス項目は、政策形成の一連の流れの中で見出すものなのです。

　事後評価は技術的には事前評価と同じですが、事前評価が数あるオプションから最善のものを選ぶことを目的としているのに対して、事後評価はプロジェクトのパフォーマンスを改善するために、活動が所期の目標を達成しつつあるかどうか、どのような点で修正が必要か等を知るために行われる「形成的評価（Formative Evaluation）」です。事前評価によって最適なプロジェクトが選択さ

れたとしても、その後の社会経済状況の変化や予期せぬトラブルによって最初に設定した目標が達成できないことも十分に考えられるため、事後評価での教訓は次のステップに活かされなければなりません。

　地域政策はその効果が現れるのに時間がかかることが多く、その間に社会経済情勢が変化することも十分に考えられます。したがって、実施前の段階で効果を正確に把握し、最適な施策やプログラムを構成することには困難がともないます。だからこそ、事後評価を通じたフィードバックを重視することによって政策を修正するためのマネジメント・システムが必要なのです。

第 2 章

EBPM の下準備①
データを集めよう

本章のねらい

　第 1 章で明らかにしたように、EBPM を実行するためには地域の全体像を把握し、政策課題を明確にするとともに、政策形成プロセスのさまざまなフェーズで調査と分析が必要になります。そのためにもデータが不可欠です。外国では国や自治体のホームページ等でオープンデータが提供されており、日本でも、誰もが自由に使えるデータの提供が行われるようになってきました。

　データを収集し、単にグラフ化するだけでは地域の課題を見出すことはできません。他地域との比較や過去からの変化を見るといったように、データに一手間二手間かけることでよりわかりやすく、またより的確に分析することができます。こうした分析をすることの重要性と、分析プロセスや結果から楽しさを感じるためには、分析目的に適したデータがなければなりません。データは分析の種なのです。その際にはデータがどこにあるのか、またそこで得られるデータはどのようなものなのかといった点を知っておく必要があります。

　本章では EBPM の下準備として、日本の官公庁が公表している統計を中心にデータ収集の方法を解説します。読者の皆さんも実際にデータのありかを探し、集めてみてください。ただし、集めるとしても関心のある地域のデータを闇雲に集めても意味がありません。第 1 章でとりあげた政策形成のプロセスにおいて必要となるエビデンスは何かを特定し、エビデンスを納得いくものにするためのデータを注意深く選ぶ必要があります。データをエビデンス化するためには、加工や分析を行わなければなりません。したがって、データの収集は求められるエビデンス、エビデンスを作るための加工、分析という作業を見越して行われなければならないのです。本章ではまずデータ収集の方法を解説し、加工や分析は後の章で取り扱うことにします。

1　どのような統計があるか

1.1　国の統計

　日本では官公庁が実施した数多くの調査が統計表として公表されています。**表2-1**は国の統計のうち地域に関係する主要なものを示しています。各省庁のホームページの「統計・調査」から入手することができますが、後に解説する政府統計の総合窓口である e-Stat から入手できるものも数多くあります。また、例えば厚生労働省の『人口動態調査』をたどっていくと、「統計表一覧（政府統計の総合窓口 e-Stat ホームページへ移動します）」というものや、総務省の『国勢調査』をたどると、調査項目に「e-Stat」のマークが付いているものもありますので、そこをクリックすると自動的に e-Stat に到着します。

　日本以外の国に関する統計については、例えば総務省統計局が出している『世界の統計』があります。e-Stat でも日本以外の国の統計データを入手することができます。『世界の統計』では、日本の相対的な位置づけを明らかにするためにさまざまな統計が載っており、それらの統計の出典についても記載されています。また、それら統計データが格納されているデータベースの使い方についての手引書も公開されているため、分析目的に応じて『世界の統計』に載っていない統計データについても出典をたどることで取得することができるでしょう。

1.2　自治体の統計

　近年、自治体もオープンデータ化に積極的に取り組んでいることもあり、分析対象地域によっては豊富な統計データを用いることができます。例えば静岡県袋井市では、民間事業者の実証実験を後押しするために、市内の運動公園に関するオープンデータを公表しています。また、こうした各地域のオープンデータをまとめている民間企業のサイトもあるため、分析対象地域や分析目的に応じて、こうしたオープンデータの利用を検討することも考えられます。

　自治体によっては、官公庁が公表しているデータを独自に集計・公表しているところもあります。独自集計・公表の例としては、表2-1であげた『労働力調査』があります。総務省統計局がホームページで公表している都道府県別の労働

表 2 - 1　国の統計調査一覧

省庁	分野等	統計
厚生労働省	人口・世帯	人口動態調査、国民生活基礎調査
	保健衛生	医療施設調査、患者調査、病院報告
	社会福祉	福祉行政報告例、被保護者調査、幼稚園・保育所等の経営実態調査
	介護・高齢者福祉	介護サービス施設・事業所調査、高齢者介護実態調査
	雇用・労働時間	毎月勤労統計調査（全国調査・地方調査）
	賃金	賃金構造基本統計調査
総務省	人口・世帯	国勢調査、住民基本台帳人口移動報告
	住宅・土地	住宅・土地統計調査
	家計	家計調査、全国消費実態調査
	物価	消費者物価指数
	労働	労働力調査、就業構造基本調査
	文化・科学技術	社会生活基本調査
	企業活動・経済	経済センサス
	地方行財政	地方財政統計年報、決算状況調（都道府県/市町村）
	地域に関する総合統計	統計でみる都道府県・市区町村のすがた（社会・人口統計体系）、地域メッシュ統計
	総合統計書等	社会生活統計指標－都道府県の指標－
観光庁	－	旅行・観光消費動向調査、宿泊旅行統計調査、共通基準による観光入込客統計
経済産業省	－	工業統計調査、ビッグデータを活用した商業動態統計調査
農林水産省	－	農林業センサス
内閣府	－	国民経済計算年次推計、県民経済計算

資料）筆者作成。

力調査では基本的な項目のみが公表されていますが、例えば東京都が公表している労働力調査では、産業別や年齢階級別の結果が公表されており、都道府県単位で非常に網羅的な分析を各年で行うことができます。労働力調査を独自に集計・公表していない自治体では、全国のデータと国勢調査の結果を用いて間接的にしか分析することができませんが、東京都のように独自に集計・公表している地域であればさまざまな角度からの分析が可能です。

　多くの自治体が共通の基準でデータの整備と公開を行ってくれるなら、より深い分析が可能になります。第13章でとりあげる観光庁の『共通基準による観光入込客統計』は、観光分野について地域間比較ができるよう共通基準を策定し、各

都道府県に導入を働きかけて整備されたものです。EBPM を推進するには、こうしたデータ整備が望まれています。

　しかし、現実には、データ収集の段階においてデータがないといった事態は往々にして生じます。また、『国勢調査』や総務省『経済センサス調査』は数年毎であるため、その間の期間についてはデータがないといったことがあります。他にも、内閣府『県民経済計算』に代表されるように基準が変更されたために、統計自体は過去まで遡れるものの、単純に数値を比較することができないこともあります。そのため、実際の分析においてはこうした統計の持つ性質も踏まえた上で、データがなければ新たにデータを収集することや、隔年であれば他の統計を補完的に用いたり、基準変更されたものがあれば、その変更の影響を小さくする方法を考えたりする必要があるでしょう。これがデータ収集における技術的な面での難しさです。

　もっとも、データが存在するにもかかわらず最近の情報しか公表されていないこともあります。例えば、厚生労働省『毎月勤労統計調査』の地方調査については、自治体によっては公表している期間が実際の調査期間よりも短い場合がありますが、自治体の担当部署に問い合わせると、過去の該当箇所についてのデータを提供してくれる場合もあります。

　官公庁以外が公表している統計もあります。例えば一橋大学経済研究所、一般社団法人新日本スーパーマーケット協会、株式会社インテージの3者が協働でデータを収集・分析し公表している『SRI 一橋大学消費者購買指数』や、カルチュア・コンビニエンス・クラブ株式会社が日本全国の T ポイント提携先を通じて蓄積した購買データに基づいて算出した物価指数等です。

1.3　匿名データとオーダーメイド集計

　統計に載っているデータはあくまで集計値ですが、その集計値を構成しているミクロデータと呼ばれている各個人の匿名データや、公表されていないクロス集計表についてもオーダーメイド集計という形で手続きを行えば入手することができます。例えば、**表2−2**は2021年2月1日時点で匿名データが提供されている統計とその年次、**表2−3**は同じく2021年2月1日時点でオーダーメイド集計が提供されている統計とその年次です。

　匿名データとオーダーメイド集計については、総務省が管轄している統計は独

表 2 - 2　匿名データと調査年次（2021年 2 月 1 日時点）

提供統計調査名	提供年次
国勢調査	2000年、2005年、2010年、2015年
住宅・土地統計調査	1993年、1998年、2003年、2008年、2013年
全国消費実態調査	1989年、1994年、1999年、2004年
労働力調査	1989年 1 月〜2012年12月
就業構造基本調査	1992年、1997年、2002年、2007年
社会生活基本調査	1991年、1996年、2001年、2006年
国民生活基礎調査	1995年、1998年、2001年、2004年、2007年、2010年、2013年

資料）総務省統計局『miripo ミクロデータ利用ポータルサイト』より作成。

表 2 - 3　オーダーメイド集計対象データと調査年次（2021年 2 月 1 日）

対象となる統計調査	調査の年次
国勢調査	1980年、1985年、1990年、1995年、2000年、2005年、2010年、2015年
住宅・土地統計調査	1978年、1983年、1988年、1993年、1998年、2003年、2008年、2013年
家計調査	1971年 1 月〜2019年12月
家計消費状況調査	2002年 1 月〜2019年12月
全国消費実態調査	1994年、1999年、2004年、2009年、2014年
労働力調査	1980年 1 月〜2019年12月
就業構造基本調査	1979年、1982年、1987年、1992年、1997年、2002年、2007年、2012年、2017年
社会生活基本調査	1981年、1986年、1991年、1996年、2001年、2006年、2011年、2016年
経済センサス基礎調査	2014年
経済センサス活動調査	2016年

資料）総務省統計局『miripo ミクロデータ利用ポータルサイト』より作成。

立行政法人統計センターが提供しており、それ以外の官庁が公表している匿名データについてはミクロデータ利用ポータルサイト（miripo）に掲載されています。それぞれのホームページにアクセスすると、データについての申請手順が掲載されています。ただし、これらの統計は e-Stat などで公表されている統計とは異なり、有料である点や申請時に要求される利用要件を満たす必要があります。

　また、匿名データについては、こうした政府統計以外にも大学の研究機関が独自に実施した調査について公表している場合もありますので、分析目的に応じて、どの匿名データを利用するかを事前に考える必要があるでしょう。

2　e-Stat（政府統計の総合窓口）の活用法

2.1　e-Statから入手できるデータ情報

　本書でとりあげる統計情報の多くは、e-Stat（政府統計の総合窓口）上で整理されています。**表2-4**はe-Statで収集可能な調査数を示しています。社会保障・衛生が100調査、企業・家計・経済が83調査、農林水産業が72調査、労働・賃金が63調査、全分野で632調査のデータ情報を入手することができます。また、**表2-5**は都道府県別、市町村別のデータが収集できる項目数を示しています。都道府県レベルでは4,325項目、市町村レベルでは773項目が入手可能です（2020年6月現在）。このように、e-Statは膨大なオープンデータを提供してくれています。

2.2　e-Statの使い方

　以下では基幹統計である『国勢調査』を例に、e-Stat上での主な操作の仕方や機能について紹介します。基幹統計というのは、重要性の高い統計・統計調査と位置づけられたもので、2007年における統計法の改正時に指定された統計・統計調査のことをいいます。基幹統計には『国勢調査』、『労働力調査』、総務省統計局『全国消費実態調査』、経済産業省『工業統計調査』などがあります。

　e-Statでは、各府省が公表している統計データが1つにまとめられ、CSV形式でダウンロードできることに加えて、e-Statからリンクされている機能を用いてグラフ化や、地図上での表示等、さまざまな機能を備えています。このため、e-Stat上で簡易な分析を完結することも可能です。こうした多様な機能を備えているe-Statにおける統計データのダウンロード方法について紹介します。CSVファイルとはComma Separated Valuesの略称であり、値や項目をカンマ（,）で区切って書いたテキストファイル・データのことをいいます。CSVファイルのメリットは、余計な情報が入っていない分、データの容量が軽いことや、テキストデータのためさまざまなソフトで開くことができる点があげられ、データのやり取りを行う際に非常に便利な形式です。e-Statを用いて統計データをダウンロードする場合、基本的にはe-Statのトップページからデータにアクセスする

表2-4　e-Stat から入手できる分野別調査数

分野	調査数	分野	調査数
国土・気候	2	運輸・観光	35
人口・世帯	21	情報通信・科学技術	19
労働・賃金	63	教育・文化・スポーツ・生活	24
農林水産業	72	行財政	23
鉱工業	35	司法・安全・環境	51
商業・サービス業	27	社会保障・衛生	100
企業・家計・経済	83	国際	7
住宅・土地・建設	40	その他	15
エネルギー・水	15	合計	632

資料）総務省統計局『e-Stat』より作成。

表2-5　e-Stat から入手できる都道府県別、市町村別項目数

	項目数			項目数	
	都道府県	市町村		都道府県	市町村
人口・世帯	565	133	居住	454	199
自然環境	44	9	健康・医療	395	19
経済基盤	501	199	福祉・社会保障	349	45
行政基盤	194	85	安全	168	2
教育	478	15	家計	209	―
労働	504	65	生活時間	214	―
文化・スポーツ	250	2	合計	4325	773

資料）総務省統計局『e-Stat』より作成。

には、**図2-1**のように、主に次の3つの方法があります。1つ目は e-Stat に格納されている統計データすべてから検索する方法（図中の①）、2つ目は分野をあらかじめ指定した上で統計データを検索する方法（②）、3つ目は統計を作成した府省等から絞り込む方法（③）です。

　トップページから①の方法を選択した場合は、**図2-2**のようなページから操作を開始することになります。この方法では、画面左側の絞り込み機能や画面上部のキーワード検索から、探している統計データに関連するキーワードを打ち込んで統計データを探すことになります。

　2つ目の、分野をあらかじめ指定した上で統計データを検索する方法では、国

図2-1　e-Stat のトップページ

資料）総務省統計局『e-Stat』より転載。

図2-2　「すべての統計データを探す」の操作ページ

資料）総務省統計局『e-Stat』より転載。

土・気象、人口・世帯、労働・賃金といったあらかじめ指定された17の分野から自分が探している統計データの分野を選択することになります。分野を選択した後は、1つ目の方法で「統計分野（大分類）で絞込み」をクリック（図2-2の①）したのと同じ画面に移るので、そこからさらに絞り込んでいくことになりま

す。

　3つ目の、内閣官房や人事院、内閣府といった統計を作成している機関を選択する形で統計を絞り込む方法は、1つ目の方法における「分野」が「組織で絞込み」をクリック（図2-2の②）したのと同じものになります。

　データを検索する際（図2-2の③）にはデータ種別を選択すると、より効率的にデータを探すことができます。具体的には、図2-2の画面中央左にある「データ種別」タブ（④）から、データベース形式かファイル形式かのどちらかを選択します。

　例えば、ファイル形式で国勢調査を選択すると、「平成27年国勢調査」や「平成22年国勢調査」といった形で、それぞれの調査年毎に統計データが整理されており、平成27年の国勢調査における「人口等基本集計」の「総人口・総世帯数」の表全体に興味がある場合などには、効率的な形式といえます。一方で、データベース形式の場合では、同じ「人口等基本集計」を選択したとしても、e-Stat上のデータベースページで地域や表章項目を任意に選択することができ、取り出したいデータのみをCSV形式などでダウンロードすることができます。そのため、ファイル形式では自分の調べたい統計の特定項目における表全体に興味がある場合は有益ですが、すでに統計データの求めている項目（例えば、東京都の2人以上の世帯における未婚の世帯数）が決まっており、不要なデータを排除した形で統計データをダウンロードしたい場合には、データベース形式を選択した方がより効率的といえます。ただし、統計によってはデータベース形式が選択できない場合もあります。

2.3　都道府県・市町村データを収集する

　ここまではe-Statを用いた統計データのダウンロード方法について紹介しましたが、e-Statのトップページでは総務省統計局『統計でみる都道府県・市区町村のすがた（社会・人口統計体系）』で整備された各種統計データもダウンロードすることができます。経済状況等の地域間比較を行う場合にはこちらを使うことが多くなりますので、操作手順を説明します。

　①図2-1の「地域（都道府県、市町村の主要データを表示)」をクリックします。すると、**図2-3**の画面が出てきます。都道府県データを入手したい場合は「都道府県データ」にチェックを入れ、「データ表示」をクリックします。

図2-3 「統計でみる都道府県・市区町村のすがた」の活用

都道府県・市区町村のすがた（社会・人口統計体系）

「統計でみる都道府県・市区町村のすがた（社会・人口統計体系）」で整備された各種統計データ（人口・世帯、自然環境、経済基盤、行政基盤、教育、労働、居住、健康・医療、福祉・社会保障など）から、地域・項目を抽出した統計表表示、グラフ表示、ダウンロード等をおこなうことが出来ます。
また、比較したい地域から、類似する地域を検索し抽出する「類似地域を検索」や、項目ごとのランキング表示を行うことができます。

収録データ：社会・人口統計体系
・都道府県データ（基礎データ4,325項目、指標データ707項目）
・市区町村データ（基礎データ773項目、指標データ621項目）
・最終更新日：2020-09-03
市区町村データは、2019年3月31日時点の市区町村で整備しています。

資料）総務省統計局『e-Stat』より転載。

図2-4 地域を選択する操作ページ

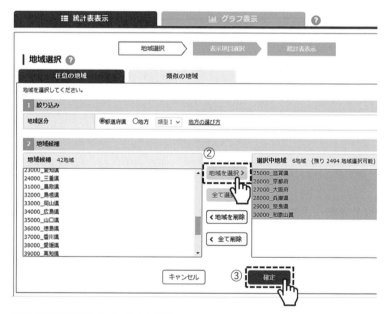

資料）総務省統計局『e-Stat』より転載。

②**図2-4**の画面で地域を選択します。データを集めたい都道府県名をクリックし、「地域を選択」をクリックします。図では近畿地方を分析するために、滋賀県・京都府・大阪府・兵庫県・奈良県・和歌山県を選択しています。

図2-5　項目を選択する操作ページ

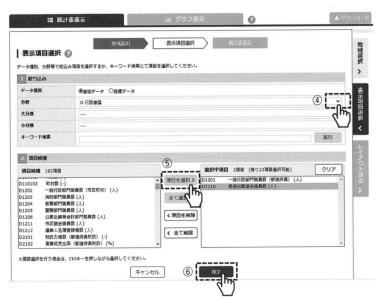

資料）総務省統計局『e-Stat』より転載。

　③「確定」をクリックします。すると、**図2-5**「項目を選択する操作ページ」に移ります。

　④入手したいデータの「分野」を選択します。分野は「A 人口・世帯」から「M 生活時間」の13分野の中から選びます。図では「D 行政基盤」を選択しています。分野を選ぶと、画面左下に項目の候補が現れますので、「項目を選択」をクリックし（⑤）、「確定」をクリック（⑥）すると、**図2-6**の結果が表示されます。この画面の右上（図では表示されていません）にある「ダウンロード」をクリックし、次の画面でファイル形式（CSV 形式か XLSX 形式のいずれか）を選択します。ここで「ダウンロード」をクリックすると「表ダウンロード」の画面に変わりますので、ここでも「ダウンロード」をクリックします。すると Excel で編集可能なデータが入手できます。

　図ではこの項目の最新年度である2018年度が表示されていますが、知りたい年度を選択（⑦）することもできます。また、状況の変化を知るためには複数年度のデータが必要になります。このような場合には、先の「表ダウンロード」の画

図2-6　結果の表示ページ

資料）総務省統計局『e-Stat』より転載。

面で「全ての調査年」を選択すると、e-Stat に収録されている全年のデータが表示されます。あるいは、図2-6の「レイアウト設定」をクリック（⑧）すれば、表の行と列の変更や表示期間の設定が可能です。レイアウトの変更については e-Stat の「？」の「表のレイアウトを変更する」を参照してください。

2.4　e-Stat のさまざまな機能

　e-Stat では、統計データをダウンロードして、自分のパソコンにインストールされている GIS（Geographic Information System、地理情報システム）ソフトやマイクロソフトの Excel を用いて分析する方法以外にも、そうした分析を e-Stat からリンクされている機能で行うこともできます。

　例えば、e-Stat のトップページでは、統計ダッシュボードへのリンクが貼られています。統計ダッシュボードとは、国や民間企業等が提供している主要な統計データをグラフ等に加工して表示し、視覚的にわかりやすく、簡単に利用できる形で提供するシステムです（https://dashboard.e-stat.go.jp/static/whatIs を参照してください）。統計ダッシュボードでは、e-Stat で提供している統計データ以外のデータも取り扱っており、分析しやすい形式に加工されています。また、グラフ等で視覚的にわかりやすい形で提供されており、経年変化（時系列）、地域

図2-7　jSTAT MAPによる都道府県別人口総数の地図上への表示例

資料）総務省統計局『jSTAT MAP』より転載。

による比較を統計ダッシュボード上で簡単な操作で行うことができます。

　また、こうした統計ダッシュボード機能の他にも、地図上に統計データを表示することができる機能もe-Statのトップページからリンクされています。この機能は、「地図で見る統計（jSTAT MAP）」と呼ばれており、誰でも使えるGISになっています。jSTAT MAPでは、都道府県、市区町村別の統計データの結果を地図上に表示できることに加えて、利用者の保有するデータを取り込んで分析する機能や任意に指定したエリアにおける統計算出機能、地域分析レポート作成といったさまざまな機能が搭載されています。実際にjSTAT MAPを用いて、国勢調査の都道府県別人口総数について地図上に表示したものが**図2-7**になっています。

　ここまでe-Statの主要な機能について紹介しましたが、e-Statには他にもさまざまな機能が搭載されています。ここで紹介した以外の機能や、操作マニュアルについてはe-Statのヘルプページに項目別に掲載されていますので、操作に迷った際や「こうした分析はできないだろうか」といった場合には、ヘルプページを参考にするといいでしょう。

3 GISの活用法

3.1 GISを用いて分析するためには

　地域のさまざまな分析を行う際に、分析対象データを地図上に可視化することで、文字やグラフで分析する場合に比べ傾向が把握しやすくなります。そのため業務の効率化に役立つだけでなく、政策立案の根拠として地域分析の結果を伝達する上でも効果的な分析方法と考えられます。2.4項では、地図上に統計データを表示することができる機能がe-Statのトップページからリンクされていることを紹介しました。本節ではGISを実際に用いて分析する方法を解説します。

　GISを活用して分析するには、大きく分けて3つのステップを踏む必要があります。具体的には、①分析データの取得、②分析データを落とし込む地図データの取得、③分析データと地図データの統合です。

　まず、1つ目のステップである分析データについては、都道府県・市区町村別といった、地域別のデータを取得する必要があります。これについては、2節で触れたe-Statが主なデータソースとしてあげられます。本節の後半で分析例を載せていますが、それらのデータについてもe-Statから取得したものです。

　2つ目のステップは地図データの取得となりますが、国土交通省が提供している『国土数値情報ダウンロード』に多くの情報が整理されており、例えば、行政区域やDID（Densely Inhabited District、人口集中地区）といった基本的な地図データの他、地域資源やバスの停留所に関するデータなども掲載されています。国土数値情報以外の地図データのデータソースとしては、米国Esri社やOpenStreetMapがあげられます。ただし、そうしたところから地図データを取得しても、例えば、前者では同社が提供しているGISソフトである「ArcGIS」上での利用に限られるなど、利用範囲が限られていることがあります。

　最後のステップでは、1つ目および2つ目のステップで入手したそれぞれのデータを、主にGISソフト上で統合することです。しかしながら、統合の方法はGISソフトによって異なるのが現状です。例えば、一般に公開されているGISソフトであるMANDARA（マンダラ）では、マイクロソフトのExcel上でMANDARA用に指定されたセル配置に編集しなければ、MANDARA上で地図デー

タとの結合が行えません。

　また、上で触れた MANDARA 以外にも、米国の Esri 社が販売している ArcGIS やオープンソースの GIS ソフトである QGIS 等の GIS ソフトが開発されています。また、こうした GIS ソフト以外にも、2.4項で紹介した、統計情報と地図情報がすでに統合されている「地図で見る統計（jSTAT MAP）」があります。

3.2　GIS を用いた分析例

　ここでは、3.1項で紹介した MANDARA を用いて、実際に分析を行っていきます。MANDARA の詳しい操作方法については、MANDARA のホームページまたは谷（2018）を参照してください。ここではどのようなことがわかるかを解説します。

　図2-8は岐阜県について、MANDARA に付属している地図データと『国勢調査（2015年）』から取得した高齢者数を MANDARA 内で結合させ、図示した

図2-8　高齢者数の分布

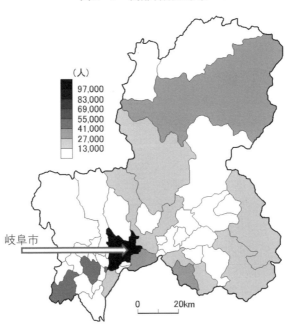

資料）総務省『国勢調査』より、MANDARA10を用いて作成。

図2-9　老人福祉・介護事業の事業所数の分布

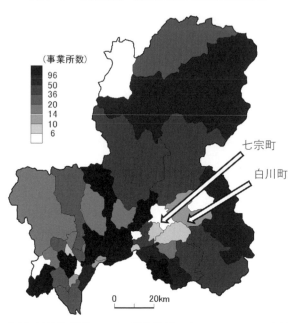

資料）総務省『経済センサス活動調査』より、MANDARA10を用いて作成。

　ものです。図のように色によって塗り分けしたグラフを一般的に**コロプレス図**といいます。図を見ると、高齢者数は人口が最多の岐阜市で多く、人口の少ない七宗町や白川町といった地域で少ないことがわかります。このように高齢者の分布状況を知ることは、医療や福祉、買物という高齢者向け事業所の立地政策に有用な情報を提供してくれます。ここで、『経済センサス活動調査（2016年）』から老人福祉・介護事業の事業所数を**図2-9**に示しました。色の薄い地域は老人福祉・介護事業の事業所数が相対的に少ないことを示しています。また、この地域は先ほどの図2-8で高齢者数が少なかった地域と重なりが見られます。

　上記の点を確かめるため、先ほどの2つの図を1つにまとめてみたのが、**図2-10**です。図2-10における高齢者数の地図上での表し方については、図2-8と同じですが、事業所数については棒グラフで表現し直しています。図を見てみると、高齢者数が最も多かった岐阜市に事業所数が集中している一方で、七宗町や白川町といった相対的に高齢者数が少ない地域において、老人福祉・介護事業

図2-10　高齢者数と老人福祉・介護事業の事業所数を重ね合わせた分布

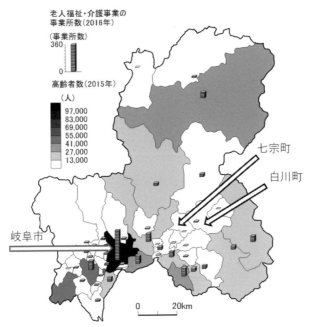

資料）総務省『国勢調査』、『経済センサス活動調査』より、
MANDARA10を用いて作成。

の事業所数も少ないことが一目で確認することができます。

　以上の例では、高齢者の分布と福祉施設の分布が一致していることがわかりましたが、中には利用者（上の例では高齢者）の分布と、施設やサービスの分布とが一致しない場合も存在する可能性があります。また、社会保障・人口問題研究所の将来人口推計を使えば、将来時点での人口や年齢階級別人口の分布（市区町村単位）を地図上に表し、医療機関、商業施設等の分布や災害マップを突き合わせることで、人口分布の変化を見越したインフラ整備や空間づくりといった政策のガイドラインを示すことも可能になります。

　このように GIS ソフトを活用してデータを可視化することで、文字やグラフで傾向を確認するよりも効率的にかつわかりやすい情報を提供することができるでしょう。

4　RESASの活用法

4.1　RESASとは

　RESAS（リーサス）とは、Regional Economy (and) Society Analyzing System
の略称で地域経済分析システムといいます。内閣官房まち・ひと・しごと創生本
部が2015年にリリースしたもので、地方自治体が客観的なデータに基づき地域の
現状や課題を把握し、政策立案に役立てることを主な目的としています。リリー
ス以降数度の改良が加えられ、地方自治体の人口動態や経済産業の状況、財政状
況等、多方面にわたる分析がパソコンの画面上で可能なものになっています。ま
た自治体職員には、企業間取引状況など、一般には見ることができない「限定メ
ニュー」が用意されています。**表2-6**は現在、RESASで取得可能な主要デー
タを示しています。

4.2　RESASを用いた分析例

　RESASに用いられているデータの多くは政府統計ですが、民間企業から提供
されたデータも一部掲載されており、これらを用いて地域分析に幅を持たせるこ
とができます。例えば、目的地検索を用いた分析では、任意の自治体の施設等に
ついて、行程の目的地として検索された数をランキングで表示することができま
す。**図2-11**では大分県別府市におけるランキングを示しており、別府市では
「別府温泉」の人気が高く多くの人が検索していることがわかります。これら検

表2-6　RESASで取得可能な主なデータ（2019年8月29日更新時点）

人口動態	人口構成、人口増減（自然増減、社会増減）、人口メッシュ
産業構造	企業数、事業所数、従業者数、付加価値額、労働生産性
企業活動	産業間取引（※）、企業間取引（※）、創業比率、経営者平均年齢（※）
観光	目的地分析、外国人滞在分析、外国人移動相関分析、外国人消費の比較
まちづくり	滞在人口率、通勤通学人口、流動人口メッシュ、事業所立地動向
雇用／医療・福祉	有効求人倍率、求人・求職者数、医療需給、介護需給
地方財政	自治体財政状況の比較、一人当たり地方税、一人当たり固定資産税

注）（※）：自治体職員限定メニュー。

図2-11　大分県別府市の目的地検索上位5か所

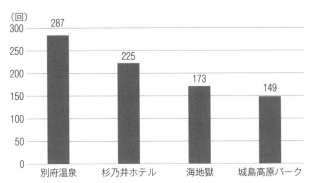

注）検索条件：2018年における、休日に公共交通機関で移動する場合。
資料）RESASより作成。

図2-12　「別府温泉」の出発地点上位5自治体

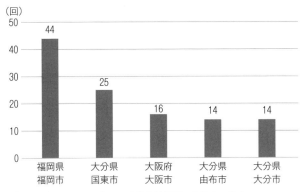

注）2018年における、休日に公共交通機関で移動する場合。
資料）RESASより作成。

索上位に示された施設等は市のプロモーションに活用できると考えられます。
　また、他にも目的地に設定された任意の施設について、検索者の出発地のラン
キングを表示することができます。**図2-12**では、別府市で検索回数が最も多か
った「別府温泉」が、大分県内だけでなく福岡県や関西圏からも多くの人々に検
索されていることがわかります。現在、**関係人口**（移住した定住人口でもなく、
観光に来た交流人口でもない、特定の地域に継続的に多様な形でかかわる人のこ

と）に端を発した移住施策に自治体の注目が集まっていますが、これら出発地点に示された自治体が、観光や移住促進策のプロモーション先になると考えられます。

第 3 章

EBPM の下準備②

データの見方・使い方を学ぼう

本章のねらい

　第 2 章で見たように、国は膨大な量のデータを公表しており、地域問題を解決する上で役に立ちます。しかし、国のオープンデータは一定の形式で整備された基礎データが大部分であり、また分野別に整理はされているものの地域問題を解決するという目的でデータを提示しているわけではありません。したがって、そのままでは地域問題の解決に利用することはできないのです。国が提供するデータに一手間、二手間かけることで情報の価値は格段に高まります。

　また、近年、自治体は市民に対してさまざまな情報を提供することで、行政の透明性を増し、説明責任を強化することが求められています。市民へのオープンデータとしても、市民にとって「何のために」「どのような」データが必要かを考え、目的に応じたデータに加工する必要があります。

　「地域問題の的確な把握→政策目標→行うべき分析→必要なデータの検討→データ加工」というプロセスに沿って、データの活用力・分析力を高めていく必要があります。そのためにも、地域で発生している現象や問題がどのようなメカニズムによって生じたのか、ロジックを明確にすることが必要です。ロジックを踏まえないデータの収集と分析は、時間と手間がかかるだけで有効な政策形成のヒントにはなりません。『地域政策の経済学』（林他 2018）には、経済学的な手法を用いて地域における問題の発生メカニズムを解説しています。これらの本を読んで、データ分析に必要なロジックを学び、データをどのように活用すべきかを考えてください。本章では、地域のさまざまな分野について、問題を解決するための戦略のヒントになるデータの使い方を学びます。

1　データの見方―データ活用のコツを学ぶ―

1.1　まずは全体像から

　「木を見て森を見ず」ということわざがあります。「物事の細部にとらわれると、全体を見失う」という意味です。地域で起こっている問題の細部に気をとられていると、発展や持続可能性という地域全体の課題に対応できなくなる可能性があります。地域をデータで分析する際には、まず、地域の全体像を知ることを薦めます。

　もちろん、全体像を見るだけでは具体的な地域政策を立てることはできません。人口や経済活動といった地域の全体像は地域におけるさまざまな活動（生活や企業活動）の結果を投影したものにすぎません。したがって、この指標を生み出した原因を探ってこそ、地域戦略が生まれてくるのです。第1章でも指摘しましたが、地域問題の原因を追及していくことで戦略や政策手段（インプット）が見えてきます。

　しかし、これらの全体像を注意深く観察し、議題に乗せるコア問題を見つけなければ地域政策は始まりません。地域の実態を的確に表す指標を選別し、その指標を他地域と比べてみたり、過去と対比させたりすることで、地域が抱えている課題が浮き彫りになってきます。つまり、細部に注目する前に全体像を把握し、そこから細部にアプローチするというこのプロセスがとても大切なのです。

1.2　地域の状況を見る視点とデータ

　しかし、全体像といってもさまざまな視点があり、視点によって必要なデータは違ってきます。それでは全体像を把握するためにはどのようなデータが必要になるでしょうか。

●規模を知る

　地域の人口や経済活動の規模は地域の状況を知る上で重要です。とくに、経済や財政をはじめとした諸活動には、事業規模が大きくなればなるほど単位当たりのコストが小さくなるという**規模の経済性**が働くものが少なくありません。もちろん、規模が大きくなると混雑等の負の効果が生まれることはあります。しかし、

規模が大きいほど地域にとって有利な面も数多く存在します。

●変化を知る

　人口が増加したり、所得が増加したりすることは、地域に活力があることの証左です。成長、衰退、改善、悪化というように地域を動態的にとらえることで政策の方向性も見えてきます。

　変化という場合、**変化量**と**変化率**という 2 つの見方があります。変化量は、過去の統計量と現在の統計量の差です。例えば、「地域の総所得が○○億円減少したために雇用が△△人減少した」といったように、地域指標として規模が重要な場合には変化量が重要だといえます。変化率は、変化量の相対的差異の割合（プラスの場合は増加率、マイナスの場合は減少率となる）であり、「変化率 ＝ 変化量／基準の統計量」で求められます。変化量は地域の規模に影響されるのに対して、変化率は人口増加率や経済成長率に見られるように、規模の違いの影響を受けることなく、地域の変化を知ることができます。

●規模の違いを取り除いた状況を知る

　例えば県内総生産は、総額ベースでは地域の経済規模を表しますが、人口が多ければ大きくなり、必ずしも地域住民の経済的豊かさを表しているとはいえません。この問題を解決するのが 1 人当たりベースで県内総生産を表すことです。人口密度は人口を面積当たりで表すことによって地域の都市化度の指標にもなります。

1.3　ベンチマークの必要性

　地域の問題を明確にするためには当該地域を相対化することが必要です。例えば経済成長率が低くても、他の地域の成長率がそれよりも低ければ、その地域の状況は悪いとはいえません。現状を評価するには比較対象となる基準が必要なのです。これを**ベンチマーク**といいます。全国平均との比較を行うこともありますし、県単位なら47都道府県の中でどのような位置にあるのかを見るのも役に立ちます。また、地域は発展しているのかそれとも衰退しているのかといったように、過去にさかのぼってデータの動きを見てみるのも重要です。この場合は、過去の状態がベンチマークとなります。「5 年前に比べて良くなった（悪くなった）」という場合、5 年前がベンチマークとなります。

　例えば2018年時点で北海道から沖縄のデータを用いて、複数の変数や指標の関

係を分析する方法を「**横断面分析（クロスセクション分析、**Cross-Section Analysis**）**」といいます。これに対し、例えばある特定地域の過去から現在までの時間の経過に沿って指標を分析する方法を「**時系列分析（タイムシリーズ分析、**Time-Series Analysis**）**」といいます。

2　人口データの見方・使い方—地域の実態と将来を知る—

2.1　人口動態から地域を見る

　地域分析の入り口として、「私達は今どのような状況に置かれているのか？」を検証します。しかし、検証には公開されている基礎データを加工する必要があります。まず人口をとりあげましょう。人口の規模や変動は、生活、企業活動等の環境が引き起こすさまざまな現象の総合的な指標だからです。その後、人口に影響を及ぼすであろう、経済、所得・資産と格差、財政、健康、文化・娯楽・スポーツという5つの側面について検証することにします。このように地域の全体像を展望することで地域の課題が見えてきます。

　人口を都道府県別に見ると、1,300万人を超える東京都から57万人の鳥取県まで、市町村では最多の横浜市が374万5,796人、最少の東京都青ヶ島村の人口は159人（2019年1月1日）と、極めて大きな差があります。しかし、この数字では地域問題についての情報としては十分ではありません。多くの地域で人口減少が問題になっており、中には消滅可能性が心配されている現在、観察すべき重要な人口指標は人口動態です。人口が少なくても一定の人口規模を将来においても維持できれば問題はないともいえます。

　人口動態は**自然動態**（出生・死亡）、**社会動態**（転入・転出）に区分できます。国立社会保障・人口問題研究所は過去の自然動態と社会動態を考慮した将来推計人口（都道府県別および市区町村別）を公表していますので、それを見ることで地域の将来を描いてみましょう。ただし、人口の将来予測は、過去のトレンドが今後も継続すると仮定したケースであり、人口減少への自治体や国の政策、その他の社会経済環境によって実際の人口は変化します。またこの推計では人口移動が生じないと仮定した場合の将来人口（閉鎖人口）、つまり自然動態のみを考慮した推計値もあわせて示されています。

図3-1　人口動態の地域格差

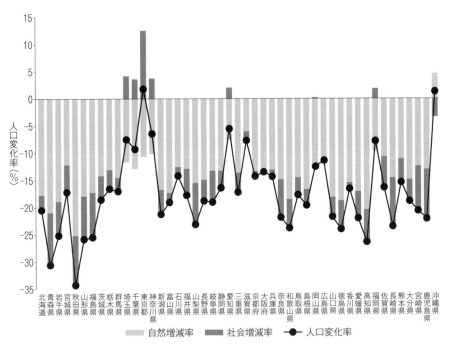

資料）国立社会保障・人口問題研究所の2018年推計値から作成。

　図3-1は2015年から2040年の人口変化を、人口の地域間移動を考慮した推計値（開放人口）と閉鎖人口について、2015年からの増減率で見たものです。2015年の人口と2040年の閉鎖人口との差が人口の自然増減、2040年の開放人口と閉鎖人口との差が社会増減となります。首都圏の一都三県（東京都、埼玉県、千葉県、神奈川県）、愛知県、岡山県、福岡県を除く全道府県で人口は社会減となっています。

　出生率の低下と出産可能年齢の女性の減少によって、沖縄県を除く全都道府県で、死亡が出生を上回っています。こうしてみると、人口減少は自然減に大きく影響されていることから、出生率を引き上げるための戦略の重要性が強調されるようになります。しかし、出生率を引き上げる政策を自治体が単独で行うことは容易ではありませんし、全国的な趨勢である出生率の低下を個別の自治体が単独で軌道修正することは困難といえるでしょう。また、人口の自然増減は出産可能

年齢人口に大きく左右されますから、地域の魅力づくりによって社会増減に影響を与えることは出生率を引き上げるよりも地域政策にはふさわしいと考えられます。

2.2　年齢別人口動態を見る

　人口の社会増減率には大きな地域間格差が存在します。しかし、人口の転出と転入はすべての世代で同じように起こっているとは考えられません。近年、地方では若者の転出が地域問題としてとりあげられ、若者の転出を抑えるための地域政策の必要性が指摘されています。ここで重視しなければならないのは、人口の社会動態は本当に年齢によって異なるのかというエビデンスと、異なるとすれば、人口の転出（転入）の動機はどこにあるのかを検証することです。これによって、人口減少対策へのヒントが見えてきます。つまり、人口の転出は地元よりも転出先により大きな魅力を感じることで起こりますが、世代によって地域の魅力と感じる要素が違うのではないかということです。もしそうだとすれば、人口対策は世代の違いを視野に入れたものでなくてはなりません。

　人口の転入が進む東京都、人口減少が著しい秋田県、生活満足度が常に全国でトップクラスにランクされる福井県、人口や地理的条件等の地域の多様性から日本の縮図ともいわれている兵庫県をとりあげ、**図3−2**によって年齢階級別に2018年中に生じた人口の社会動態を見てみましょう。東京一極集中が進んでいるといわれますが、東京都において人口の転入超過が顕著なのは15歳から29歳の世代であり、他の年齢階級ではマイナスかほぼ均衡状態です。秋田県、福井県では15歳から29歳で転入超過率が大きくマイナスとなっていますが、他の年齢では転入と転出はほぼ均衡しています。兵庫県は15歳から19歳で転入と転出がほぼ同じです。秋田県、福井県との違いは、兵庫県内の大学が多く、大学進学者の受け皿の大きさの違いにあると考えられます。

　図3−2は2018年という特定時点でのデータを見たものですが、近年の動きを見ることで地域の状況をさらに詳細に知ることができます。ここで福井県をとりあげ、人口動態がどのように変化してきたかを見てみましょう。**図3−3**にみられるとおり、2003年以降、自然動態、社会動態ともにマイナスで推移しています。2000年代の初めまでは福井県の人口減少には社会減が大きく影響してきましたが、2010年代に入って自然減が社会減を上回るようになりました。しかし社会動態は

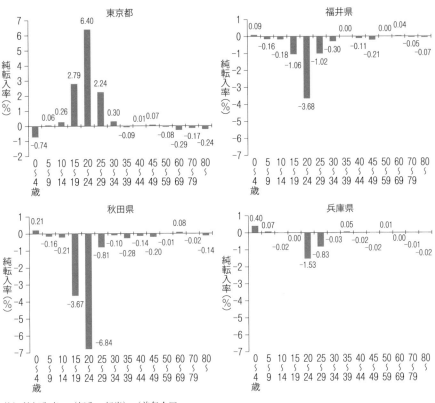

図3-2　東京都、秋田県、福井県、兵庫県の年齢階級別純転入率

注）純転入率＝（転入－転出）／前年人口
資料）総務省統計局『住民基本台帳人口移動報告』より作成。

転出超過です。

　このうち社会動態については若年世代で顕著な転出超過になっていることはすでに見たとおりですが、これをさらに男女別・年齢階級別に分析した結果が**図3-4**です。福井県ではとくに20代の女性の転出数が突出していることがわかります。この年代は大学への進学や就職等の時期にあたりますが、結婚を機に県外に転出している可能性もあります。それぞれの機会で県外に転出が増加している（社会減）ことが、福井県の人口減少を招いている要因の一つとして考えられます。

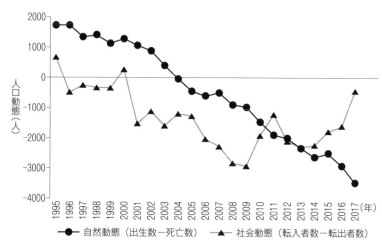

図3-3　福井県の人口動態の推移

資料）福井県『累年統計表』（https://www.pref.fukui.lg.jp/doc/toukei-jouhou/ruinen.html）より作成。

　以上のように、人口が減少している実態を、総人口の変化→自然動態と社会動態に区分（都道府県別比較）→年齢別に見た社会動態（地域別）→自然動態と社会動態の推移（地域別）→社会動態の男女別・推移（地域別）というようにターゲットを絞り込むとともに過去の変化の動向を見ることによって、人口対策のあり方が絞られてきます。福井県において20代女性の転出が顕著だと述べましたが、就職以外にも結婚を機に県外に転出している可能性があります。ただし、ここまでくると公表データで分析することはできません。人口対策を効果的なものにするためには、若者が転出する理由を科学的に分析するとともに、分析に必要なデータや情報を収集する必要があるのです。

2.3　労働力人口を見る─地域経済への影響を知る─

　地域経済は基本的には、民間企業の設備等の資本、労働、土地という生産要素の量、生産要素を生産物に転換する技術力、企業が特定地域に集まって立地することによって生産量が増加するといった**集積の経済（集積の利益）**によって決まります。このメカニズムについては『地域政策の経済学』（林他 2018）を参照してください。これまで人口動態を見てきましたが、若年世代の転出と出生率の低

図3-4　福井県における社会動態の男女・年齢別の推移

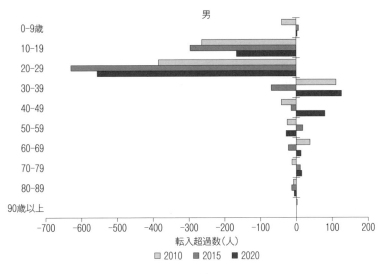

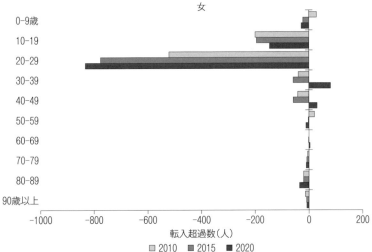

注）　5歳階級別のデータを10歳階級別に再集計している。

資料）総務省統計局『住民基本台帳人口移動報告』より作成。

図 3-5　生産年齢人口と労働力人口の推移

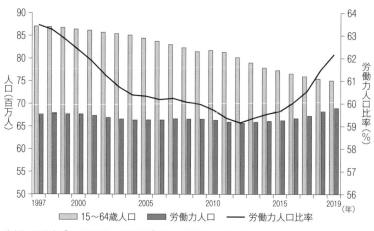

資料）総務省『人口推計』、総務省『労働力調査』より作成。

下は労働力の減少という形で地域経済にダメージを与えます。

　地域の労働力の確保状況を把握する指標としては**労働力人口、就業率、有効求人倍率**等があります。このうち就業率は15歳以上の人口における就業者の割合、有効求人倍率は求職者に対する求人者数の倍率です。これら2つの指標は短期的な経済状況を表す指標ですから、地域の景気の良し悪しに左右される指標です。それに対して労働力人口は、地域ですでに仕事を持っている者と、これから仕事を持とうと求職活動している者（完全失業者）の合計値になっており、地域経済の中長期的なポテンシャルを測る重要な指標といえるでしょう。このように、労働に関するデータでも「何を知りたいか」によって利用すべきデータの種類は異なるのです。

　出生率の低下と高齢化の進行によって日本の労働力は減少していくことが予想され、そのことが日本経済の供給面からの制約になるといわれています。総人口が減少していれば労働力人口は減少しますが、労働への参加率が上昇すれば、人口が減少しても労働力人口は減少しない可能性があります。**図3-5**は全国の生産年齢（15歳から64歳）人口と労働力人口、そして労働力人口比率の推移を示したものです。**労働力人口比率**は労働力人口を15歳以上人口で除したものです。出生率の低下を反映して、1997年には8,700万人であった生産年齢人口は減少を続

図3-6　年齢別に見た労働力人口比率の推移

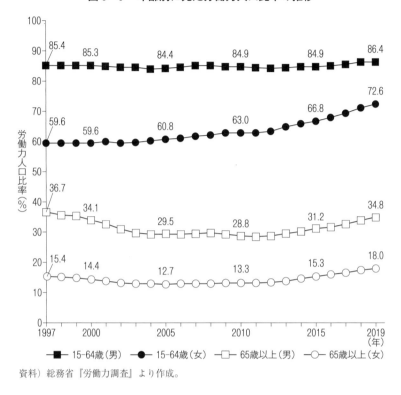

資料）総務省『労働力調査』より作成。

け、2019年には7,500万人に、約1,200万人も減少しました。しかし、働いている人と完全失業者を合計した労働力人口は6,000万人台後半を維持し続けており、近年は増加傾向にあります。

　生産年齢人口が減少しているにもかかわらず労働力人口が一定であるのは、労働力人口比率が上昇したためです。労働力人口比率の推移を見てみましょう。高齢化社会の進行によって、労働力人口比率は急激に低下していました。しかし、2012年を底にその後は上昇を始めています。この労働力人口比率が反転した理由を**図3-6**によって見てみましょう。図は人口を15歳から64歳の男女、65歳以上の男女という4つのグループに区分し、各グループの労働力人口比率の推移を見たものです。15歳から64歳男子の労働力人口比率は85％前後で、ほぼ一定の水準で推移しています。これに対して、15歳から64歳女性の労働力人口比率は上昇傾

図3-7 労働力人口の推移

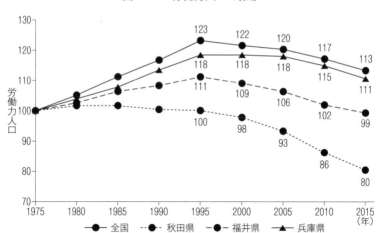

注）労働力人口は1975年を100とした指数。
資料）総務省『労働力調査』より作成。

向を示し、過去10年足らずの間に約10%ポイントも上昇しました。65歳以上男子の労働力人口比率は2010年までは低下していましたが、その後は上昇しています。また、65歳以上の女性についても過去10年は上昇傾向にあります。このように、女性と高齢者の労働参加によって、生産年齢人口が減少する中で労働力人口が維持されているのです。

　しかし、地域別に見ると、人口減少による労働力の減少を女性と高齢者の労働参加ではカバーしきれないところもあります。**図3-7**は全国、秋田県、福井県、兵庫県の労働力人口（男女計）の推移を示しています。1990年代後半に入ると労働力人口は減少しています。今後、女性の労働参加率がさらに高まるかどうかは不明です。また、高齢者も後期高齢化の進行の中で労働力人口比率がこれまでのように上昇していくことは困難かもしれません。このように、労働力人口は日本全体で見ても今後の経済ポテンシャルに影響を及ぼすことが十分に考えられますが、これを地域というより狭いエリアで考えるなら、労働力の減少が大きなダメージを与える地域が出てくる可能性があります。

3　経済データから地域力を知る

3.1　知りたいことと経済データ

　人口動態、とくに人口の転入と転出は地域住民の生活のしやすさや企業活動の環境に影響されますが、地域の経済状況は人口動態の影響を受けると同時に、人口の転入・転出の背景にもなる重要な側面です。本節では地域経済から地域を検証するにはどのようなデータをどのように加工し活用すれば良いかを解説します。基礎データはe-Statから入手できますが、知りたい課題に応じてデータ加工が必要になります。

3.2　現在の経済状況を知りたい

　景気が良い、悪いといった短期的な経済情勢を知ることは、緊急経済対策を行う上での指針となります。よく利用されるのが**失業率（完全失業率）**と**有効求人倍率**です。

　失業率（完全失業率）とは、労働力人口（就業者と完全失業者の合計）に占める完全失業者の割合のことで、次の式で表されます。

　　失業率（完全失業率）＝（完全失業者÷労働力人口）×100　　　　　　（3-1）

　なお「完全失業者」とは、

①仕事がなくて調査週間中に少しも仕事をしなかった（就業者ではない）。

②仕事があればすぐ就くことができる。

③調査期間中に、仕事を探す活動や事業を始める準備をしていた（過去の求職活動の結果を待っている場合を含む）。

という3つの条件を満たす者のことを指します。

　有効求人倍率は、企業からの求人数（有効求人数）を、公共職業安定所（ハローワーク）に登録している求職者（有効求職者数）で除した値のことで、雇用状況から景気を知るための指標の一つです。有効求人倍率が1を上回るときは、求人数が求職者数を上回っている、すなわち労働市場では人手不足が起こっており、景気が良いことを示します。逆に値が1を下回るときには就職難という、景気が悪い状況になります。

3.3　地域経済の規模を知りたい

●県内総生産（総額）

　県内総生産とは県内の企業、家計、財政が、生産活動により1年間（会計年度）に新たに生み出した価値（付加価値）の合計のことです。産出額（出荷額や売上高など）から中間投入額（原材料費や光熱水費など）を差し引いたものが付加価値です。付加価値を求める際、中間投入額を差し引くのは、中間投入額を差し引かずに売上げを合計すると原材料費等が重複計算されるからです。国の国内総生産（GDP）に相当するもので、地域の経済活動の規模や成長を知りたいときには県内総生産が多く利用されます。

　2018年度の「実質県内総生産」を見ると、最大の東京都は105兆3,768億円であるのに対して最小の鳥取県は1兆8,556億円と、東京都は鳥取県の約56.8倍の規模です。また、東京都はGDPの19.3%を占め、人口シェアの10.8%を大きく上回っています。これは、企業が生み出した付加価値が東京都に偏っていることを示しています。

　ここでは実質県内総生産を使いましたが、これに対して名目県内総生産があります。**名目値**とは、実際に市場で取り引きされている価格に基づいて推計された値であり、**実質値**とはある年（参照年）からの物価の変動を取り除いた値です。名目値はインフレやデフレによる物価変動に影響されるため、経済成長率を見るときは、これらの要因を取り除いた実質値が用いられます。実質値は例えば2019年度といった特定の時点の価格で付加価値を評価しますので、物価変動を気にする必要はありません。他県と経済規模を比較したり、県内の産業構造を見たりするのに適しています。また、地方税収は県内総生産と相関がありますが、税収は名目値であるため、税収の将来予測（第7章で実施）を行う場合は名目県内総生産を用いる必要があります。

●県民所得（総額）

　県内総生産はさまざまな形で所得として分配され、そこから消費や投資などに支出されます。県民経済計算は、この価値の流れを、「生産」、「分配」、「支出」の三面から総合的にとらえたもので、**県民所得**は、県民経済計算の生産・分配・支出の三面のうち、分配面で計算されます。給料や退職金などにあたる雇用者報酬、利子や賃貸料などの財産所得、会社や自営業の営業利益にあたる企業所得か

らなり、県民個人の所得（給与）だけではなく企業の利潤なども含んだ県民経済全体の所得を表します。

●雇用者報酬

　雇用者報酬は公務員や民間企業など勤務先の種類を問わず、生産活動によって生まれた付加価値のうち、労働を提供した雇用者に分配される額のことで、その中心は給与です。雇用者報酬は労働者の給与水準と労働者数によって決まりますので、雇用者報酬が増加することは労働市場が活発に機能していることを示します。

●企業所得

　企業所得は民間法人企業、公的企業、個人企業が生産活動への貢献分として受け取る営業余剰・混合所得に財産所得を加算し、支払った財産所得を控除したものです。つまり企業が得た利益であり、企業が転出したり廃業したりすると企業所得は減少しますが、同時に、これによって地域内に立地する企業の業務内容の良し悪しもわかります。

3.4　地域経済の動きを知りたい

　地域経済が発展しているのか衰退しているのかを知ることは、地域経済の発展戦略にとって極めて重要です。「県内総生産が前年度比で何パーセント成長したか」といったように、経済の動きは上述した変化率を用いて検証します。ただ、前年度比での成長率は短期的な動きであり、景気の良し悪しを知ることはできますが、地域経済が構造的にどのように動いているかを知ることはできません。構造的な動きを知るためには、例えば10年間といった一定の期間を対象として成長率を観察する必要があります。また、『国勢調査』、『経済センサス』のように、調査が毎年実施されないものもあります。このようなデータの場合、期間の平均変化率を取ることでデータを把握しやすくなります。

　年平均変化率の求め方を解説しましょう。t 年度の県内総生産を Y_t、n 年後の県内総生産を Y_{t+n} とすると、年平均成長率は、

$$Y_{t+n} = Y_t \times (1+g)^n \tag{3-2}$$

の g となります。g を求めるためには式を変形する必要があります。まず、上式の両辺を対数変換します。すると次のようになります。

$$ln\, Y_{t+n} = ln\, Y_t + n \times ln\,(1+g)$$

図3-8　年平均成長率の計算手順

	A	B	C	D	E	F	G	H	I	J
1					計算方法				結果	
2		県内総生産			ln(県内総生産)			ln(県内総生産)		
3		2011年度	2016年度		2011年度	2016年度		2011年度	2016年度	
4		19,410,166	20,937,780		=ln(B4)	=ln(C4)		16.78131	16.85707	
5										
6					ln(県内総生産$_{2016}$)−ln(県内総生産$_{2011}$)			ln(県内総生産$_{2016}$)−ln(県内総生産$_{2011}$)		
7					=F4-E4			0.075758		
8										
9					(ln(県内総生産$_{2016}$)−ln(県内総生産$_{2011}$))/5			(ln(県内総生産$_{2016}$)−ln(県内総生産$_{2011}$))/5		
10					=E7/5	←ln(1+平均変化率)		0.015152		
11										
12					1+平均変化率			1+平均変化率		
13					=exp(E10)			1.015267		
14										
15					平均変化率			平均変化率		
16					=E13-1			0.015267	(1.53%)	
17										

資料）内閣府『県内経済計算』より作成。

$$ln\ Y_{t+n} - ln\ Y_t = n \times ln\ (1+g)$$

$$ln\ (1+g) = \frac{ln\ Y_{t+n} - ln\ Y_n}{n} \tag{3-3}$$

両辺は対数値なので、

$$\frac{ln\ Y_{t+n} - ln\ Y_n}{n} \tag{3-4}$$

を指数変換し、1を引くと、年平均成長率 g が求まります。

　以上の計算をExcel上で行ったものが**図3-8**です。数値は兵庫県の県内総生産です。期間中の年平均成長率は1.53%でした。B4とC4に、調べたい地域の県内総生産を入れて計算すれば成長率が出ます。秋田県は0.70%、東京都は0.85%、愛知県は2.42%と計算されました。

4　その他の指標から地域を知る

4.1　所得と格差から地域を知る

●納税義務者1人当たり課税対象所得
　納税義務者1人当たり課税対象所得は、市町村民税所得割の課税対象となった所得金額を所得割の税義務者数で除した値です。納税者の所得水準の高低を判断でき、この水準が低いと地域の財政力は弱くなりがちです。

●きまって支給する現金給与

　きまって支給する現金給与とは労働契約、団体協約あるいは事業所の給与規則等によってあらかじめ定められている支給条件、算定方法によって支給される給与のことです。給与は労働の需要と供給の関係で決まり、労働に対する需要が旺盛であったり労働生産性が高かったりすると、給与は高くなります。生活費が高くても、それを補うに十分な給与が支給される地域があれば、労働者はそこに移動する可能性があります。

●貯蓄残高

　貯蓄残高とは、郵便貯金銀行、銀行、その他の金融機関への預貯金、生命保険・積立型損害保険の掛金、株式・債券・投資信託・金銭信託等の有価証券と社内預金等のその他の貯蓄の合計です。給与等のフローの所得が少なくても、貯蓄残高が多ければ豊かだといえます。

●保護率

　生活保護は最低生活の保障と自立の助長を図ることを目的として、必要な保護を行う制度です。近年、経済状況の悪化にともなって受給者は増加しました。生活保護の**保護率**は「被保護実人員（1か月平均）÷各年10月1日現在総務省推計人口（総人口）×1000」で算出されますが、保護率が高い地域は経済情勢があまり良くないとも考えられます。

●ジニ係数

　所得や資産の格差は小さいほど公平な社会といえるかもしれません。**ジニ係数**（Gini coefficient）は社会における所得等の不平等さを測る指標の一つです。数値が小さいほど平等な社会ということになります。0であれば完全平等、1であれば完全不平等、つまり1人の人が所得等を独占する状態を示します。

4.2　財政から地域を知る

　地方財政状況や財政力は住民に対する公共サービス水準に影響を与えます。財政状況を知る指標にはさまざまなものがあります。

●実質収支

　実質収支とは当該年度に属すべき収入と支出との実質的な差額をみるものです。通常、「黒字団体」、「赤字団体」という場合は、実質収支の黒字、赤字により判断します。実質収支比率は実質収支の標準財政規模に対する比率であり、この比

率が大きいほど財政状況は良いと判断されます。なお、標準財政規模というのは、地方公共団体の標準的な状態で通常収入されるであろう経常的一般財源の規模を示すもので、国が定めた標準税率で課税した場合の税収である標準税収入額に普通交付税等を加算した額のことです。

●経常収支比率

　経常収支比率は地方公共団体の財政構造の弾力性を判断するための指標で、人件費、扶助費、公債費等のように毎年度経常的に支出される経費（経常的経費）に充当された一般財源の額が、地方税、普通交付税を中心とする毎年度経常的に収入される一般財源（経常一般財源）、減収補填債特例分および臨時財政対策債の合計額に占める割合です。比率が高いほど財政構造の硬直化が進んでいることを表します。

●公債費負担比率

　公債費負担比率は地方公共団体における公債費による財政負担の度合いを判断する指標の一つで、公債費に充当された一般財源の一般財源総額に対する割合のことです。比率が高いほど、一般財源に占める公債費の比率が高く、財政構造の硬直化が進んでいるといえます。

●財政力指数

　財政力指数は地方公共団体の財政力を示す指数で、基準財政収入額を基準財政需要額で除して得た数値の過去3年間の平均値です。財政力指数が高いほど、普通交付税算定上の留保財源が大きいことになり、財源に余裕があるといえます。財政力指数は人口が少ないために経費が割高になったり、地方税収が少なかったりすると低くなります。

●将来負担比率

　将来負担比率は地方公共団体の一般会計等が将来負担しなければならない負債の標準財政規模を基本とした額（標準財政規模から元利償還金等に係る基準財政需要額算入額を控除した額）に対する比率です。地方公共団体の一般会計等の借入金（地方債）や将来支払っていく可能性のある負担等が将来の財政を圧迫する可能性の度合いを示しています。

●実質公債費比率

　実質公債費比率とは、地方公共団体の一般会計等が負担する元利償還金および準元利償還金の標準財政規模を基本とした額に対する比率です。地方債の返済額

表3-1　データ出所一覧

人口	人口動態の将来予測	国立社会保障・人口問題研究所
	福井県人口動態	福井県累年統計表
	年齢別人口動態	住民基本台帳人口移動報告（総務省）
	生産年齢人口	人口推計（総務省）
	労働力人口	労働力調査（総務省）
経済	失業率（完全失業率）	e-Stat（統計でみる都道府県のすがた）
	有効求人倍率（求人数／求職者数）	
	県内総生産	県民経済計算（内閣府）
	県民所得	
	雇用者報酬	
	企業所得	
所得・資産	納税義務者一人当たり課税対象所得額	市町村税課税状況等の調（総務省）
	決まって支給する現金給与	賃金構造基本統計調査（厚生労働省）
	貯蓄現在高（二人以上の世帯）	e-Stat（統計で見る日本）
	生活保護被保護実人員（人口千人当たり）	e-Stat（**統計でみる都道府県のすがた**）
	年間収入のジニ係数（二人以上の世帯）	e-Stat（統計で見る日本）（全国消費
	貯蓄現在高のジニ係数（二人以上の世帯）	実態調査）
財政	実質収支比率［都道府県］	都道府県決算状況調（総務省）
	経常収支比率［都道府県］	
	公債費負担比率［都道府県］	
	財力指数［都道府県］	
	将来負担比率［都道府県］	
	実質公債費比率［都道府県］	
文化・娯楽・スポーツ等	スポーツ観覧等の行動者率	社会生活基本調査・生活行動に関する結果（総務省）

およびこれに準じる額の大きさを指標化したもので、資金繰りの程度を示す指標ともいえます。実質公債費比率が18％以上となる地方公共団体は、地方債の発行に際しては国の許可が必要になります。さらに、実質公債費比率が25％以上になると、単独事業のために債券を発行することができなくなります。

4.3　文化・娯楽・スポーツから地域を知る

　文化・娯楽・スポーツ等は生活満足度を高め、地域の魅力に影響を及ぼす可能性があります。**行動者率**は過去1年間に、それぞれの種類別に活動を行った人の

割合を示しています。この割合は活動する機会や場、イベントが地域に存在するかどうかに影響されると考えられ、文化・娯楽・スポーツの面から見た地域力を表すと考えられます。

5　データの出所

　本章の人口、経済、その他指標で用いたデータの出所は**表3-1**に示されていますので、データを入手し、加工を施してみてください。

第 4 章

EBPM の強い味方①

アンケート調査をマスターしよう

本章のねらい

　第 2 章でとりあげたように、近年膨大な数のオープンデータが整備されてきました。しかし、地域政策に必要な情報がすべて揃っているわけではありません。オープンデータでは手に入らない情報を手に入れたい場合、アンケート調査を用いて情報を収集する必要が出てきます。

　アンケート調査で得られた情報が政策決定のエビデンスになるためには、第 1 章で指摘したように分析方法を含めてアンケート調査自体の「信頼性」が満たされていなければなりません。そのためには、母集団から無作為に取り出すサンプル（標本）の観測数であるサンプルサイズ（標本サイズ）はどれくらい必要なのかだけでなく、質問→回答→分析という一連のプロセスを想定しながら質問項目を設定しなければなりません。また、回答自体の偏りをなくしたり、質問が誘導的にならないようにしたりするために守るべき条件もあります。この条件をクリアしなければ、アンケート調査は「信頼性に欠ける」ものになるでしょう。本章は図書館、博物館、体育館といった公共施設の満足度情報を得るためのアンケート調査の意義と方法について解説します。

1　政策形成プロセスにおけるアンケート調査の位置づけ

1.1　政策形成プロセスとアンケート調査

　地域政策における EBPM とは、エビデンスに基づいて地域問題を明らかにし、地域問題を解決するための政策をエビデンスに基づいて選択し、エビデンスを踏まえて政策の効果を評価し政策を改善することです。第 1 章では、政策形成がビジョンの設定（Phase1）、コア問題の発見と政策目標の設定（Phase2）、政策立案（Phase3）、政策手段の実行・事後評価（Phase4）というプロセスで行われる

図4-1　政策プロセスにおけるアンケート調査

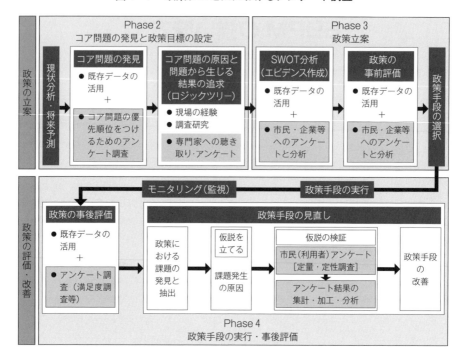

ことを示し、EBPM を推進するためには、随所に各 Phase の目的に応じたエビデンスが必要であることを指摘しました。エビデンスにはインターネット等から得られるオープンデータ、政策担当者の経験や実践を通じて収集した情報、専門家の意見、調査研究、委員会での発言等が含まれます。データも e-Stat 等から得られる量的なものだけではありません。市民の属性、ニーズ、市民活動の背景にある考え方といった**質的データ**もあります。ところが質的データについては一般に公表されているものはほとんどありません。そこでアンケート調査が必要になります。

　図4-1は政策形成プロセスに沿って、アンケートの位置づけと役割について示したものです。アンケートというと、住民満足度調査のように Phase 4で行われるような市民を対象にした政策評価と改善のための情報を収集することが主な目的というイメージがあります。しかし、Phase 2のように地域政策の方針や目標を立てる局面や、Phase 3の政策立案時においても、アンケート調査はエビデ

ンスの収集手段として役立ちます。それぞれのフェーズにおけるアンケート調査の使い方について見てみましょう。

1.2　政策立案のためのアンケート調査

　自治体の活動の目的は地域住民の生活を支え、豊かにすることですから、地域ビジョン、解決すべき地域問題と優先順位付け、政策目標の設定等について住民の合意を得なければなりません。首長や政策担当者が解決すべき重要な地域問題（コア問題）だと思っていても、住民はそれほど重要視していない可能性があるからです。住民の意思は議会を通じて反映されますが、同時にエビデンスを得るためにも住民ニーズ調査が必要です。

　しかしここで重要なことは、アンケート調査を行う前に住民に対して十分な地域情報を提供することです。重要性について住民が認識できるだけの情報が伝わっていないために、住民がコア問題だと認識していない可能性があるからです。こうした情報ギャップを埋め、自治体が解決すべき重要な問題（コア問題）を住民合意の下で発見するためにも、地域の現状や将来についてオープンデータ等を使って地域の状況を分析しなければなりません（Phase 2：現状分析・将来予測、コア問題の発見）。

　コア問題に関して的確な政策を立案するためには、第1章で示したように、コア問題が生じた原因とそこから派生する結果について、ロジックツリー（原因・結果ツリー）を使いながら仮説を立てます（Phase 2：コア問題の原因と問題から生じる結果の追求）。この局面では政策担当者や役所OB・OGの実践経験、研究者等の専門家の調査研究が役立ちますが、加えて、専門家に対する聴き取りやアンケート調査も重要な役割を果たします。こうして、政策立案へのヒントが浮かび上がってきます。

　コア問題の発見と政策目標の設定が終われば、次は政策立案に進みます。戦略を立てる手法としてよく利用されるものに、地域の「強み」「弱み」「機会」「脅威」を明らかにして戦略を立てていくSWOT分析があります（詳細は第9章を参照してください）。しかし、強みなのか弱みなのか、あるいは本当に強みといえるのかも、検証しなければ戦略には活かせません。そのためにもオープンデータ等を用いて分析することでエビデンスを作成しなければなりませんが、既存データでは得られない情報についてはアンケート調査によって収集する必要が生じ

ます。アンケート調査で得られた情報は、集計（単純集計とクロス集計）したり加工したりすることで、さらに強力なエビデンスになります（Phase 3：SWOT分析（エビデンス作成））。

　最終的に政策を実行するかどうかを決定するためには、政策の事前評価が必要です。しかし、第11章で紹介しますが、個別の政策やプロジェクトを費用便益分析のような手法で評価することは、都道府県あるいは市町村単位のデータでは困難をともないます。このような場合には、公共施設の利用者等を対象としたアンケート調査によって詳細なデータを収集し、分析する必要があります（Phase 3：政策の事前評価）。

1.3　政策評価と改善のためのアンケート調査

　選択された政策手段を実行することで問題の解決を図った後、政策が効果的であったのかを評価することが重要です（Phase4：政策の事後評価）。既存の量的データは経済、産業、財政といった量的分析が可能な評価には適していますが、公共施設に関する満足度のような情報を収集するにはアンケート調査を実施するしか方法はありません。エビデンスに基づいた事前評価を経て政策手段を選択していたとしても、政策が効果を発揮しない場合があります。事後評価によって「政策手段に問題あり」という判断が下された場合、政策手段を見直す必要が生じます。

　政策手段を見直す際、例えば公共施設であれば量的データから利用者数が減少していることがわかったとしても、なぜ利用者が減少しているのか原因がわからなければ、利用者の減少を食い止めるための政策手段を講じることはできません。政策がうまく機能していないなら、その原因を探らなければなりません。そこで、政策がうまく機能していない原因について仮説を立て、アンケート調査などから得られた情報によって検証する必要が出てくるのです（Phase 4：政策手段の見直し）。

　以上のように、アンケート調査は政策立案や政策改善を目的として使用できます。アンケート調査を行う際には政策立案を論理的に考え、政策立案のシナリオを描き、質問票を設計することが必要です。アンケート調査は何回も行えるものではありませんから十分な準備が必要になりますが、場合によっては、アンケート調査を段階を踏んで実施していくことも必要になります。それでは、実際にア

ンケート調査を実施する際の注意点について確認していきましょう。

2　アンケート調査票を作成する

2.1　アンケート調査の対象を決める

　アンケート調査の多くは調査対象の全体である母集団から一部のサンプル（標本）を取り出す**標本調査**です。サンプルを抽出する（これをサンプリングといいます）母集団は調査内容に沿って決定しなければなりません。例えば、自治体に対する住民の意識調査は自治体内の住民が対象ですし、公共施設に対する満足度調査であれば公共施設に訪れた来館者が母集団となります。また、若年層の投票率の調査であれば、18歳から20歳に特定する必要があるでしょう。

　アンケート調査を行っているさまざまな研究においても、母集団の決定は大きな議論になっています。例えば、釧路湿原の景観の評価を行った栗山（1998）では、釧路湿原に訪れている人だけでなく、訪れたことのない人であっても湿原の存在それ自体に価値を感じているかもしれないため、訪問者のみを対象とした設問と一般市民を対象とした設問を作成しています。これに対して林（2016）は、神戸市立博物館の来館者が感じた価値を金銭的に計測することが目的であることから、母集団である来館者からサンプリングを行っています。仮に神戸市民全体を母集団として、サンプルの範囲を神戸市全体の住民にまで拡大してしまうと、博物館を訪れていない市民は来館者よりも博物館に対する価値が小さいことから、博物館の価値を過小評価してしまう可能性があるからです。アンケート調査によって何を明らかにしたいのかによって、サンプリングの範囲は異なるので注意しましょう。

　サンプルを収集するには、街頭調査、来場者調査、郵送調査、電話調査、インターネットアンケート調査といった方法のいずれかを選択しなければなりません。その際、調査内容に沿った条件に加えて、実施予算も考慮しながらサンプルの範囲を選択する必要があります。サンプル収集の具体的な実施方法については酒井（2012）を参照してください。

2.2　質問項目を設定する

2.2.1　政策ヒントに結びつく質問項目

　公共施設の利用者が減少しているという事実からだけでは、利用者減を食い止める手段は見つからないことはすでに指摘したとおりです。利用者の減少を食い止めるためには、アンケート調査等によりその原因を探らなければなりませんが、政策のヒントに結びつくアンケート調査にするためには工夫が必要です。

　例えば、利用者の減少に歯止めをかけたい博物館が、展示内容に関するアンケート調査を行ったとします。アンケート調査の結果、「展示内容に不満を感じている方の比率が○％」であることがわかったとしても、これだけでは「展示内容を変更する必要がある」ということが明らかになるだけで、展示内容の具体的な改善点を見出すことはできません。政策手段の見直しにつながるアンケート調査にするには、回答者の属性に関する質問項目を設定することも重要です。

　アンケートの回答者は居住地域、性別、年齢、所得、職業、知識や文化的背景など、さまざまな属性を持っており、この差異がアンケートの回答に反映される可能性があります。アンケート調査によって回答者の属性に関する情報が集められていれば、集計結果から「若い世代は現在の展示内容に不満を感じている方が多い」ということが明らかになり、より具体的な改善点を見出すことが可能になります。

　例えば、利用者の減少を食い止めるために、リピーターが増えるような施設づくりをするという対策を講じることを想定します。アンケート調査の回答を利用して、公共施設の来館回数の決定要因を明らかにすることができれば、年齢や性別などの個人の属性が来館に影響しているという仮説の検証が可能になります。

　つまり、アンケート調査では、その仮説を踏まえて、どのような属性（年齢、性別など）を持った方の来館回数が多いのか、どのような理由で来館するのかを調査し、属性や来館理由と来館回数（結果）の関係性を見ることで来館回数を決める理由（原因）を明らかにできるのです。他にも来館回数には最寄り駅からの距離や利用交通手段、居住地などの地理的特性が影響するかもしれません。

　このように、調査する目的や仮説を踏まえて、得たい情報は何なのか、そして、その情報を得るためにはどのような質問項目が必要なのかを考えなければなりません。そして、アンケート調査を政策の改善に活かすためには、調査票の作成、

収集から、結果の分析までの一連のプロセスを想定しながら質問項目を設定しなければならないのです。

2.2.2　満足度調査における利用回数に関する質問

博物館や美術館、公園、体育館等の公共施設は通常、無料あるいは低廉^{ていれん}な料金が設定されているために、料金収入で利用者の満足度を評価することはできません。そこで多くの場合その評価は、利用者数と「非常に満足」から「非常に不満」までの段階別満足度で調査されています。利用者が多いほど便益が大きいというのは理解されやすいですし、それに加えて満足度調査も実施していることでパフォーマンス評価は十分だと考えがちです。ところが、これでは政策評価のための情報としては十分ではありません。

利用者数は多くの場合、延べ人数が利用されます。しかし、これには問題があります。ある公共施設の延べ利用者数が1万人であったとしましょう。延べ人数は「実質利用者数×回数」ですから、①100人が100回施設を利用した場合も、②1,000人が10回施設を利用した場合も延べ人数は1万人です。ところが、①と②では満足度に大きな差が生じる可能性があります。

延べ人数でしか調査していないために実態は不明ですが、仮に利用実態が①であったとすると、常連客を対象に満足度調査を行うことになりますから、「とても満足している」という回答が多く返ってくることが予想されます。満足が大きいからこそ常連になるわけです。ところが、利用実態が②であれば、満足度は小さくなる可能性があります。税金の使い途としては、より多くの市民が利用する②の方が望ましいと考えられますが、満足度が小さいために施設が閉鎖される可能性があり、利用実態が①の場合には、利用が一部の市民に偏っているにもかかわらず満足度が大きいために施設が維持されるかもしれません。このように、延べ人数で利用者数を計算してしまうと、適正な評価ができない可能性があるのです。

利用者数はパフォーマンス評価にとって重要ですが、利用者に対するアンケート調査によって「何回目の施設利用か」を尋ねるべきです。これは、「利用回数が多いほど満足度は大きくなる」という仮説を検証するためです。この仮説が正しかったとすると、次にこの施設の利用者を増やすための戦略としては、「常連客を増やす工夫をするか」それとも「できるだけ多くの市民に利用してもらえる

工夫をするか」を選択しなければなりません。

2.3　回答を設定する

2.3.1　回答方式の選択

　アンケート調査を成功させるためには、回答者が回答しやすい形式（回答方式）を設定しなければなりません。例えば、年齢や身長のように、値の大きさや値の差の大きさ、値の比に意味がある尺度を**比例尺度**と呼びますが、比例尺度である来館回数を得たい場合は、「（　）回の来館」といった数量回答が基本となります。所得水準のように具体的数量を回答しにくい場合は、カテゴリーに区分して回答を得ることも有効です。カテゴリーに区分する場合は、「年収100万円未満」「100万円以上300万円未満」「300万円以上500万円未満」などのように数量の切れ目が生じないような選択肢にし、「以上」「以下」「未満」「〜」などの表現を用いる際は調査票内で統一すると誤解が生じません。

　また、単一回答ができる「利用の有無」や、「非常に満足」「やや満足」などの満足度の間隔が等間隔であることを前提とした**間隔尺度**、1位、2位、3位というように「行ってみたい観光地」を上位から答えるといった**順序尺度**（大小関係のみに意味があり、順位の間は等間隔ではありません）の場合、回答方式として選択型を選びます。選択型には、2つ以上の回答が想定される場合は、選択肢から自由に複数の回答を選ぶことができる多項目自由選択型、複数の回答を選べるものの回答数に制限がある多項目制限選択型、まず複数を答えてもらい、特に選択したい選択肢を1つだけ選ぶ多項目択一選択型、複数回答に優先順位をつける順位型などがあります。他にも、意見や動機を広く聴取したい場合に使用できる自由回答があります。事前に仮説が立てられないため選択肢をリストアップできない場合などに、自由回答欄を用意するメリットもありますが、回答者の負担が増えたり、調査員が結果を集計する際の後処理が煩雑になったりするため、上記の意図がない限り、多用すべきではありません。

　以上のように、質問内容に沿って、さまざまな回答方式から適切なものを選択します。しかし、質問数や回答方式は、回答者の時間的制約や体力を考慮して設定すべきです。詳細な情報を入手したいからといって、回答者の負担を考慮しなければ、回収率が低くサンプルサイズ（標本の大きさ、データの個数）が少なくなる可能性があります。

2.3.2　満足度調査の回答に間隔尺度を用いる際の注意点

　満足度に関するアンケート調査にも注意が必要です。満足度については、「非常に満足」「満足」「どちらともいえない」「不満」「非常に不満」といった間隔尺度が多く用いられます。この尺度は民間企業による消費者の意識調査でよく使われるものですが、間隔尺度は、「満足」「不満足」という二者択一できないような中間程度（「どちらともいえない」など）を含めなければ、強制回答になってしまうため、5段階や7段階などの奇数段階が必要です。

　しかし、このように段階で回答を求めると、日本人の気質として、「どちらともいえない」の回答が多くなるデメリットもあります。また、アンケート調査結果からは、「非常に満足」20%、「満足」25%、「普通」35%、「不満」15%、「非常に不満」5%といったように、各選択肢の割合しか観察できません。その結果、「満足と答えた利用者が不満を持つ利用者よりも圧倒的に多く、当該施設は成功を収めている」ということになりがちです。これでは政策改善のヒントにはなりません。

　選択肢に1〜5点の5段階で点数を付けてもらい、点数を集計するという方法もあります。この方法を採用すると、選択肢毎の回答割合だけでなく、平均値や分散、相関といった統計的な処理が可能になります。また、評価を数量化していることから、妥当な方法であるかのように見えます。しかし問題があります。

　第1は、間隔尺度で得た結果は、段階の間隔が等しいという仮定のもとで得点化したものだということです。心理的に「非常に満足」と「満足」の間が1点ではないといったように、各段階の差が異なる場合があるので注意が必要です。

　第2は、回答者によって点数の重みが異なる可能性があることです。AさんとBさんはともに「非常に満足」（5点）を付けたとします。しかし、所得水準の高いAさんは「1万円払っても良いくらいの価値がある」と思い、所得の低いBさんは「1,000円払う価値がある」と思っているかもしれません。もちろん、Aさんの1万円がBさんの1,000円より大きな価値があるかどうかも不明です。というのも所得水準が異なるからです。しかし、このように利用者が支払っても良いと考える**支払い意思額**（WTP：willingness to pay）をアンケート調査で求めるなら、公共施設の価値を金額で表すことが可能になります。このような方法を**仮想評価法**と呼びます。仮想評価法については第11章で解説します。

　第3は、集計値や平均値といったマクロの指標では、満足度の内容を知ること

ができないことです。そのため、誤ったパフォーマンス評価が行われてしまう可能性があります。「非常に満足」（5点）と答えた利用者がいる一方で、「非常に不満」（1点）と答えた利用者も多いというように、評価が大きく分かれた場合でも、3点という平均的な評価を行った回答者が多い場合と集計値が同じになることも考えられます。施設に不満を感じる回答者が多く、何らかの改善策が必要であるにもかかわらず、「評価は平均的」ということで対策が講じられない可能性があります。

　満足度調査は政策の評価と改善とを結びつける極めて重要な役割を担っています。アンケート調査が満足度の正確な把握を主要な目的としている場合には、仮想評価法を用いることが望ましいといえます。しかし、公共施設の利用者を増やしたいといった目的でアンケート調査を行う場合には、満足度は間隔尺度を用いれば良いでしょう。ただ、間隔尺度には上で示したような問題点がありますから、問題点を可能な限り回避できるような質問項目を追加するなど、政策改善に結びつく工夫ときめ細かな対応が求められます。

2.4　回答を誘導しない調査票の作成―バイアスの除去―

　アンケート調査票は、知りたい事柄をわかりやすく整理し、見やすくなければなりません。なぜなら、回答者が心理的負担などから真の回答と異なった回答をする可能性があるからです。このように、アンケート調査票の作成の際には、回答者が回答に誤差を発生させる要因（これを**回答バイアス**といいます）を取り除くことができる調査票の設計が必要です。

　回答バイアスには、アンケート調査を実施する側に都合の良い回答を回答者が行ってしまうという**誘導バイアス**、タイトルで回答者を過剰に意識させ、評価を過大にしたり回答拒否に導いたりしてしまう**タイトルバイアス**等が存在します。バイアスの要因として最も多いのが誘導バイアスであり、例えば、「博物館は地域の人々と共に文化を育てるとともに、地域の活性化をもたらす役割を果たしています。あなたは博物館の必要性についてどのように考えていますか」という質問を行うことにより、「必要だ」と答える人の割合が高くなってしまう可能性のことをいいます。そうならないためにも、「あなたは博物館の必要性についてどのように考えていますか」というシンプルな質問の方が良いのです。タイトルバイアスには、例えば「○○会館の廃止に関する意識調査」といったことが考えら

れるでしょう。このタイトルだと、最初から廃止が前提になっているという気持ちを回答者に抱かせてしまいます。

　アンケート調査票に調査の趣旨や望ましい回答姿勢を明記することによって先手を打たなければなりません。このようなさまざまなバイアスが存在することを見つけ対処するためには、予備調査（プレテスト）の実施や既存の類似事例の確認が不可欠です。

　予備調査とは、少人数を選び出し、アンケートに回答してもらうことで、アンケートの欠陥、回答の難易度、回答時間に無理がないかなどを確認し、本調査に向けてバイアスを取り除くことを目的とします。例えば、予備調査によって無回答や「わからない」という選択肢が多く得られている場合は、専門用語や難しい語句、曖昧な表現を使用していないかを確認することや、「賛成」や「反対」だけでなく「わからない」という項目を加えることを検討することによって改善します。予備調査が終わり修正を加えると、いよいよ本調査です。予備調査と異なり、本調査の重要な点は、アンケート調査結果を信頼できるものにするために十分な回答者数を確保するとともに、集めたサンプルに偏りがないようにすることです。

3　サンプルサイズ（標本の大きさ）を決める

3.1　必要なサンプルサイズの考え方─調査結果の誤差と信頼度─

　アンケート調査を行う際に気になるのが、「どれくらいの数のサンプルを集めれば良いか？」ということでしょう。母集団全体を調査（これを**全数調査**といいます）することが可能であれば問題はないのですが、母集団が大きい場合にはそうはいきません。標本調査によって適正な情報を得るためには、仮に全数調査を行った場合に得られたであろう結果を投影するサンプルを抽出する必要があります。博物館等の施設での聴き取り調査なら、調査に応じてくれた人の数（回答者数）＝サンプルサイズになります。しかし、郵送でアンケートを依頼する場合には、調査票を受け取った人全員が回答してくれるわけではなく、回収率が低いとサンプルサイズが小さくなり、信頼度が失われる可能性があります。

　第1章でもとりあげた米国のダーラム（市と郡）は、毎年市民に対して市政に

関するサンプル調査を行っています。全人口で計算すると信頼できるサンプル数が集まったのですが、人口を人種や民族等の小グループに分割すると、ネイティブ・アメリカン等の一部のカテゴリーでは回答数が少なく信頼度が不足していることが明らかになりました。結果を公表しているウェブサイトでは、「小さなグループに分類すると、結果の妥当性は低くなります」と自ら指摘しています。このように、サンプル調査結果を公表しているだけでなく、調査結果の信頼性についても言及しているのです。

　それでは、どれほどの数のサンプルを集める必要があるのでしょうか。サンプルサイズを決めるには、まずは母集団が何かを考えます。例えば、「20歳代の市民の一般的な意識を知る」ことが目的であれば、20歳代の市民が母集団になります。母集団が決まれば次はアンケート調査の精度を定めます。母集団の全数調査を行わない限り、アンケート結果には必ず誤差が生まれます。これを**標本誤差**といい、標本誤差の値が小さい程、アンケート調査の精度が高いといえます。

　今、「±5％の誤差が生じるのは許す」（これを**許容誤差**といいます）ことにします。例えば、ある意見に対して賛成か反対かを尋ねるとしましょう。アンケート調査を行った結果、回答者の50％が賛成であったとします。全数調査ではありませんので誤差が出ているはずですが、今回の調査では許容誤差を±5％としましたので、母集団の賛成率は45％〜55％の間にあることになります。ですから、アンケート調査結果を読み取るときには、「賛成者は50％です」ではなく、「今回の調査では50％という結果が出たので、賛成者は45％〜55％の範囲にあります」と答えるべきなのです。

　それではサンプルサイズと精度の関係はどうでしょうか。直感的に、サンプルサイズが多いほど精度が高まることはわかります。極端なことをいえば、全数調査にすれば精度は100％になるわけです。サンプルの数を減らすと調査の手間は省けますが、調査自体の精度が落ちることになります。

　アンケート調査にとってもう一つ大切な要素があります。信頼度です。先ほどの例では許容誤差を±5％とし、賛成率が50％なら母集団は45％〜55％の範囲であると、結果を読み取りました。しかし、同じ調査を繰り返し実施したとき、すべての調査でこの結果が出てくる保証はありません。つまり、今回実施した調査結果が信頼のおけるものでなくてはなりません。信頼度の大きさは「信頼度90％」、「信頼度95％」、「信頼度99％」といったように示されます。信頼度95％と

いうのは、同じアンケート調査を100回行ったとき、95回は「賛成率が45%〜55%の範囲」という結果が出ることを意味します。90%では100回のうち10回はこの範囲から外れてしまう可能性があり、調査の信頼度が低くなります。これもまた、サンプルサイズによって影響され、サンプルサイズが大きいほど信頼度は高まります。

3.2　サンプルサイズの計算

　それでは、どれくらいの数のサンプルが必要なのでしょうか。日本全体、県や大都市を対象としたアンケート調査となると、膨大な数のサンプルが必要になるのではという心配が生まれてきますね。しかし、大丈夫です。

　必要なサンプルサイズは①母集団の数、②信頼度、③許容誤差がわかれば計算できます。この数値を入れれば必要サンプルサイズが出てくるサイトもありますが、以下の式を使えば必要なサンプルサイズが出てきます。式を見ると「大変そう」ですが、Excelに丁寧に入力していけば簡単に計算できます。

$$サンプルサイズ = \frac{\dfrac{z^2 \times p(1-p)}{e^2}}{1 + \left(\dfrac{z^2 \times p(1-p)}{e^2 N}\right)} \tag{4-1}$$

Nは母集団のサイズ、eは許容誤差（小数点表記）、zはZスコア、pは回答率です。回答率とは、賛成率や保有率といった調査対象者のある回答への比率（母比率）を表します。事前に他調査で同様の調査結果がある場合はその比率を使用できますが、参考となる結果がない場合や1つのアンケート調査で複数の質問を行う場合は固定することができません。そのため通常は、最大限精度を高めることができる$p = 0.5$と設定します。Zスコアは、平均値を基準とした母集団の分布を表す標準偏差値で、信頼度毎に値が**表4−1**のように変わります。

　以上の情報がそろえば必要なサンプルサイズの計算が可能になります。①母集団を1万人、②信頼度を95%、③許容誤差を5％とすると、**図4−2**のようにExcelで計算できます。ここでは、慎重を期して計算過程をいくつかに分けていますが、自信があれば一気に計算結果を導くことも可能です。以上の前提ですと、必要なサンプルサイズは370となります。必要なサンプルサイズは母集団の数が多くなると増えていきます。しかし、10万人の場合は383、100万人なら384、

表4−1　信頼区間とZスコア

信頼度	Zスコア
80%	1.28
85%	1.44
90%	1.65
95%	1.96
99%	2.58

図4−2　サンプルサイズの計算

	A	B	C
1	① 母集団（人）	N	10000
2	② zスコア：信頼度95%	Z	1.96
3	③ 許容誤差：5%	e	0.05
4	④ 回答率：50%	p	0.5
5	Z^2		=C2^2 → 3.8416
6	p(1-p)		=C4*(1-C4) → 0.25
7	e^2		=C3^2 → 0.0025
8	分子		=(C6*C5)/C7 → 384.16
9	分母		=1+((C5*C6)/(C7*C1)) → 1.038
10	必要サンプルサイズ		=C8/C9 → 369.95 ≒ 370

1000万人では384、1億人でも384と変わりはありません。

　なお、信頼度を99%に引き上げると、許容誤差が5％、母集団が1万人のとき、サンプルサイズは624人となり、さらに許容誤差を半分である2.5%にするとサンプルサイズは2,656人となり、5％のときと比べて4倍になります。このように精度を上げるとサンプルサイズが大きくなり、調査にかかる費用や手間も大きくなる点に留意する必要があります。なお、一般的に許容誤差は5％、信頼度は95%として設定することが多く、十分に信憑性があるとされています。

4　サンプルの偏りをなくす

4.1　サンプルの偏りとは

　標本調査は母集団を投影するものでなければなりませんが、全市民のニーズが知りたいのに一部地域の市民だけに偏ったアンケートをしたり、サンプルとして男性が多かったり、特定の年齢や職業に偏ったりしたのでは適正な情報は得られません。ここでは、このようなサンプルの偏りを避けるために注意すべき点を説明しましょう。一つは、サンプル（標本）である回答者の構成が母集団のそれと大きく食い違わないことです。これを**適合性**といいます。

　A、B、C の 3 市が共同で博物館を建設する構想が生まれ、そのためのアンケート調査を行うことになったとします。アンケートは市民の意向の違いを調査することが目的ですから、どの市に住んでいるかでアンケート調査の回答内容に違いがあっても問題はありません。しかし、回収したサンプル数に偏りがあるのは問題です。

　母集団では A 市の人口は35万人、B 市は20万人、C 市は15万人ということがわかっています。まず、3 節で解説した方法を用いて、回収すべきサンプルサイズを計算します。その結果、最終的に 3 市合計で400のサンプルを集めることになったとしましょう。各市から回収したいサンプル数は「母集団の構成比×アンケートの回答総数」で、これを**期待度数**と呼びます。母集団の通りだった場合、**表 4-2** に示すように、全市民の50％の人口を占める A 市のサンプルサイズ（期待度数）は、50.0％×400＝200です。ところが、実際に回収したサンプル数を集計すると150しかなく、構成比は37.5％と母集団の比率よりだいぶ小さくなっています。サンプルの構成比が母集団のそれと完全に一致することはないとしても、どの程度の乖離なら許容範囲なのかを統計的に検定する必要があります。検定の方法は本節の最後に解説することとし、ここでは、サンプルの構成比が母集団のそれと大きく違うと良くないということだけを述べておきます。

　もう一つのサンプルの偏りは**独立性**です。アンケート調査では、回収された回答用紙が白紙（無回答）のケースもあります。無回答が回答者の属性に関係なくランダムに出てくるのであれば問題はないのですが、特定の属性を持った回答者

表4-2　サンプルの偏り（適合性）

	A市	B市	C市	合計
母集団（人口）	35万人	20万人	15万人	70万人
	50.0%	28.6%	21.4%	100%
アンケート調査の サンプルサイズ	150	150	100	400
	37.5%	37.5%	25.0%	100%
期待度数	200.00	114.29	85.71	400

表4-3　サンプルの偏り（独立性）

来館回数	アンケート調査のサンプルサイズ			期待度数	
	回答	無回答	合計	回答	無回答
0回	20	15	35	24.06	10.94
1～5回	30	20	50	34.38	15.63
6～10回	35	10	45	30.94	14.06
11～20回	15	5	20	13.75	6.25
21回以上	10	0	10	6.88	3.13
合計	110	50	160	110	50

に無回答が目立って多いという結果になったとき、その属性の回答者に「回答したくない」という傾向があるのかもしれません。このときには、属性が回答に影響しているという意味で、独立性に疑問があるといいます。

　独立性を確かめる方法を説明しましょう。表4-3は博物館の来館回数別の回答数を示したものです。回答者の属性としては職業や居住地等がありますが、ここでは来館回数を属性と考えます。上の適合性の例と違って、母集団の来館回数別構成は不明ですので、サンプル全体の回答率を基準に各属性の回答率を検討することによってサンプルの偏りを判断します。

　具体的には次のようになります。回答者全員の回答率は110÷160です。来館回数に関係なくこの比率が当てはまると仮定した場合の回答数が、期待度数となります。つまり、来館回数が0という回答者にとっての有回答の期待度数は、期待度数＝行合計（35）×列合計（110）÷全体合計（160）であり24.06、無回答の期待度数は、期待度数＝行合計（35）×列合計（50）÷全体合計（160）であり10.94となります。他の回答者についても同様に期待度数を算出し、実際の回答数と比較して、あまりにも大きな違いがあれば偏りが存在するといえるでしょう。独立性についても、どの程度の乖離なら許容範囲なのかについては、厳密には検

定を行う必要があります。

　適合性と独立性という二つのタイプのサンプルの偏りの有無を判断する統計手法が、次にとりあげるカイ二乗検定です。難しそうな名前ですがわかりやすく解説します。

4.2　サンプルの偏りを調べる

4.2.1　カイ二乗検定

　サンプルに偏りが存在すると、アンケート調査の信頼性が損なわれてしまいます。偏りの有無を統計的に判断するのに使うのがカイ二乗検定であり、（1）適合度の検定と（2）独立性の検定があります。

（1）適合度の検定

　適合度の検定とは、母集団の比率がわかっているときに、回収したサンプルの構成比率が母集団の比率と一致しているかを検定し、サンプルの偏りの有無を判断することができます。4.1項の例の場合、「A 市、B 市、C 市のサンプルサイズは人口分布に適合している」という仮説（帰無仮説）を立て、検定の結果、帰無仮説が棄却されないならサンプルに偏りがないと判断します。棄却されるなら、サンプルに歪みがあると判断し、歪みが生じた原因を探ったり、改めて調査を行ったりする必要があります。帰無仮説が棄却されるかどうかの検定には p 値を用います。

（2）独立性の検定

　独立性の検定とは、年齢や性別などの回答者の属性と回答比率とに関係性があるかどうかを判断することです。回収した調査票の中に、白紙であったり、ある調査項目に対して無回答であったりするものが混じっているとき、属性と回答の有無との間に関係性があるかどうかを検定します。両者の間に関係性がある、つまり、回答の有無が属性から独立していないという検定結果が出れば、サンプルに偏りがあると判断します。4.1項の博物館の例でいえば、「来館回数という属性は回答数（回答の有無）と関係がない（独立である）」という仮説（帰無仮説）を立て、p 値を用いて帰無仮説が棄却されるかどうかを検証します。その結果、帰無仮説が棄却されると来館回数と回答数は関係がないとはいえず、サンプルに偏りがあると判断されます。この場合には、来館回数が回答の有無に影響しないよう調査の改善が必要です。

4.2.2　具体的な手順

実際に（1）適合度の検定と（2）独立性の検定の手順を紹介します。ここでは、（1）適合度の検定として4.1項の「A、B、Cの3市から集めた400の調査票が母集団を反映しているのか」を検定し、（2）独立性の検定として4.1項の「来館回数と回答の有無との間に関係性があるかどうか」を検定します。

（1）適合度の検定

STEP1：まず期待度数を計算します。その結果、4.1項の表4-2のようになったとしましょう。期待度数の計算方法は4.1項をご覧ください。

STEP2：カイ二乗値を以下の式から算出します。

$$\chi^2 = \frac{(\text{A市の回答者数}-\text{A市の期待度数})^2}{\text{A市の期待度数}} + \frac{(\text{B市の回答者数}-\text{B市の期待度数})^2}{\text{B市の期待度数}}$$
$$+ \frac{(\text{C市の回答者数}-\text{市の期待度数})^2}{\text{C市の期待度数}} \tag{4-2}$$

この例では、$\chi^2 \fallingdotseq 26.042$ が求められます。

STEP3：カイ二乗検定はSTEP2で計算したカイ二乗値が取りうるp値とp値の基準を比較して、「サンプルサイズは人口分布に適合している（帰無仮説）」かどうかを検定します。統計学ではp値の基準を5％で設定することが一般的であり、カイ二乗値から求めたp値が基準よりも小さければ、帰無仮説が棄却され、サンプルに偏りがあると判断し、基準よりも大きければサンプルには偏りがないと判断します。

Excelを用いてカイ二乗値からp値を求める方法を**図4-3**に示しています。p値を求める際に必要となる自由度（df）は、

$$\text{df} = (\text{列合計}-1) \times (\text{行合計}-1) \tag{4-3}$$

で求められます。この例では、列合計は「A市」「B市」「C市」の3、行合計は「母集団」と「サンプルサイズ」の2です。自由度は$(3-1) \times (2-1) = 2$となります。そして、Excelのタブから「数式」を選択し、リボンの「関数ライブラリ」の1つである「その他関数」の「CHISQ.DIST.RT」をクリックし、「X」にカイ二乗値であるセルB1（26.042）、「自由度」にセルB4（2）を選択するとp値が求まります。その結果、p値は2.21E-06（0.00000221）であり、基準の5％以下であることから、帰無仮説は棄却され、各市のサンプルサイズは母集団の人口構成を反映していない、つまりサンプルに偏りがあると判断されます。

図4-3　カイ二乗値を用いたp値の計算

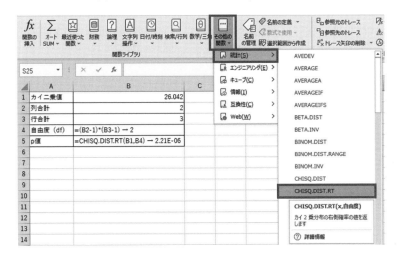

　Excelでは数字の桁が大きい場合に「E」を含む表示になることがあります。これは指数表記と呼ばれるもので、2.21E-01の場合は2.21×1/10（0.221）、2.21E-02の場合は2.21×1/10×1/10（0.0221）となり、2.21E-0.6の場合は、2.21と1/10の6乗の積（0.00000221）になります。また、1E+01の場合は、1×10（10）、1E+05の場合は1と10の5乗の積（100,000）を表します。この表示形式は列幅が狭い時などに使用され、p値を求める際にもよく出てくるので覚えておきましょう。

（2）独立性の検定

　STEP1：クロス集計表を作成し、期待度数を計算します。その結果、4.1項の表4-3のようになったとしましょう。

　STEP2：カイ二乗値を以下の式から算出します。

$$\chi^2$$

$$= \frac{(\text{来館回数0回の回答の実測度数} - \text{来館回数0回の回答の期待度数})^2}{\text{来館回数0回の回答の期待度数}}$$

$$+ \frac{(\text{来館回数0回の無回答の実測度数} - \text{来館回数0回の無回答の期待度数})^2}{\text{来館回数0回の無回答の期待度数}}$$

$$+ \cdots$$

$$+ \frac{(来館回数20回以上の回答の実測度数－来館回数20回以上の回答の期待度数)^2}{来館回数20回以上の回答の期待度数}$$

$$+ \frac{(来館回数20回以上の回答の実測度数－来館回数20回以上の回答の期待度数)^2}{来館回数20回以上の回答の期待度数}$$

$$(4\text{-}4)$$

この例では、表4－3を用いた結果、$\chi^2 \fallingdotseq 10.59$ が求まります。

STEP 3：STEP 2で計算したカイ二乗値が取りうる p 値と基準となる p 値を比較し、「来館回数は回答数に関連がない（帰無仮説）」かどうかを検定します。

自由度は（4-3）式で求められますが、表4－3のクロス集計表を用いると、列合計は回答の有無の「回答」「無回答」の2、行合計は来館回数の「0回」「1〜5回」「6〜10回」「11回〜20回」「21回以上」の5で、自由度は df ＝（2−1）×（5−1）＝4です。適合度の検定の STEP 3と同様に、カイ二乗値と自由度を用いて p 値を計算すると、3.15%（＝ CHISQ.DIST.RT（10.59,4））が求まります。検定の結果、p 値は一般的な基準である5％よりも小さいことから、帰無仮説が棄却され、来館回数と回答の有無には関連がある、つまり、サンプルに偏りがあると判断されます。以上の結果から、来館回数が少ない人にもアンケートに答えやすいように、施設の概要を説明する等の対応策が必要であるといえます。

5　アンケート調査結果を分析する

5.1　単純集計

アンケート調査は情報を集める方法として非常に有用ですが、単発的な調査ではなく一定期間ごとに続けて行うことで、モニタリング（監視）の役割を果たし、政策評価につながるとともに、政策提言もより具体的なものになっていきます。そこで力を発揮するのがアンケート結果の分析であり、集められたデータをもとに事象の傾向や関係性を見出します。なぜその傾向にあるのか等をより詳細に検証するにはフィールドワークのような定性的評価も必要になりますが、アンケート調査は調査結果を集計・統計処理することで、さまざまなエビデンスとその背景を明らかにできます。

アンケート調査で得られた結果から、集団の特徴や傾向を明らかにするための

表 4 - 4　来館者の居住地に関する度数分布表

都道府県	度数(人)	構成比(%)
京都府	6	1.7
大阪府	50	14.4
兵庫県	287	82.5
奈良県	4	1.1
和歌山県	1	0.3
計	348	100.0

表 4 - 5　来館者の年収に関する度数分布表

年収(万円)	階級値(万円)	度数(人)	構成比(%)	累積度数	累積比率(%)
～200	100	16	3.4	15	4.3
200～400	300	81	8.7	96	27.6
400～600	500	89	15.3	185	53.2
600～800	700	84	31.3	269	77.3
800～1000	900	39	19.2	308	88.5
1000～1500	1250	29	15.1	337	96.8
1500～2000	1750	10	7.1	347	99.7
計		348	100.0		

　最初のステップが単純集計です。例えば、構成比（＝あるカテゴリーの回答者数÷全回答人数）を求めれば、全体におけるカテゴリーの割合や構成比の大きい順で並べることでランキング（順位）がわかります。続いて、集団の全体的な傾向を把握するためによく用いられる度数分布について解説します。

●**度数分布**

　カテゴリーの回答者数を度数といいます。各カテゴリーの度数や回答者の回答のばらつき具合（分布）がわかれば、集計結果の特徴をとらえるのに有用です。例えば、定性的データである来館者の居住地の度数と構成比を表すと**表 4 - 4**、定量的データである来館者の年収の度数と構成比を表すと**表 4 - 5**になります。このように度数と構成比を示した表を**度数分布表**といいます。例えば表 4 - 4 から、兵庫県からの来館者が 8 割以上を占めていることがわかります。また、**図 4 - 4**のように度数分布表から得られた分布をグラフに示したものを**ヒストグラム**といいます。度数分布表やヒストグラムを見れば、どの範囲にデータが存在す

図4-4　来館者の年収に関するヒストグラム

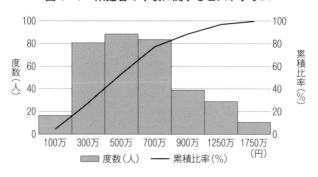

るのか、どのカテゴリーのデータ数が多いのかなど、集団の傾向をつかむことができます。

●代表値

　データの特徴をとらえるための数値指標として代表値があります。あるカテゴリーの平均値や中央値（データを大きさの順に並べた時に中央にくる値）を求めることで、「東京都の回答者の賛成率は全体平均に比べて高い」といったようにカテゴリーと集団全体の結果との関係性を明らかにできます。

　なお、年収などのデータのばらつきが著しい場合は平均値よりも中央値を用いることが望ましいとされています。もし回答者の年収の平均値を算出した場合、桁違いに高い収入の人が数人いると、それに引っ張られることで平均値が高くなり、全体を代表する数値とはいえないからです。言い換えると、中央値と平均値がほぼ等しい場合は異常データが存在しません。他にも、最も集中しているカテゴリーの度数である最頻値があります。これは、前述の度数分布を見ることでわかります。以上のような集計を単純集計といい、集団全体やカテゴリーの特徴や傾向、カテゴリーのランキングやカテゴリーと集団全体との関係を明らかにできるなど、おおまかな傾向を知るためにまず始めに取りかかる統計処理といえるでしょう。

5.2　データ同士の関係性を見る

　5.1項の通り、単純集計ではカテゴリーと集団全体の関係など集計結果のおおまかな傾向がわかりますが、仮説を立て、それを検証するための情報を収集する

表4-6　クロス集計表

定性的データと定量的データ

	平均来場回数(回)
京都府	1.51
大阪府	2.22
兵庫県	3.45
奈良県	1.21
和歌山県	1.01

定性的データと定性的データ

	「友の会」会員率(%)
京都府	2.5
大阪府	4.2
兵庫県	7.8
奈良県	1.2
和歌山県	0.8

注)表中の数値は仮想です。

ことがアンケート調査の目的ですから、2つ以上のカテゴリーの関係性を見ることでエビデンスを得る力は格段に強化されます。例えば、①どの地域の暮らし向きが豊かなのか、②ある施設に何度も来館しているのはどの地域の人々なのか、といったことは満足度や来館回数を単純主計するだけではわかりません。これらの質問に答えるには、カテゴリー同士の関係性を分析しなければなりません。例えば、①では、回答者の「住所」と回答者の「暮らし向きの満足度」の関係性、②では、回答者の「住所」と回答者の「来館回数」の関係性を分析します。

　このように、2つのカテゴリーの関係性を分析する方法として**クロス分析**があります。クロス分析には相関を表や図によって明らかにするクロス集計表や散布図、そして数値によって明らかにする相関分析があり、データ尺度によって用いる方法が異なります。例えば、「年齢が高いほど1年間の来館回数が多い」というように定量的データ同士の関係性を見る場合は、相関係数を使用します。散布図と相関係数については5.2.1で詳しく解説しましょう。

　また、「博物館の『友の会』に入会している人は1年間の来館回数が多い」や「○○県に住んでいる人は1年間の来館回数が多い」というように、定性的データと定量的データの関係性を見る場合は、その関係性を定量化するものとして**相関比**があります。そして、「○○県に住んでいる人は博物館の『友の会』に入会している人が多い」というように定性的データ同士の関係性を見る場合は、**連関係数**を用います。しかし、相関比と連関係数はExcelで求めることが難しいため、ここでは詳しい説明は省略します。

　ただし、**表4-6**のようにクロス集計表を使えば傾向をある程度知ることは可能です。表4-6を見ると兵庫県に住んでいる人は来館回数が多い傾向にあり、

「友の会」会員率も高いことがわかります。この表を見るかぎり、住んでいる場所が会員数に影響を及ぼすといえそうですが、統計的にそのように言い切れるかどうかが判定できればエビデンスとしてはさらに強固なものになります。こうした判断は4.2項で紹介した独立性の検定を用いることによって行うことができます。このような定性的データ同士の関係性の有無の検定方法は5.2.2で扱います。

5.2.1　定量的データ同士の関係性―散布図と相関係数―

　アンケート分析で最も活用され、結果の読み取りに大きな情報を与える定量的データ同士の関係性を、散布図と相関係数を用いて解説します。

　Aさんが「博物館の来館者を観察するとどうも若い世代が少ないようだ。若い世代に魅力を感じてもらえる展示物やイベントが必要なのではないか」と発言したとします。それに対してBさんが「いや、ちょっと待った。本当に若い来館者が少ないのか、検証する必要があるのではないか。また、若い世代ではあいまいすぎる。20代前半の人と後半の人ではニーズが違うのではないか」、そしてCさんが「博物館が市民ニーズに的確に応えるためにも、アンケート調査を実施してはどうか」と発言したとします。そこで、来館者に対して「年齢」と「1年間の来館回数」を尋ねてみることにしました。せっかくアンケート調査を行うのですから、年齢だけでなく、職業や所得水準、居住地等の属性を尋ねたり、「どのような展示内容やイベントを望んでいるか」について選択肢を設けたりすることで博物館に対するニーズを尋ねると、年齢別にニーズが違うのかといったことも知ることができます。

　「年齢が高いほど1年間の来館回数が多い」という仮説が正しいかどうかをざっと見るために役立つのが**図4-5**の散布図です。左図は相関がありそうなケースを示しています。このような傾向が見られるなら、若い人の来館が少ないといえることから、年齢の低い人が魅力を感じる展示やイベントを増やせばよいということになりそうです。ここでも魅力ある博物館について調査しておけば役立てることができます。実際のアンケート結果から散布図を描いてみると、博物館によっては右図のように相関が見られないという結果になる可能性もあります。相関があるかどうかは実際に検証してみないとわかりません。

　x（年齢）が大きくなるとy（1年間の来館回数）が多くなるというような場合、xとyの間には**相関関係**があるといいます。相関の強さを示すのが**相関係数**

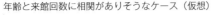

図4-5　年齢と来館回数との関係─相関の有無─

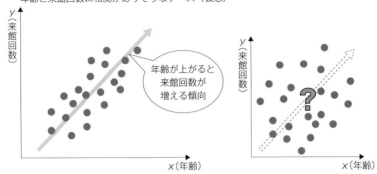

です。相関係数は－1から1の値を取り、1に近づくほど強い**正の相関**があり、－1に近づくほど強い**負の相関**があることを示します。目安として、相関係数の絶対値が0.3以上のときは弱い相関、0.8以上のときは強い相関があると判断すると良いでしょう。

　Excelを使えば相関係数は簡単に求めることができ、計算には2つの方法があります。1つは分析ツールを使う方法、もう1つは関数を使う方法です。分析ツールを使う方法を第5章3節3.3項で紹介していますので、参照してください。

　しかし、相関関係には注意しなければならないことがあります。相関関係は必ずしも**因果関係**（原因と結果の関係）を意味しないということです。事象A（ここでは年齢）と事象B（ここでは来館回数）との間に相関があると判断されたとしましょう。仮説の検証という目的からすれば、事象Aが事象Bの原因であってほしいのですが、必ずしもそうとはいえません。詳細については第12章1.1項で解説しますが、事象Aと事象Bとの間に因果関係があるように見えたとしても、実際は単なる偶然であるケース、事象Aと事象Bの両方に影響を及ぼす事象Cが影響しているケース（**擬似相関**）、事象Bが原因となり事象Aという結果を引き起こしているケース（**逆の因果関係**）が考えられるのです。本節のケースでは年齢の高い方の来館回数が多いことが「単なる偶然」である可能性もあり、また年齢が高いほど所得が高く、所得が高いほど来館回数が多いという擬似相関の可能性もあります。アンケート調査が政策決定や政策の改善を目的としているかぎり、因果関係の存在を明らかにしなければなりません。本節のケース

であれば、アンケート調査に所得に関する質問を入れることで擬似相関の可能性についても考慮するなど、問題を引き起こしている原因の所在が明らかにできるアンケート調査となるよう心掛けましょう。

5.2.2　定性的データ同士の関係性―独立性の検定―

　最後に独立性の検定によって、定性的データ同士の関係性を明らかにする方法を紹介します。住んでいる場所や職業等の回答者の属性によって回答に何らかの傾向が見られるのは、政策立案に有効な情報となります。4.2項でとりあげた、サンプルにおける偏りの有無の検定では、回答者の属性と回答の有無とが独立していることが調査の信頼性を確保する上で必要でした。しかし、ここでは、むしろ属性と回答内容との間に関係がある（独立していない）ことを検定によって判断しようというわけです。

　具体的な分析手順を解説するために表4-6でもとりあげた、住んでいる場所と会員数に関係があるかどうかを利用します。検定の手順は4.2.2の「（2）独立性の検定」と同じです。まず、手順に沿って期待度数とカイ二乗値を求めます。

　5.2項では、クロス集計表を使えば傾向を知ることは可能だと述べましたが、カイ二乗検定を用いればエビデンスはより強固なものになります。クロス集計表のパーセントが同じあってもサンプルサイズによって検定結果が異なる場合があります。つまり、表4-6のように住んでいる場所と会員率だけを見て関係があるかどうかを判断すると、サンプルサイズによっては間違った解釈をする可能性があるのです。そこで、統計的に関係の有無を言い切るためにも、**表4-7**のように回答者数を用いたクロス集計表を作成します。クロス集計表ができあがれば、回答者数から期待度数を計算します。なお、期待度数の計算方法は4.1項の通りです。

　次に期待度数を用いて、4.2.2「（2）独立性の検定」の手順2からカイ二乗値を求めると、$\chi^2 \fallingdotseq 16.42$ が求まります。最後に、得られたカイ二乗値が取りうるp値と基準となるp値を比較し、「住んでいる場所は会員数に関連がない（帰無仮説）」かどうかを検定します。その際、4.2.2「（1）適合度の検定」のSTEP 3と同様に自由度（df）を求めると、df＝(5−1)×(2−1)＝4であり、カイ二乗値と自由度を用いてp値を計算すると、0.25％（＝CHISQ.DIST.RT(16.42,4)）が求まります。つまり、一般的な基準である5％よりも小さいこと

表 4 - 7　会員数・非会員数と期待度数

	アンケート調査のサンプルサイズ			期待度数	
	会員	非会員	合計	回答	無回答
京都府	4	156	160	5.87	154.13
大阪府	8	182	190	6.97	183.03
兵庫県	16	189	205	7.52	197.48
奈良県	2	168	170	6.24	163.76
和歌山県	1	119	120	4.40	115.60
合計	31	814	845	31	814

から、帰無仮説は棄却され、「会員になるかどうかは住んでいる場所が影響する」
と判断できます。このように独立性の検定は少し難しい分析ですが、性別、年齢、
職業といった属性と満足度など、さまざまな関係性を明らかにできることから、
アンケート調査を行った際に有効な手段といえるでしょう。

第 5 章

EBPM の強い味方②

回帰分析をマスターしよう

本章のねらい

　地域で発生している問題を解決するためには、問題を発生させている原因を明らかにし、そこにメスを入れる必要があります。第 1 章では問題発生原因を徹底追究する思考法としてロジックツリーを紹介しました。しかし、思いつくままに原因と考えられるものを並べても、それが真の原因なのかは不明ですし、原因を取り除くことが問題解決に大きな効果を発揮するのかについては、十分な検証（エビデンス）が必要です。

　このエビデンスを見出す統計分析の一つに回帰分析があります。回帰分析とは、変数間の関係を統計的に解析することです。したがって、変数間の関係を数値的に確定することが回帰分析の目的なのですが、分析結果は決定要因、ベンチマーク、将来予測等、政策形成に必要なさまざまな情報を与えてくれます。回帰分析の方法を知っておくと地域問題の解決にとても役に立ちます。

　本章の目的は Excel を使って回帰分析ができるようにすることですが、重要なことは、分析の目的、分析の背後にある理屈（因果関係）、結果の解釈です。そこで、実際に分析を行いながら、政策形成に使える回帰分析方法を習得してもらいます。

1　回帰分析を学ぶ

1.1　回帰分析とは

　「地域で発生している事象（y）の原因は（x）にある。だから、原因となる x にメスを入れることで事象 y を変えることができる」。回帰分析はこうした仮説を検証し、政策形成に必要なエビデンスを発見することが目的です。回帰分析を実行するためには因果関係（原因と結果の関係性）に関する仮説を立てなければ

なりません。例えば、交通事故の発生率（y）に対して自動車の数（x）が影響しているのではないかという仮説を立てたとします。xの値が決まるとそれに対応してyの値が決まるという関係を、「yはxの関数である」といい、

$$y = f(x) \tag{5-1}$$

と表現します。2つの変数の中で結果に該当する変数を**被説明変数**（従属変数、目的変数）と呼び、原因に該当する変数を**説明変数**（独立変数）と呼びます。この例でいえば、交通事故の発生率が被説明変数（y）、交通事故を左右する自動車の数が説明変数（x）です。

　しかし仮説の段階では、①xが増えたときyは増えるのか、減るのか、②xが変化したときyはどの程度変化するのかは不明です。これらが不明なままでは政策形成のための有益な情報にはなりません。そこで、xとyの間に

$$y = a + bx + u \tag{5-2}$$

という関係性があると仮定したモデルを立て、変数間にどのような数値的関係があるかを、データを用いた統計的手法によって明らかにするのが回帰分析です。aは**定数項**、bは**回帰係数**（またはパラメーター）と呼ばれ、回帰係数の符号がプラス（＋）の場合には、説明変数は被説明変数に対してプラスの影響、つまりxが大きくなるとyは大きくなり、符号がマイナス（－）の場合には、xが大きくなるとyは小さくなることを示します。この式では自動車の数（x）が交通事故の発生率（y）に影響することを想定していますが、交通事故の発生率は自動車の数だけで決まるとは限りません。uは**誤差項**と呼ばれ、xでは説明できない部分を指します。

　回帰分析によって回帰係数（b）が求められると、xがΔxだけ変化したときのyの変化分（Δy）は$b \times \Delta x$となり、説明変数の変化によって被説明変数がどれくらい変化するかがわかります。このように回帰分析は、xがyの決定要因になり得ているかを確認できるとともに、xの値からyの値を予測することもでき、政策形成に必要なさまざまな情報を与えてくれるのです。

　説明変数が1つだけの式は**単回帰式**、複数個の説明変数を含む式は**重回帰式**と呼ばれます。料理において品数（x）が増えれば調理時間（y）がかかるというように、品数と調理時間との関係を分析するといった事例は単回帰です。しかし、多くの現象はその背後にさまざまな原因が存在しており、分析はもっと複雑です。「この説明変数で被説明変数の動きを十分に説明できるだろう。したがって**単回**

帰分析で良い」と予想しても、実際に回帰分析を行ってみると、それだけでは十分な説明力を得られないことがほとんどです。このような場合に**重回帰分析**が必要になります。さきほどの料理の例でいえば、品数に加えてコンロの数も調理時間を決定する可能性があり、調理時間に対する品数とコンロの数の関係性を分析するといった事例が重回帰分析にあたります。

　回帰分析は変数間の数量的関係を発見することで政策形成に有用な情報を提供してくれますが、そのためには**回帰式**を適切に定式化することが必要です。社会の事象は実験室のような状況の中で発生しているわけではなく、回帰分析に使うデータも分析者がコントロールすることはできません。こうした状況下で行われる分析ですから、回帰式の定式化には注意が必要であり、その際に力を発揮するのが理論です。例えば地域間で給与水準に差が存在する場合、給与がどのようなメカニズムで決定されるかについてはさまざまな理論（考え方）があります。こうした理論を踏まえて定式化を進めていくことが効率的です。また、理論的には因果関係を提示できても、現実社会では変数間の関係を発見することが難しい場合もしばしば起こります。このような場合には、別の理論を応用したり、説明変数に別のものを用いたりするといったことが必要になります。しかし、手間がかかったとしても、最終的な回帰式に至るまでのプロセスで、分析者は多くのことを発見することができるでしょう。

1.2　最小二乗法

　被説明変数 y と説明変数 x のデータから、回帰分析によって $y = a + bx + u$ という回帰式を導き出すことができれば、x が y の決定要因となり得ているのかを検証できるとともに、x が変化したときの y の変化を定量的に分析できます。また、複数地域の回帰式が手に入れば、地域間で b の大きさを比較することによって地域構造の違いに関する情報も手に入れることができます。問題はこの回帰式をどのように導き出すかです。

　いま x と y の関係を図に描くと、**図5-1**（I）のようになったとします。このような x と y との対応関係をプロットした図を散布図といいます。そして散布図に切片（直線と縦軸との交点）と傾きからなる直線を引きます。切片と傾きはそれぞれ（5-2）式における定数項（a）と回帰係数（b）に該当します。散布図の点のすべてが一直線上にきれいに並んでいたなら、$y = a + bx$ を導くことは

図5-1　最小二乗法の考え方

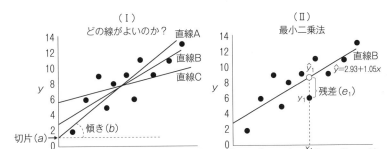

簡単です。しかし、実際に観測されるデータの値（**観測値**）はそのようにはなっておらず、どのような線を描いても、線からはずれる点が必ず出てきます。そこで、原因（x）と結果（y）の関係性を表す無数の線を散布図に引き、無数にある線の中から最も適切に関係性を表している線を選び出します。それを可能にするのが**最小二乗法**（OLS：Ordinary Least Squares、**最小自乗法**という場合もあります）です。

　さきほど「最も適切に関係性を表している線」と書きましたが、適切さを表す判断基準は何なのでしょうか。いま、**図5-1**（Ⅱ）に描かれているように、無数の線の中から直線Bを選び出したとします。xの値がx_1である場合、直線Bからyの値は$\hat{y}_1$であることが予測できます。しかしながら、観測値を確認するとx_1のときyの値はy_1であり、直線Bに基づいて予測した$\hat{y}_1$とは$y_1-\hat{y}_1$だけ外れていました。この差は誤差項の推計値であり**残差**と呼びます。xとyの関係性を表す直線から予測される値（**予測値**、$\hat{y}_1$）と観測値（y_1）との差が残差ですから、残差が最も小さくなる直線こそがxとyの関係性を最も適切に表している直線であると判断できます。残差はプラスの場合もあれば、マイナスの場合もあります。したがって、残差を二乗し合計した値が最も小さくなる直線こそが適切であると考えることから、最小二乗法という名前が付けられているのです。

　以上のように、最小二乗法はxとyが線形関係にあると仮定した上で、xとyとの関係性を最も適切に表している直線を探し出し、その直線が持つ定数項と傾き（回帰係数）を回帰式とする方法です。xとyとの関係性を最も適切に表している回帰式であっても、予測値は観測値から外れる可能性があるため（つまり残

差が生じるため）、残差を考慮した回帰式は以下のようになります。

$$y_i = \hat{a} + \hat{b}x_i + e_i \tag{5-3}$$

i は横断面分析の場合は地域やグループであり、$i = 1, 2, \cdots n$ です。例えば北海道、青森、…、沖縄となります。時系列分析の場合は i のかわりに t が用いられ、年を表すことが一般的です。(5-2) 式と同様 a は定数項、b は回帰係数（またはパラメーター）を表しており、回帰分析によって推計された値であることを示すために「^（ハット）」がついています。回帰分析について解説している教科書によっては、推計値にハットが示されていない場合もありますが、本書ではハットがついている場合は推計値であると理解してください。

回帰式によって推計される予測値 $\hat{y}_i$（$\hat{y}_i = \hat{a} + \hat{b}x_i$、任意の x_i に対する直線上の y_i の値）と観測値 y_i との差である残差は、上の式では e_i で表されています。残差は推計された式では説明しきれない部分のことで、言い換えれば、推計された式に含まれなかった他の要因によって生じたバラツキです。ということは、他に適切な説明変数を追加できれば残差は小さくなります。直線 B が最も適切に関係性を表している線だとした場合、$\hat{y} = 2.93 + 1.05x$ が最小二乗法によって得られたもっともらしい関係式ということになります。この関係式は計算で導くことができるのですが、Excel 等の統計処理ソフトを使えば、導出できます。

以上は単回帰の場合ですが、重回帰の場合も同様に残差の二乗和を最小にする関係式を得ることができます。

1.3　回帰分析のためのデータ

回帰分析のためのデータは、被説明変数と説明変数に関する n 個で構成されています。分析に利用できるデータは第 2 章で紹介したように、政府統計の総合窓口（e-Stat）で収集することができますが、重要なことは、分析したい目的に沿ったデータを適切に収集し、場合によっては加工することです。

回帰分析のデータは、**図 5 - 2** のように、①**クロスセクションデータ（横断面データ）**、②**時系列データ（タイムシリーズデータ）**、③**パネルデータ**に大別できます。

時系列データとは、一つの地域、個人、グループについて時間に沿って集めたデータです。例えば、北海道の平均給与水準がどのように変動しているかを追跡したり、変動の原因を分析したりするときに使います。クロスセクションデータ

図5-2　回帰分析用データの種類

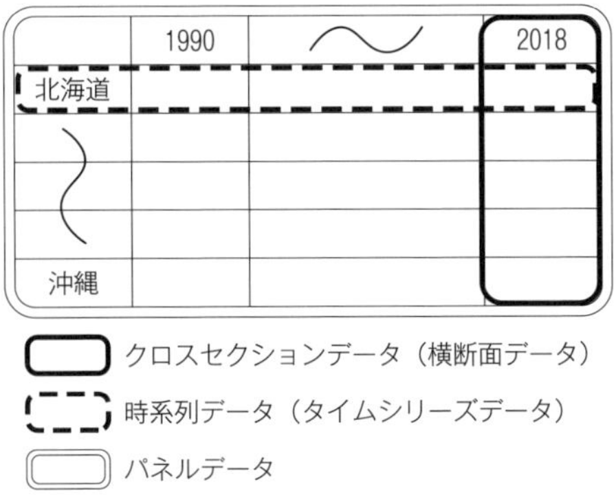

とは、ある時点における地域、個人、グループなどについて集めたデータです。例えば、2018年における47都道府県のデータを使って給与水準を比較したり、格差の背景を探ったりするときに使います。

　パネルデータとは、時系列データとクロスセクションデータを統合したものです。例えば、給与水準が時系列データとして存在し、それが各時点で地域毎にあるようなデータです。クロスセクションデータが、ある時点でのサンプル間の関係を分析するのに対して、パネルデータはサンプル間の関係を時系列に沿って分析することができます。時系列データで回帰分析を行いたいと思っても、十分な数のサンプルが手に入らない場合もあります。そのようなとき、パネルデータを使うことでサンプル数を増やすこともできます。

1.4　統計値の解説

　回帰分析をExcelなどの統計ソフトで行った場合に出力される統計値を解説します。後に実践する際には、ここでの解説を参照してください。

●回帰係数

　推計された係数であり、分析はこの値を導くことが目的です。下の式のように重回帰で説明変数が複数ある場合を想定します。

$$y_i = \hat{a} + \hat{b}x_{1i} + \hat{c}x_{2i} + \hat{d}x_{3i} + e_i \tag{5-4}$$

各説明変数の回帰係数（$\hat{b}$から$\hat{d}$）は、「他の説明変数を変化させないで、その変数だけが変化したとき、被説明変数がどのくらい変化するか」を示しています。

いま、x_{1i} が Δx_{1i} だけ変化したとします。他の変数は変化しなかったとして、y_i の変化分（Δy_i）は $\hat{b}\Delta x_{1i}$ となります。この考え方を利用すると、例えば給与水準（被説明変数）の地域間格差に対して、どの要因（説明変数）がどの程度の影響を与えているのかを知ることができ、給与水準が低い地域が給与を引き上げるにはどのような政策が有効かの手がかりを得ることができます。これが決定要因分析です。分析方法については第6章で具体的に解説します。

●t値とp値

回帰分析の結果は信頼できるものでなくてはなりません。結果が偶然の産物であったり、サンプルを変えて再推計すると違った結果が出たりするのでは、回帰分析結果を政策形成に利用することは危険です。確率論・統計学では、「確率的に偶然とは考えにくく、意味があると考えられる」ことを**有意**といいます。回帰分析で得られた結果は有意でなければならないのです。

t値や**p値**は、各変数の回帰係数の有意性を示す指標です。もし有意とはいえないという結果が出たなら、回帰式においてその変数は必要がないことを意味します。具体的には、多くの場合t値の絶対値（係数の符号がマイナスの場合、t値もマイナスになります）が2より大きい（または、p値が0.05より小さい）という結果が示されたなら、t値（またはp値）が5％の**有意水準**を満たしていることから、回帰係数は有意であり、説明変数（x）と被説明変数（y）の関係を統計的に認めることができます。

もう少し説明を加えましょう。有意水準は一般的に5％（0.05）が用いられます。1,000回試みたときに、**帰無仮説**（回帰分析の場合は回帰係数が0であること）が正しいという結果が50回未満であれば、回帰係数に意味があると考えるということです。このように結果が5％の有意水準をクリアできるということになれば、逆にいえば、1,000回試みて950回以上、回帰係数は有意だと考えるわけです。有意水準は一般的に5％が用いられることが多いのですが、例えば1％のように有意水準をより厳しく設定することがあってもかまいません。1％に設定したとすれば、1,000回試みたとき帰無仮説が正しいとする結果が出るのは10回未満であると解釈することができます。言い換えるなら、1,000回試みて11回は帰無仮説が正しいという結果になると、回帰係数は有意とは言い切れないことになります。逆に有意水準を10％に設定すると、1,000回試みたとき99回は帰無仮説が正しいと出ても回帰係数は有意だとみなそうというように、ハードルが低くな

ります。

　Excel で回帰分析を行った場合、t 値とともに p 値が計算されて表示されます。p 値は回帰分析結果の有意性のハードルの高さを表すと考えることができます。例えば p 値が0.008であれば 1 ％の有意水準をクリアしているとみなすことができます。つまり、1,000回試みたときに有意ではないかもしれない結果は 8 回しか起こらないというわけです。同様に、p 値が0.03と出れば 5 ％の有意水準をクリアしているとみなすことができます。

●決定係数

　決定係数とは、推計された回帰式の当てはまりの良さの度合いを示す指標です。0 から 1 までの値を取り、 1 に近いほど回帰式が観測されたデータに良く当てはまっていることを示しています。仮に決定係数が0.8であれば、被説明変数のバラツキの80％が、回帰式に考慮した説明変数によって説明されることを意味しています。

　決定係数はサンプル数が少ないと高く出ます。極端なことをいえば、サンプル数が 2 つであれば、必ず散布図は 1 本の線上にあり、決定係数は 1 になります。しかし、これでは回帰式の当てはまりの良さを判断できません。そこで使われるのがサンプル数を考慮した**自由度修正済み決定係数**（$AdjustedR^2$、補正 R^2、$\overline{R}^2$ 等と表します）です。推計結果は自由度修正済み決定係数で判断するのが一般的です。

　決定係数の重要さは分析目的によって異なります。例えば税収や社会保障に必要な財源等の将来予測を行う場合には、決定係数が高いことが大切です。予測値が観測値を十分に再現できないにもかかわらず、その回帰式を用いて行った将来予測は信頼できないからです。

　しかし、分析の目的が、地域で発生している問題の原因を探り、政策に活用するといった場合には、決定係数はそれほど重視されず、むしろ回帰係数（パラメーター）の有意性や大きさが重要だとされています。

　一般に、時系列データを使った分析は決定係数が高く、クロスセクションデータによる分析は決定係数が低くなるといわれています。よほど大きな外生的なインパクトがないかぎり、特定の地域やグループの時系列的な動きは比較的安定しており、当てはまりの良い回帰式が立てやすいからです。第 7 章ではこの特徴を利用して回帰分析による将来予測を行います。

　一方、ある時点で47都道府県を対象とするような横断面分析の場合、地域の特性や構造が観測値に反映されているため、当てはまりの良い回帰式を立てることが難しいのです。しかし、横断面分析の目的は将来予測というよりは、むしろ地域問題の発生原因を探ることが目的ですので、回帰係数の有意性や大きさが重要になるのです。第6章ではこの点に着目し、決定要因分析を行います。

●ダービン・ワトソン比

　通常の回帰分析では誤差項には相関がないことが仮定されています。しかし、時系列データを用いた回帰分析において、ある年とその前年といった、隣接する年の誤差項間に相関が存在する可能性があります。これを**系列相関（自己相関）**と呼んでいます。系列相関が生じる原因としては、重要な説明変数がモデルから欠落していたり、観測値に影響を与えた大きなショックがその期内に収束せず、翌期以降にも影響が残ったりすることですが、このようなことが生じていると、説明変数と被説明変数とを正しく関係づけることができないのです。回帰分析においてこのような問題が生じているかどうかを判別する指標が**ダービン・ワトソン比**（Durbin-Watson statistic、DW 等と表します）です。

　ダービン・ワトソン比は0から4までの値をとり、2になる場合に系列相関がまったくないことを示し、2前後のときは相関なしと判断されます。なお、Excel の回帰分析ではダービン・ワトソン比が出力されないため、別途、計算によって算出する必要があります。その方法は第7章2.1.5で解説します。

2　回帰分析のテクニック

2.1　関数の形

　最小二乗法は線形の関数を想定して説明変数と被説明変数の関係を推計します。線形とは、(5-4) 式のように、被説明変数 y_i が説明変数に回帰係数（パラメーター）をかけたものの足し算で表される式のことです。

$$y_i = \hat{a} + \hat{b}x_i + \hat{c}x_i^2 + e_i \tag{5-5}$$

という式は、y_i と x_i の間に二次の関係を含みますが、x_i という説明変数と、x_i^2 という説明変数を持つ重回帰式だと考えて線型モデルとなり、最小二乗法を使うことができます。

2.2　線形に変換する方法

　最小二乗法は説明変数と被説明変数が線形関係にあることを要求しますが、社会経済問題のすべてが線形の関係にあるはずはありません。線形ではない場合、他の推計方法を使うことも考えられますが、そのためには専門性の高い統計ソフトが必要になります。しかし、関数を線形に変形できれば最小二乗法が使えるようになります。以下のモデルは線形として推計できるものです。

●双曲線

　地価関数（土地を取り巻く環境（説明変数）が決まると地価（被説明変数）が決まるという関係性）のように変数の関係が**双曲線**になっている場合があります。地価は、都心部が最高値であり、都心からの距離が遠くなるにつれて下落しますが、下落は直線的ではなく最初は大きく下落し、その後、下落幅は小さくなっていきます。このような場合、i 地点の地価を y_i（被説明変数）、都心からの距離を x_i（説明変数）とすれば、関数は距離の逆数 $1/x_i$ をとって、

$$y_i = \hat{a} + \hat{b}(1/x_i) + e_i \tag{5-6}$$

となり、$1/x_i$ のデータを利用して推計することができます。

●対数変換

　説明変数と被説明変数との間に非線形関係が想定される場合、各変数の対数をとることで線形になるものがあります。これを**対数線形**といいます。例えば、

$$y_i = ax_i^b \tag{5-7}$$

という関係が理論的に定式化されたとします。y_i と x_i の関係は非線形ですので、最小二乗法をそのまま適用することはできません。しかし、両辺を**対数変換**（これを「対数をとる」という表し方もします。経済分析では一般的に $e = 2.71828\cdots$ を底とした自然対数への変換を用います）すれば、

$$ln(y_i) = ln(a) + b\,ln(x_i) \tag{5-8}$$

となり、$ln(y_i)$ と $ln(x_i)$ は線形の関係となり、最小二乗法を適用することができるようになります。

　このように対数変換して導かれた回帰式の係数 $\hat{b}$ は、通常の線形関数の回帰式の係数とは意味が違ってきます。以下のような通常の関数の場合、

$$y_i = \hat{a} + \hat{b}x_i + e_i \tag{5-3}$$

$\hat{b}$ は x_i の変化分（Δx_i）に対しての、y_i の変化分（Δy_i）の割合を表します。一方、

対数変換した（5-8）式を推計した $\hat{b}$ は**弾性値**として計算されます。弾性値とは「x_i の変化率に対する y_i の変化率（弾性値 $= \dfrac{\Delta y_i}{y_i} \Big/ \dfrac{\Delta x_i}{x_i}$）」です。つまり $\hat{b}$ は x_i が1％変化したとき y_i が何％変化するかを表します。

　なお、対数変換した回帰分析は地域経済の将来予測を行う第7章で実際に利用します。また、対数変換の手順についても第7章で解説しています。

2.3　変数の選択

　回帰分析を使うことで、地域において発生している問題の原因を明らかにし、問題解決の糸口を効率的に見出すことができるようになります。しかし、思いつくままに説明変数を並べ、手当たり次第に回帰分析を行っていったのでは、「当てはめゲーム」のようになってしまいます。分析に必要な変数を見出す方法として理論を学ぶことがあげられます。『地域政策の経済学』（林他 2018）には地域経済に関する理論が解説されていますので、理論をヒントに説明変数を探すことをお薦めします。

　説明変数として必要のないものを加えてしまったとします。この場合、証明は省略しますが、必要とされる説明変数の回帰係数の期待値には影響を与えることはないとされています。ところが、必要である変数を入れなかったとすると、必要な変数の回帰係数が真の値からずれて推計されてしまいます。モデルを立てる場合にはこのことに十分注意する必要があります。

　地域の問題のほとんどは複合的な原因によって生じています。したがって、重回帰分析は結果（被説明変数）に影響を与えていると思われる原因（説明変数）を選び、自由度修正済み決定係数を1に近づけていき、回帰式の説明力を大きくすることが求められます。しかし、ここで注意が必要です。選択した説明変数間に強い相関関係があると、有意に出るはずの説明変数が有意でなかったり、符号の逆転現象が起こったりするなど、推計結果に影響を及ぼします。このような状況を**多重共線性**（または**マルチコリニアリティ**（マルチコ）、multicollinearity）といいます。多重共線性は2つの変数間の相関関係に限らず、3つ以上の変数間の関係によっても生じます。

　そもそも回帰分析で得られる係数は、先述したように、他の説明変数を固定した上で、ある説明変数だけを1単位増やしたときに被説明変数がどれだけ変化す

表 5-1　自動車保有台数の回帰分析結果

	説明変数		
	世帯数	課税対象所得額	補正R²
回帰係数	0.64		0.735
t値	11.3		
回帰係数		0.14	0.656
t値		9.4	
回帰係数	1.55	−0.21	0.773
t値	4.9	−2.9	

注）自動車保有台数は2020年9月、世帯数は2015年、課税対象所得額は2018年度。
資料）一般財団法人自動車検査登録情報協会「自動車保有台数」（2020年9月）、e-Stat より作成。

るかを示すものです。しかし、説明変数間に強い相関関係があるなら、こうした解釈自体が意味をなさないことになります。つまり、概念上は可能でも、実際に相関関係のある複数の変数のうち1つだけを変化させることは不可能なのです。

　一つ一つの説明変数は被説明変数の原因となるのに十分な説得力があり、各変数で単回帰分析を行えば有意な結果が見られるにもかかわらず、複数の説明変数を同時に利用する重回帰分析を行うと、t値が低かったり回帰係数のプラスマイナスの符号が理論通りでなかったりすることがあります。例えば、都道府県別の自動車の保有台数の決定要因を探るとします。世帯数が多いほど車の保有台数は多いと考えられますし、所得額が多いほど車の所有台数は多いことが予想できます。

　表5-1は説明変数として①世帯数のみ、②課税対象所得額のみ、③世帯数と課税対象所得額を考慮した3ケースについて、自動車の都道府県別保有台数を被説明変数とした回帰分析の結果を示したものです。回帰分析の手順については後に解説するとして、ここでは結果のみを記しておきます。世帯数あるいは課税対象所得額を用いた単回帰分析では、いずれもt値が高く有意な結果となっています。ところが、説明変数とし世帯数と課税対象所得額の両方を用いた重回帰分析を行うと、回帰係数は大きく変化するどころか、課税対象所得額の符号はマイナスになっています。所得が多いほど保有台数が少ないという、考えにくい結果です。回帰分析の結果がこのように大きく変化し、信頼のおけないものになった原因は、世帯数と課税対象所得額との間に強い相関関係があるからだと考えられま

す。多重共線性の問題が生じることを防ぐために、回帰分析を行う前に説明変数間の相関係数をあらかじめ求めておきましょう。変数間の相関は Excel で計算できます。結果を示すと、相関係数は0.814と高い値となっています。どの程度の相関を問題視するかについては一概にいえませんが、目安として相関係数の絶対値が0.8以上のものがないか確かめておきましょう。このように重回帰分析を行う際には説明変数に相関の強いものを入れない方が良いのです。

2.4　ダミー変数

　通常の回帰分析では説明変数に所得、人口、労働力といった数値データを使います。しかし説明変数に特殊な変数を使うことがあります。その代表が**ダミー変数**です。この変数は０または１の２つの値のみをとります。

　時系列分析で、例えば県内総生産や地方税収を被説明変数とし回帰分析によってその背後にある要因を明らかにすることを考えます。ところがリーマン・ブラザーズ・ホールディングスが2008年９月15日に経営破綻し、世界経済にも大きな影響を与えたリーマンショック、2011年３月11日に発生した東日本大震災といった出来事は経済のトレンドを構造的に変化させます。また、2020年の新型コロナウイルス感染症問題は世界中の経済に大きな打撃を与えました。今後、2020年を含むデータを使って時系列の分析を行うときには、この影響を避けては通れません。国から地方への税源移譲や消費税率（地方では地方消費税率）の引き上げ等の税制改正は地方税収入のトレンドを変化させます。説明変数と被説明変数の関係に構造的な変化をもたらすこれらの要因はダミー変数によって対応します。

　横断面分析でもダミー変数を使うことがあります。例えば給与水準の決定要因を個人データで分析したいと考えるとき、経験年数、学歴、性別、職種等を説明変数とすることが考えられます。この場合、女性を１、男性を０、管理職は１、その他は０というように数量化することで説明変数となります。このようにダミー変数は、サンプルをカテゴリーに区分することで、回帰分析結果の精度をあげることができます。また、地域を対象とした横断面分析の場合、特定の地域の被説明変数の値が他の地域の数値から外れているというケースも多く見られます。このときには、当該地域を１、他の地域を０とするダミー変数を利用することで、地域の特別な事情によって発生した観測値のズレが回帰分析の推計結果に影響を与えることを回避できます。

　ダミー変数にはいくつかの種類がありますが、ここでは主要な**定数項ダミー**と**係数ダミー**を紹介します。定数項ダミーは、y_i を給与、x_i を経験年数、D_i を管理職を 1、その他を 0 とするダミー変数とすると、

$$y_i = \hat{a} + \hat{b}x_i + \hat{c}D_i + e_i \tag{5-9}$$

のようになります。ダミー変数が有意であるかどうかは、先に示した t 値によって判断します。

　係数ダミーはどちらかというと時系列分析で多く用いられ、例えば、ある時点を境に消費性向が変わったり、税制が変わったりする場合に適しています。地方税収入は「課税標準×税率」で決まります。したがって、税率が Δt だけ引き上げられるような税制改正が実施された場合には、税収は 課税標準×Δt だけ増加します。したがって、ダミーは係数ダミーとすることが望ましいといえます。この場合の回帰式は、y_t を地方税収、x_t を課税標準額、D_t を税制改正前を 0、税制改正後を 1 とするダミー変数とすると、

$$y_t = \hat{a} + \hat{b}x_t + \hat{c}x_tD_t + e_t \tag{5-10}$$

となります。

　第 7 章の「地域経済と財政の将来を予測する―回帰分析を活用しよう②―」では兵庫県の地方税の推計に係数ダミーと定数項ダミーを利用しています。**図 5-3** はその際に行ったデータ入力を示したものです。「税源移譲 D」は2007年度に国から地方への税源移譲が実施されたことを考慮するために、2007年度以降を 1、それまでを 0 とする係数ダミーです。その他のダミーはすべて定数項ダミーで、「D ○○-△△」は○○年度から△△年度は 1、他は 0 とするダミー変数です。定数項ダミーは 0 または 1 を入力しますが、係数ダミーは該当する年度に説明変数のデータ（ここでは GRP、県内総生産）を、他の年度には 0 を入力します。

2.5　トレンド変数

　時系列分析を行うとき、説明変数 x では説明しきれない部分があるとします。そして、その部分が時間の経過と共に大きくなっていることが見出されるとき、説明変数として**トレンド変数**を用いることがあります。y_t を t 期の被説明変数、x_t を t 期の説明変数、T_t をトレンド変数とすると、式は、

$$y_t = \hat{a} + \hat{b}x_t + \hat{c}T_t + e_t \tag{5-11}$$

となります。第 7 章では、兵庫県の民間資本ストックの推計を行う際にトレンド

図5-3　ダミー変数の入力方法

	A	B	C	D	E	F	G	H
1		百万円	百万円					
2		地方税	GRP	税源移譲D	D1988-92	D1995	D2002-4	D2010-13
3	1980	310,242	10,225,380	0	0	0	0	0
4	1981	340,314	10,916,985	0	0	0	0	0
5	・	・	・	・	・	・	・	・
11	1988	542,625	15,867,541	0	1	0	0	0
12	1989	599,838	16,921,668	0	1	0	0	0
13	1990	640,416	18,501,260	0	1	0	0	0
14	1991	665,042	19,495,930	0	1	0	0	0
		・	・		・	・	・	・
18	1995	530,268	20,649,096	0	0	1	0	0
		・	・			・	・	・
25	2002	516,070	19,574,569	0	0	0	1	0
26	2003	501,143	19,395,528	0	0	0	1	0
27	2004	538,937	19,608,229	0	0	0	1	0
28	2005	573,397	19,618,189	・			・	
29	2006	628,209	20,685,166	・			・	
30	2007	718,087	20,627,278	20,627,278	0	0	0	0
31	2008	699,867	20,205,463	20,205,463	0	0	0	0
		・	・				・	
39	2016	707,741	20,937,780	20,937,780	0	0	0	0
40	2017	723,041	21,328,823	21,328,823	0	0	0	0

資料）内閣府『県民経済計算』、総務省『地方財政統計年報』より作成。

変数を用いています。

2.6　有意ではない変数の扱い

　一般的なイメージで、「○○が××に影響しているだろう」と考えていること
があります。これは仮説であり、回帰分析はこの因果関係を確認するために使わ
れます。しかし、回帰分析の結果、t値やp値から、説明変数の係数が有意では
ないという結果が出たとします。そこから、「回帰分析を行う意味はなかった」
と考えてはいけません。仮説として立てた「○○が××に影響している」という
一般的なイメージが正しいとはいえないことが検証されたと判断すべきなのです。
したがって、政策的には「○○に対策を講じても効果は生まれるわけではない」
ということになります。

　説明変数が複数の重回帰分析では、回帰分析を行った結果、有意な変数とそうでない変数が出てくる可能性があります。このような場合に注意しなければならない点が 2 つあります。1 つは、説明変数同士で相関がある可能性です。先述したように、この場合には多重共線性の問題が生じており、説明変数を減らす必要があります。

　いま 1 つは、説明変数間の相関は見られないが有意ではないという結果が出る場合です。多重共線性が起こっていないわけですから、この変数を外しても他の変数の結果に影響することはありません。しかし、有意でない変数を外して有意な説明変数だけで推計し、その結果のみを提示するとしましょう。分析結果を見た人が重要だと思っている変数が外されていると、「他にも大切な説明変数があるはずではないか」という誤解を与えてしまう可能性があります。したがって、多重共線関係がないことを説明した上で、有意ではない変数も推計に含め、結果を提示することをお薦めします。つまり、前述したように、政策目標としての被説明変数に有意な影響を与えないということも重要なエビデンスなのです。

3　回帰分析に挑戦してみよう

3.1　分析における仮説と説明変数の候補

　回帰分析において変数の選択は極めて重要です。例えば若者が県外に転出しているといった、地域で起こっている重要な問題を数量的に表すものが被説明変数となります。説明変数は、「これ（説明変数）が原因となって問題（被説明変数）が発生している」という仮説が、理論、歴史、国際比較、現場での実践経験等から得られるものでなくてはなりません。そしてこの仮説を回帰分析によって検証するわけです。

　本節では、給与水準がどのように決まっているかを都道府県のクロスセクションデータを用いて分析します。データは「毎月決まって支給される現金給与月額」を被説明変数とし、説明変数には①**労働生産性**、②男子比率、③第 3 次産業従業者数（1 事業所当たり）、④専門的・技術的職業従事者比率、⑤従業者300人以上事業所従業者の比率の 5 変数とします。説明変数について、選択した理由を含めて簡単に解説しましょう。

①労働生産性

　就業者 1 人がどれだけの付加価値を生み出しているか、つまり就業者がどれだけ生産活動に貢献しているかを示す指標です。それは同時に、就業者がどれだけ効率的に働いているかの指標にもなります。**付加価値**とは生産過程で新たに付け加えられる価値のことです。総生産額から原材料費と機械設備などの減価償却分を差し引いたもので、人件費・利子・利潤に分配されます。

　日本の労働生産性が先進国の中で下位に位置することが問題とされていますが、生産性は日本国内でも地域差があり、それが賃金格差に反映されている可能性があります。企業において生産された付加価値全体のうちの、どれだけが労働者に還元されているかを示す割合を**労働分配率**といいますが、労働分配率が一定であれば、労働生産性が高いとその分、賃金も高くなります。言い換えるなら、賃金が高くても労働生産性が高ければ雇い主である企業にとって不利にはならないかもしれないので、良い人材を集めるために賃金を高くすることができます。

②男子比率

　労働が生み出した付加価値を男女間に配分することはできないため、労働生産性を男女別に計算することはできません。そこで分析では男女計の現金給与を利用します。しかし、日本では男女間に賃金差があるため男性就業者の比率が高い地域は給与水準が高く出る可能性があります。そこで、分析に際しては男子比率の違いによる給与水準の差をコントロールしておく必要があり、男子比率を説明変数に加えることで分析結果を調整することができます。この分析における男子比率のように、注目する説明変数以外で，結果に影響を与える変数を**コントロール（調整／統制）変数**と呼びます。

③事業所当たり第 3 次産業従事者数

　産業構造において第 3 次産業の比重が高くなっていますが、規模が大きく雇用吸収力の大きい事業所の存在は地域の給与を高めると考えられます。

④専門的・技術的職業従事者比率

　職種によって給与水準に差がありますが、高度な産業構造を維持する上で重要な役割を果たす専門的・技術的職業従事者の割合が高い地域は給与水準が高いと考えられます。

⑤従業者300人以上事業所従業者の比率

　日本では企業規模が大きいほど給与水準が高くなっています。従業者300人以

上と、規模の大きな企業に勤める人の割合が高いほど給与は高いと考えられます。

3.2　データの入力

　被説明変数、説明変数のデータを**図5−4**のように北海道から沖縄県まで入力します。ここでは加工後のデータを示していますが、例えば、労働生産性は「県内総生産÷就業者数」で求められるように、回帰分析用のデータセットを作成するためには、統計資料に掲載されている元データを分析用に加工する必要があることがほとんどです。

3.3　説明変数の選択―相関分析―

　説明変数の候補として①から⑤を選びました。しかし、先述したように、説明変数間に相関関係があれば多重共線性の問題が生じ、推計結果の信頼性は損なわれます。説明変数としては相関の小さなものを選ぶ必要があります。**相関係数**は変数間の関係がどのくらい強いかを表すもので、相関には正の相関と負の相関があります。

　相関係数はExcel上で**図5−5**の手順で導くことができます。Excelにおいて、メニューバーの「データ（①）」→「データ分析（②）」→「相関」を選択し、「OK（③）」をクリックすると、相関の操作画面が出てきます。入力範囲に図5−4の「労働生産性」から「300人以上事業所従業者の比率」までのデータ（\$C\$2:\$G\$49）を入力します（④）。データセットの先頭行は労働生産性等のラベルですので、「先頭行をラベルとして使用（⑤）」にチェックを入れます。次は結果の出力先です。同じシートに結果を表示するなら、「出力先」を選択（⑥）し、表示したい位置を選択（⑦）します。「OK（⑧）」をクリックすると結果が表示されます。

　結果の数値は説明変数間の相関をクロス表で示したものです。例えば、「事業所当たり第3次産業従業者数」と「労働生産性」との相関係数は0.5927です。この結果表を見ると、「従業者300人以上事業所従業者の比率」は「労働生産性」との間で0.8080、「事業所当たり第3次産業従業者数」との間には0.8584の相関があります。この結果から、回帰分析を行うにあたっては、説明変数から「従業者300人以上事業所従業者の比率」を除く方が良いと考えられます。

図5-4　データ入力

	A	B	C	D	E	F	G
1		被説明変数	説明変数				
2		きまって支給する現金給与月額（千円）	労働生産性（千円）	男子比率（%）	第3次産業従業者数（人）	専門的・技術的職業従事者比率（%）	300人以上事業所従業者の比率（%）
3	北海道	294.8	7,873	63.7	9.9	14.4	8.95
4	青森	262.0	7,049	59.3	8.7	12.5	5.43
5	岩手	269.0	7,025	62.5	8.6	13.3	7.19
6	宮城	312.0	8,171	66.6	10.2	14.9	10.31
7	秋田	260.0	6,939	58.8	8.2	13.4	7.44
・	・	・	・	・	・	・	・
・	・	・	・	・	・	・	・
15	東京	410.8	10,669	66.7	14.9	19.4	27
・	・	・	・	・	・	・	・
・	・	・	・	・	・	・	・
30	兵庫	330.3	8,644	64.6	9.6	16.8	12.38
・	・	・	・	・	・	・	・
・	・	・	・	・	・	・	・
45	熊本	279.9	6,963	59.4	9.3	16.3	10.44
46	大分	286.9	7,869	62.2	8.7	15.5	9.26
47	宮崎	255.3	6,902	55.1	8.7	15.3	6.85
48	鹿児島	274.1	6,830	57.4	8.9	16.0	8.26
49	沖縄	265.3	6,232	58.7	9.0	15.8	9.89

資料）きまって支給する現金給与月額、男子比率：厚生労働省『賃金構造基本統計調査』（e-Stat）、労働生産性（＝県内総生産÷県内就業者数）：内閣府『県民経済計算』、第3次産業従業者数、事業所数、従業者300人以上事業所従業者の比率：総務省統計局『統計でみる都道府県のすがた』（e-Stat）、専門的・技術的職業従事者比率：総務省統計局『平成27年国勢調査最終報告書』より作成。

3.4　回帰分析の実施

3.4.1　分析の手順

　続いて、「きまって支給する現金給与」を被説明変数に、①労働生産性、②男子比率、③第3次産業従業者数（1事業所当たり）、④専門的・技術的職業従事者比率の4つを説明変数とした回帰分析を行います。手順は**図5-6**に示したとおりです。

図 5-5　相関係数の導き方

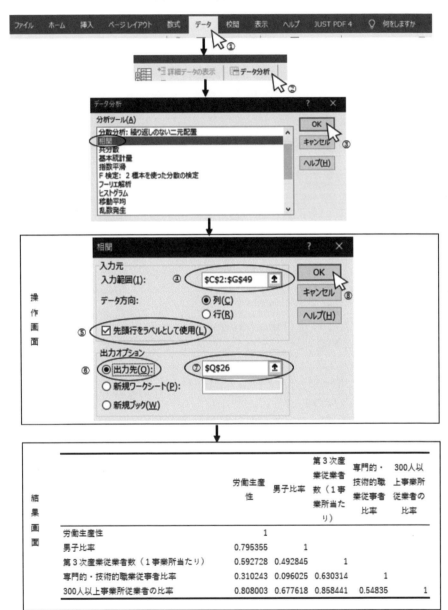

図5-6　回帰分析の手順

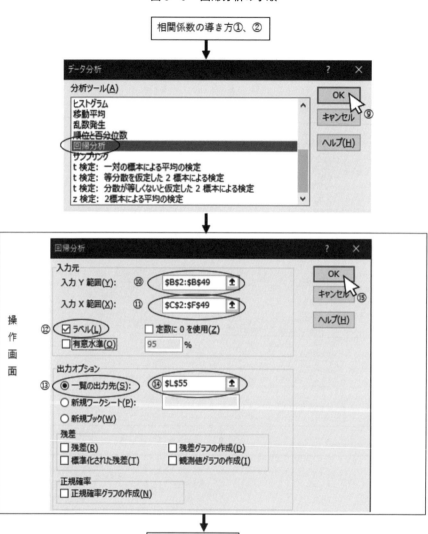

図5-7　回帰分析の結果

回帰統計							
重相関 R	0.94765						
重決定 R2	0.89804						
補正 R2	0.88833						
標準誤差	10.9812						
観測数	47						

	自由度	変動	分散	刂された分	有意 F		
分散分析表							
回帰	4	44610.3	11152.6	92.485	3E-20		
残差	42	5064.69	120.588				
合計	46	49675					

	係数	標準誤差	t	P-値	下限 95%	上限 95%	下限 95.0%	上限 95.0%
切片	-113.907	34.7135	-3.28134	0.00208	-183.961	-43.8519	-183.961	-43.8519
労働生産性	0.0093	0.00323	2.87788	0.00627	0.00278	0.01582	0.00278	0.01582
男子比率	3.12997	0.68749	4.55275	4.5E-05	1.74256	4.51738	1.74256	4.51738
第3次産業従業者数（1事業所当たり）	8.97849	2.06393	4.35019	8.5E-05	4.81331	13.1437	4.81331	13.1437
専門的・技術的職業従事者比率	4.36762	1.5644	2.79189	0.00785	1.21054	7.52471	1.21054	7.52471

（結果画面）

　Excelのメニューバーの「データ（①）」→「データ分析（②）」までは相関係数の場合と同じです。図5-6の画面で「回帰分析」を選択し、「OK（⑨）」をクリックすると、回帰分析の操作画面が出てきます。まず、被説明変数のデータを指定します。入力Y範囲には図5-4の「きまって支給する現金給与額」のデータ（$B$2:$B$49）を入力します（⑩）。続いて説明変数のデータも図5-4から入力しますが、「従業者300人以上事業所従業者の比率」はここで省かれ、入力するデータは4変数（$C$2:$F$49）となります（⑪）。データセットの先頭行は労働生産性等のラベルですので、相関の場合と同様、「ラベル」にチェックを入れます（⑫）。結果の出力は同じシートに表示しようとすれば「一覧の出力先」を選択し（⑬）、表示したい位置を選択（⑭）します。

3.4.2　分析結果の読み取り

　結果の出力先が決まり、「OK」をクリック（⑮）すると**図5-7**のような結果が表示されます。結果の要点は以下の通りです。

●自由度修正済み決定係数（Excelでは補正R2）は0.888であり、4つの説明変数で都道府県別現金給与水準の違いの約89%が説明できることがわかります。

●労働生産性、男子比率、第3次産業従業者数（1事業所当たり）、専門的・技術的職業従事者比率はすべてt値は2を上回っており有意だと判定できます。

●ｐ値を見ると、全変数が0.01よりも小さく、したがって、１％の有意水準で有意だといえます。

●労働生産性、男子比率、第３次産業従業者数（１事業所当たり）、専門的・技術的職業従事者比率はいずれも現金給与とプラスの関係があり、これらを高めると給与水準が高くなることがわかります。

●若者の転出に給与水準の格差があるとするなら、地域政策として労働生産性を高める等の戦略が必要であることがわかります。

　人口の地域間移動の要因については第６章で分析します。また、現金給与に関する以上の回帰分析結果を用いて、各要因が給与格差にどれくらいの影響を与えているかも第６章で検証します。これらの結果を用いれば、地域がどのような戦略を用いることが効果的であるかの手がかりを得ることができます。

Part 2

現状把握のための分析手法を身につける

地域で発生している問題の決定要因を探る
回帰分析を活用しよう①

本章のねらい

　多くの自治体で人口が減少し、「地域の活力を取り戻すためにも人口減少を食い止めなければならない。とくに若者を呼び戻すことが必要だ」といわれます。ところが、人口減少の原因とメカニズムを探ることなく、いきなり人口減少を食い止めるという目的にたどり着こうとすると、子育て支援、婚活支援、産業活性化策、住宅対策、文化振興など、思いつくままにアイデアが出て、「打てる手はすべて打つ」ということになりがちです。そして結果が思わしくなくても「やらないよりはまし」となりやすいのです。多くの自治体で同じようなメニューが出てくるのは、こうしたプロセスが一般的になっているためです。

　地域で発生している問題を解決したいとき、思いつくままにあらゆる解決策を実施していくのは非効率です。地域課題を解決する決め手は、「やらないよりはまし」的な施策メニューの羅列ではなく、効果的な政策手段を選択することにあります。問題解決の近道は、問題が発生するメカニズムを理解し、問題発生の原因を知ることです。原因がわかれば、解決の糸口を効率的に見出すことができるようになります。そこで役立つのが決定要因分析です。本章では、第5章で学んだ回帰分析を活用して人口減少問題の決定要因を見出す方法を学びましょう。

1　若者転出の要因を探る

1.1　要因とデータの加工

　東京一極集中に歯止めがかからない中、ほとんどの地域で人口の転出抑制が最大の地域課題となっています。しかし、この情報だけでは、人口転出抑制戦略を立てるには十分ではありません。人口動態に関するより詳細な情報が必要です。

　経済学では、行動を起こすかどうかは、行動による利益（メリット）が費用（デメリット）を上回るかどうかで決まると考えられています。東京に移り住むかどうかも同様です。地方の住民が東京に移ることによって得られる「利益」が移動にともなう「費用」を上回るなら、この人は東京に移動します。交通手段の発達によって地域間の時間距離が短くなったり、住むところにこだわらない**フットルース化**によって転居の心理的抵抗が弱まったりすれば、費用が小さくなり、人口移動が起こりやすくなるわけです。とくに若者にとっては転居にともなう心理的抵抗は年配者に比べると小さく、そのため、移動のメリットが強調され、移動がおこりやすいと考えられます。

　20歳から24歳という若者世代の人口転出入にどのような要因が影響しているかを、第5章で解説した回帰分析によって検証してみましょう。被説明変数は、2018年における47都道府県の20歳から24歳の年齢層の**転入超過率**（＝（転入数－転出数）÷当該年齢人口）（最大：東京都6.4%、最小：秋田県－6.8%）、説明変数は経済要因として賃金水準（決まって支給される現金給与月額）と、「健康」、「文化・娯楽・スポーツ」に関する総合指標を利用しました。健康と文化・娯楽・スポーツの総合指標作成に用いた変数は**表6-1**に示されています。**健康寿命**とは、日常生活を制限されることなく健康的に生活を送ることのできる期間、**有訴者率**は病気やけが等で自覚症状のある者（有訴者）の人口千人当たりの割合です。**年齢調整死亡率**とは、年齢構成の異なる地域間で死亡状況の比較ができるように年齢構成を調整して死亡率を計算したものです。**行動者率**とは、1年間に、スポーツ観戦や美術鑑賞といった行動を行った人の割合のことです。

　説明変数として用いるために分野毎の複数の指標を一つにまとめる（総合化する）必要がありますが、各指標は単位が異なっているため、OECD「**より良い暮らし指標**（Your Better Life Index ＝ BLI）」で用いられている方法を用いて標準化しました。**標準化**は、最低の数値を0、最高の数値を1とし、以下の式で行っています。

$$\frac{変換する数値－最小値}{最大値－最小値} \tag{6-1}$$

　指標が失業率等のように、低い方が幸福である場合は、

$$1－\frac{変換する数値－最小値}{最大値－最小値} \tag{6-2}$$

表6-1　地域力の総合指標

健康	健康寿命（男）（2016年度）
	健康寿命（女）（2016年度）
	65歳以上人口有訴者率（2016年）
	年齢調整死亡率・男性（2015年）
	年齢調整死亡率・女性（2015年）
	老衰による死亡者数（人口10万人当たり　2017年）
文化・娯楽・スポーツ	スポーツ観覧（行動者率　2016年）
	美術鑑賞（行動者率　2016年）
	演芸・演劇・舞踊鑑賞（行動者率　2016年）
	映画館での映画鑑賞（行動者率　2016年）
	音楽会などによるポピュラー音楽・歌謡曲鑑賞（行動者率　2016年）
	遊園地、動植物園、水族館などの見物（行動者率　2016年）

資料）健康寿命：厚生労働省『健康寿命及び地域格差の要因分析と健康増進対策の効果検証に関する研究』（熊本県は2013年の数値×（全国2016年÷全国2013年）とした）、65歳以上有訴者率：厚生労働省『国民生活基礎調査』（熊本県は2013年の数値×（全国2016年÷全国2013年）とした）、年齢調整死亡率：厚生労働省『人口動態統計特殊報告』、行動率：総務省『社会生活基本調査・生活行動に関する結果』より作成。

となります。また、各指標は複数の項目で構成されているため、各項目にウェイトを付けて総合指標を作成する必要がありますが、ここでは各項目に同じウェイトを付けています（例えば、スポーツ観戦、美術鑑賞、その他は同じ重みとしています）。項目間の重要度が異なると考えられる場合には、ウェイトを変えることも考えられます。ウェイトの付け方に関しては分析者に委ねられますが、その際重要なことは、指標の選択と同様、ウェイトに関しても合意が得られるようにすることです。表6-2は健康と文化・娯楽・スポーツについて、以上の総合指標を都道府県別に計算したものです。文化・娯楽・スポーツは東京都が92.0と最高であり、健康は山梨県が83.7と最高です。両指標とも地域間に大きな差があります。

1.2　人口移動の決定要因を見出す

　人口移動の決定要因を見出すため、転入超過率を被説明変数とする回帰分析を行いました。回帰分析の方法は、2節の給与水準を事例に第5章で解説していますので、参照してください。その結果、

表6-2 総合化した健康と文化・娯楽・スポーツの都道府県別スコア

都道府県	文化・娯楽・スポーツ	健康	都道府県	文化・娯楽・スポーツ	健康	都道府県	文化・娯楽・スポーツ	健康
北海道	31.3	35.7	石川県	48.5	59.4	岡山県	33.1	51.4
青森県	6.1	33.9	福井県	32.7	61.6	広島県	49.9	38.4
岩手県	16.2	43.6	山梨県	33.9	83.7	山口県	32.1	48.1
宮城県	53.5	58.4	長野県	35.2	71.6	徳島県	19.8	37.5
秋田県	20.6	42.3	岐阜県	31.2	62.7	香川県	27.6	54.5
山形県	34.6	72.2	静岡県	36.4	66.7	愛媛県	19.5	39.6
福島県	24.3	43.5	愛知県	57.1	69.6	高知県	8.8	47.8
茨城県	43.4	56.0	三重県	37.5	57.2	福岡県	45.1	32.3
栃木県	32.1	57.9	滋賀県	51.4	50.8	佐賀県	27.6	48.0
群馬県	37.5	55.2	京都府	64.1	43.1	長崎県	17.1	39.8
埼玉県	62.1	55.5	大阪府	54.6	27.9	熊本県	15.2	54.5
千葉県	64.8	48.1	兵庫県	55.0	39.5	大分県	30.0	52.8
東京都	92.0	44.1	奈良県	56.0	40.3	宮崎県	14.6	45.7
神奈川県	75.6	52.2	和歌山県	27.8	42.0	鹿児島県	17.6	53.0
新潟県	27.2	68.1	鳥取県	17.5	50.6	沖縄県	22.5	51.2
富山県	52.7	65.5	島根県	19.2	64.6	全国	50.4	48.8

転入超過率＝－12.3＋0.027×給与－0.024×健康＋0.0699×文化・娯楽・スポーツ
（－3.76）(2.15)　　　（－1.48）　　　　（3.12）　　　　　　　(6-3)

自由度修正済み決定係数 ＝0.721　括弧内はt値

(6-3)式のように、20歳から24歳の若者の純転入率と健康との間には相関は認められませんでした。

そこで、現金給与と文化・娯楽の2つの要因を用いて分析したところ、以下の結果が得られました。

転入超過率＝－13.5＋0.027×給与＋0.0694×文化・娯楽・スポーツ
（－4.21）(2.13)　　　（3.06）　　　　　　　　(6-4)

自由度修正済み決定係数 ＝0.714　括弧内はt値

以上の結果は、都道府県別の転入超過率の差は、決まって支給される現金給与と文化・娯楽・スポーツを楽しむ機会の差で71％が決まることを表しています。現金給与額が1,000円高いと転入超過率は0.027％ポイント大きくなり、文化・娯楽・スポーツの指標が1大きいと転入超過率は0.0694％ポイント大きくなります。

しかし、給与と文化・娯楽・スポーツでは転入超過率の差の71％しか説明できず、現実の転入超過率と(6-4)式を使って計算した転入超過率との間には誤差が

発生します。この誤差は、給与と文化・娯楽・スポーツ以外に説明変数とすべき要因があるにもかかわらず、それを発見できていないのかもしれませんし、個々の地域に固有の事情によって誤差が生じているのかもしれません。このように、給与と文化・娯楽・スポーツでは説明できない部分は、決定要因分解の分析では「その他要因」として処理されることになります。

　図6-1は、東京都、秋田県、愛知県、兵庫県、大分県について、転入超過率の全国平均値（人口の地域間の転入転出ですから、全国ではゼロ％となります）との差の要因分解の算出手順を示したものです。回帰分析に用いた転入超過率、現金給与額、文化・娯楽・スポーツのデータ（①）から地域毎に全国平均との差を求めます（②）。東京都の転入超過率と全国との差は6.4％ポイント（6.4−0）、秋田県は−6.8％ポイントです。

　このように、東京都と秋田県には13.2％ポイントもの転入超過率の差があり、それには現金給与額と文化・娯楽・スポーツという2つの要因の地域差が影響しています。それを示したものが要因分解の算出（③）です。2要因が転入超過率にどの程度影響しているかは、②の地域別全国平均との差に回帰分析で得られた回帰係数（④）を乗じることで求められます。例えば愛知県だと、現金給与月額が全国平均より2万8,500円高いことによって転入超過率を0.77％ポイント（＝28.5×0.027）高め、文化・娯楽・スポーツ要因は0.46％ポイント（＝6.7×0.069）だけ転入超過率を高めます。これに対して秋田県の場合、現金給与額が7万6,700円全国平均を下回っていることで転入超過率は2.08％ポイント（＝−76.7×0.027）低くなり、文化・娯楽・スポーツも2.07％ポイント（＝−29.8×0.069）転入超過率を低めています。

　しかし、現金給与月額と文化・娯楽・スポーツという2つの要因では実際の転入超過率の全国平均との差を完全に説明することはできません。愛知県の場合、2要因によって転入超過率が高まったのは1.23％ポイントですが、実際の数値は1.11％ポイントですので、愛知県には2要因以外に転入超過率を0.12％ポイント引き下げる要因が存在するのです。同様に秋田県では、2要因以外に転入超過率を2.70％低める要因が存在します。

　このように、回帰分析で採用した変数では説明が付かなかった部分は「その他要因」として記載されています。説明変数を増やして回帰分析の精度（決定係数）を上げることができれば、その他要因は小さくなりますが、各地域の個別の

図6-1　転入超過率の決定要因と要因分解プロセス

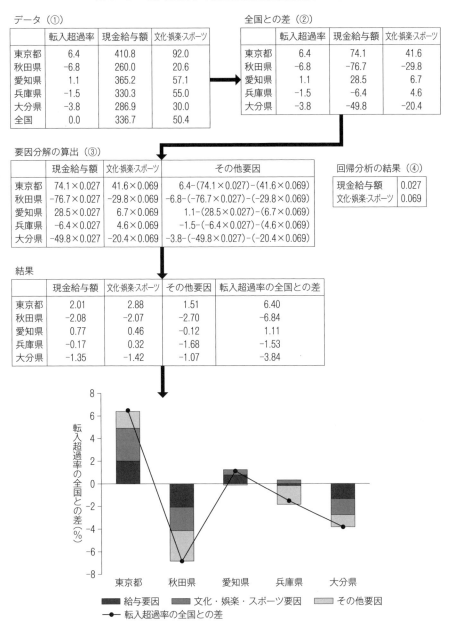

データ（①）

	転入超過率	現金給与額	文化·娯楽·スポーツ
東京都	6.4	410.8	92.0
秋田県	-6.8	260.0	20.6
愛知県	1.1	365.2	57.1
兵庫県	-1.5	330.3	55.0
大分県	-3.8	286.9	30.0
全国	0.0	336.7	50.4

全国との差（②）

	転入超過率	現金給与額	文化·娯楽·スポーツ
東京都	6.4	74.1	41.6
秋田県	-6.8	-76.7	-29.8
愛知県	1.1	28.5	6.7
兵庫県	-1.5	-6.4	4.6
大分県	-3.8	-49.8	-20.4

要因分解の算出（③）

	現金給与額	文化·娯楽·スポーツ	その他要因
東京都	74.1×0.027	41.6×0.069	6.4-(74.1×0.027)-(41.6×0.069)
秋田県	-76.7×0.027	-29.8×0.069	-6.8-(-76.7×0.027)-(-29.8×0.069)
愛知県	28.5×0.027	6.7×0.069	1.1-(28.5×0.027)-(6.7×0.069)
兵庫県	-6.4×0.027	4.6×0.069	-1.5-(-6.4×0.027)-(4.6×0.069)
大分県	-49.8×0.027	-20.4×0.069	-3.8-(-49.8×0.027)-(-20.4×0.069)

回帰分析の結果（④）

現金給与額	0.027
文化·娯楽·スポーツ	0.069

結果

	現金給与額	文化·娯楽·スポーツ	その他要因	転入超過率の全国との差
東京都	2.01	2.88	1.51	6.40
秋田県	-2.08	-2.07	-2.70	-6.84
愛知県	0.77	0.46	-0.12	1.11
兵庫県	-0.17	0.32	-1.68	-1.53
大分県	-1.35	-1.42	-1.07	-3.84

資料）総務省統計局『住民基本台帳人口移動報告』、厚生労働省『賃金構造基本統計調査』（e-Stat）、総務省『社会生活基本調査·生活行動に関する結果』より作成。

特性による部分が大きいとなると、回帰分析の精度を上げることは難しくなります。

このようなプロセスをたどって得られたエビデンスは地域の弱みや強みを浮かび上がらせ、戦略を考える上でのヒントとなります。その上で、その他要因としてどのようなものが考えられるのかは、地域のさらなる研究が必要であり、ここに政策担当者の腕の見せ所があります。

2 給与水準の決定要因

これまでの分析で、若者の地域間移動に給与水準の格差が影響していることがわかりました。若者の転出を抑えるためには給与水準を高めることが必要です。しかし、給与水準を引き上げるといっても簡単ではありません。そこで都道府県間の給与水準の差を発生させている要因を検証しましょう。これによって政策のヒントが見えてくるかもしれません。

転入超過率と同様、回帰分析を用います。被説明変数は決まって支給される現金給与月額（2018年）、説明変数は①労働生産性（県内総生産／県内就業者数）、②男子比率、③１事業所当たり第３次産業従事者数、④専門的・技術的職業従事者比率です。回帰分析の手順は第５章で解説していますので、ここでは以下の分析結果から説明を進めます。

$$現金給与月額(千円) = -113.9 + 0.0093 \times 労働生産性(千円) + 3.130 \times 男子比率(\%)$$
$$\qquad (-3.28) \qquad (2.88) \qquad\qquad (4.55)$$

$$\qquad + 8.978 \times 第３次産業従業者数／事業所(人) + 4.368 \times 専門的・技術的職業従事者比率(\%)$$
$$\qquad (4.35) \qquad\qquad\qquad (2.79) \qquad\qquad\qquad (6\text{-}5)$$

自由度修正済み決定係数 ＝0.889 　　　括弧内はt値

４つの要因で給与水準の約89％が説明可能です。労働生産性が100万円上がると現金給与は9,300円上昇します。第３次産業の業種は幅広く、また、給与にも業種間で差があります。しかし、第３次産業の１事業所の規模が大きい地域ほど給与水準は高いという結果が出ています。このような業種には金融・保険、情報・通信等があります。

また、専門的・技術的職業従事者の比率が高いほど給与は高くなっています。**専門的・技術的職業従事者**とは、総務省の日本標準職業分類（2009年12年統計基

準）によると、研究者、技術者、医師・歯科医師、薬剤師、経営・金融・保険専
門職業従事者、教員、美術家・デザイナー・写真家等です。地域別に、総労働力
に占める専門的・技術的職業従事者の割合を見ると、東京都が20.0％、神奈川県
が19.8％と５人に１人を占めているのに対して、山形県では11.9％、青森県では
12.2％といったように、地方圏とくに東北地方で低くなっています。

　地方圏ではこの割合を高めることが必要なのですが、ここで注意しなくてはな
らないのは、こうした労働者を増やすためには雇用の受け皿となる産業の発展と、
快適な生活環境を準備しなければならないということです。この条件が整わない
と高度な技術や専門知識を持った労働者を呼び込み、定住させることはできませ
ん。専門的・技術的職業従事者を増やすことを政策課題とするなら、この職業従
事者数の決定要因を分析する必要があります。このように、経済現象には決定要
因が連鎖的に影響するのです。したがって、地域経済成長モデルを作るためには、
何本もの回帰分析の式が必要になります。つまり、地域経済は連立方程式体系に
なっているのです。本章では人口移動の決定要因、給与水準の決定要因、そして
次に示す労働生産性の決定要因の３つの分析で終えていますが、関心のある方は
さらなる決定要因分析を行ってみてください。

　以上の分析結果を用いて、地域毎の現金給与水準が全国平均と比べて高いのか
低いのか、そして、その差はどの要因によって生まれているのかを検証してみま
しょう。**図6-2**はそのプロセスと結果を示しています。検証の手順は、転入超
過率の場合と同じです。X地域に読者が関心のある地域のデータを当てはめれ
ば地域の強みと弱みを知ることができます。

3　労働生産性の決定要因

　以上の結果から、現金給与月額の地域間格差にはさまざまな要因が影響してい
ることがわかりました。東京都の現金給与月額を高くしている最大の要因は１事
業所当たり第３次産業従業者数であり、それに次ぐのは労働生産性です。秋田県、
大分県は労働生産性が低いことが給与水準を低くしています。このように、労働
生産性は給与水準に影響する重要な要因となっているのですが、それでは労働生
産性を高めるにはどうすれば良いのでしょうか。それを知る手がかりが労働生産
性の決定要因分析です。労働生産性の決定要因について、地域経済学はどのよう

図6-2　現金給与水準格差の決定要因と要因分解プロセス

データ

	現金給与額	労働生産性	男子比率	第3次産業従業者数 （1事業所当たり）	専門的・技術的 職業従事者比率
東京都	410.8	10,669	66.7	14.9	19.4
秋田県	260.0	6,939	58.8	8.2	13.4
愛知県	365.2	9,403	72.3	10.9	15.3
兵庫県	330.3	8,644	64.6	9.6	16.8
大分県	286.9	7,869	62.2	8.7	15.5
X地域	A	a	b	c	d
全国	336.7	8,505	65.2	10.4	15.9

要因分解の結果

	労働生産性	男子比率	第3次産業 従業者数 （1事業所当たり）	専門的・ 技術的職業 従事者比率	その他 要因	現金給与 額の全国 との差
回帰分析の結果	0.01	3.13	8.98	4.37		
東京都	20.1	4.7	40.0	15.3	-6.0	74.1
秋田県	-14.6	-19.9	-19.9	-11.0	-11.3	-76.7
愛知県	8.4	22.3	4.8	-2.9	-4.0	28.5
兵庫県	1.3	-1.8	-7.1	4.0	-2.8	-6.4
大分県	-5.9	-9.4	-15.4	-2.0	-17.2	-49.8
X地域	e (a-8505)×0.01	f (b-65.2)×3.13	g (c-10.4)×8.98	h (d-15.9)×4.37	i B-e-f-g-h	B A-336.7

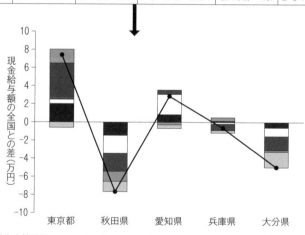

凡例）■ 労働生産性要因　□ 男子比率要因　■ 第3次産業従業者数（1事業所当たり）要因
■ 専門的・技術的職業従事者比率要因　■ その他要因　—●— 現金給与額の全国との差

資料）厚生労働省『賃金構造基本統計調査』（e-Stat）、内閣府『県民経済計算』、総務省統計局『統計で
　みる都道府県のすがた』（e-Stat）、総務省統計局『平成27年国勢調査最終報告書』より作成。

に考えているのでしょうか。ここで少しだけ経済学をひもといてみます。

　企業は資本、労働などの生産要素を投入物（インプット）として生産活動を行っています。つまり、これら投入物の種類や量によって生産量が決まります。この関係を単純化させ、数学的モデルで表したものを**生産関数**といいます。以下では記号を使いますが、わかりやすく説明しますので、辛抱して読み進めてください。

　いま、地域 i の投入物を労働（L_i）、民間資本（K_i）の2つとすると、生産量（Y_i）を決める生産関数の一般的な形は、

$$Y_i = F(L_i, K_i) \tag{6-6}$$

となります。

　ここで、生産は**規模に関して収穫一定**、つまり、労働（L_i）と資本（K_i）を同じ割合で変化させたとき、生産量（Y_i）も同じ割合で変化するという状態を想定します。1人の労働者が1台の機械で製品を作っているとき、同じ能力を持った労働者が1人と機械が1台増えたときには、生産量が倍になることをイメージしてください。この想定のもとで資本と労働をともに 1/L 倍した場合、生産量も 1/L 倍になりますから、（6-6）式の両辺を 1/L 倍することで、労働者1人当たりの生産関数

$$Y_i/L_i = F(K_i/L_i, 1) \tag{6-7}$$

が得られます。

　右辺の関数の中の「1」は定数であるため、「労働者1人当たりの産出量（Y_i/L_i）」つまり労働生産性は、「労働者1人当たり資本量（K_i/L_i）」によって決まることを意味しています。「労働者1人当たり資本量（K_i/L_i）」のことを**資本装備率**とも呼びます。もちろん、企業の生産活動はこれほど単純ではありませんが、労働生産性は資本装備率の影響を受けるのです。そして、K_i/L_i が大きくなると、労働生産性は上昇します。資本の増加率が労働の増加率よりも大きいと資本装備率が上昇しますが、これを**資本の深化**（deepening of capital）と呼びます。資本の深化が進むと労働生産性は高まるのです。

　また、一般にサービス業等の第3次産業は労働集約的であり、労働生産性は低いと考えられています。そこで、被説明変数として労働生産性を、説明変数として資本装備率、第3次産業の比率（付加価値ベース）に加えて、東京都の労働生産性の圧倒的な高さを調整するための東京都ダミー、大都市圏に位置する神奈川

県、愛知県、大阪府についてもダミー変数を用いました。推計は北海道から沖縄県までの47都道府県の2009年度から2015年度を用いています。したがって、データ数は47×7となります。このようなデータセットを**パネルデータ**と呼び、横断面データと時系列データの両方の特徴を備えたデータとなります。結果は、以下の通りです。

労働生産性(千円)＝7858.9＋103.2×資本装備率(百万円)－38.8×第3次産業比率(%)
　　　　　　　　　　(13.47)　(9.46)　　　　　　　　　　　(－6.70)

　　　　　　　　＋3942.4×東京ダミー＋1360.7×神奈川ダミー＋711.6×愛知ダミー
　　　　　　　　　(21.33)　　　　　　(7.72)　　　　　　　　(3.99)

　　　　　　　　　　　　　　　　　　　　　　＋1191.9×大阪ダミー
　　　　　　　　　　　　　　　　　　　　　　　(6.63)　　　　　　(6-8)

自由度修正済み決定係数 ＝0.751　　括弧内はt値

　以上の分析結果を用いて、秋田県、東京都、神奈川県、愛知県、大阪府、兵庫県、大分県について2015年度の労働生産性の全国平均との差の要因分解を行ったものが**図6-3**です。東京都は資本装備率が低く、また生産性の低い第3次産業比率が高いことが労働生産性を低くする要因となっているものの、それを補って労働生産性を高める要因が存在していることがわかります。また、神奈川県、愛知県、大阪府でも、東京都ほどではありませんが、ダミーはプラスになっており、構造的に労働生産性を高める要因が地域に存在しています。

　製造業が強い愛知県は、第3次産業比率の低いことが労働生産性を高めています。労働生産性を高めることが目的なら第2次産業に特化することも戦略といえますが、地域の将来を考えた場合、産業構造を多様化することも将来の方向として考えることもできます。ただ、産業構造が多様化しても、個別産業の活動規模が小さいと十分な効果は期待できません。したがって、地域連携によって広域経済圏で多様性を実現するといった戦略も必要となるでしょう（地域連携については『地域政策の経済学』（林他 2018）や林・中村（2018）を参照してください）。

　分析結果は資本装備率を高めることで労働生産性を上昇させることができることを示しています。しかし、民間資本ストックを増やすためには企業の投資を呼び込むことが必要です。そのためには、地域にビジネスチャンスがあり、投資に対するリターンが大きくなくてはなりません。公民が連携して地域開発やインフラ整備を行うといった**公民連携**（PPP：Public Private Partnership）を積極的に進めることで、民間部門に対する地域の魅力を高めることが不可欠です。

図6-3　労働生産性格差の決定要因と要因分解プロセス

データ

	労働生産性	資本装備率	第3次産業比率	東京ダミー	神奈川ダミー	愛知ダミー	大阪ダミー
秋田県	6546.6	19.0	75.3	0	0	0	0
東京都	10633.4	18.2	86.2	1	1	0	0
神奈川県	8393.7	19.1	74.0	0	0	0	0
愛知県	8950.0	23.6	58.7	0	0	1	0
大阪府	8044.1	19.1	78.0	0	0	0	1
兵庫県	8278.0	22.1	72.7	0	0	0	0
大分県	7596.6	24.6	68.0	0	0	0	0
X地域	A	a	b	0	0	0	0
全国	8227.9	20.2	72.3				

要因分解の結果

	資本装備率	第3次産業比率	東京ダミー	神奈川ダミー	愛知ダミー	大阪ダミー	その他要因	労働生産性の全国との差
回帰分析の結果	103.2	-38.8	4132.3	1360.7	711.6	1191.9		
秋田県	-128.5	-116.7	0.0	0	0	0.0	-1436.2	-1681.3
東京都	-206.1	-539.9	4132.3	0	0	0.0	-980.7	2405.5
神奈川県	-113.5	-67.8	0.0	1360.7	0	0	-1013.7	165.7
愛知県	348.5	525.7	0.0	0	711.6	0.0	-863.8	722.1
大阪府	-119.6	-222.8	0.0	0	0	1191.9	-1033.4	-183.8
兵庫県	189.9	-15.5	0.0	0	0	0.0	-124.3	50.1
大分県	452.0	164.1	0.0	0	0	0.0	-1247.5	-631.3
X地域	c (a-20.2)× 103.2	d (b-72.3)× (-38.8)					e B-c-d- ダミー	B A-8227.9

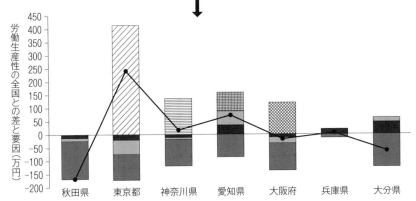

資料）内閣府『県民経済計算』、総務省統計局『統計でみる都道府県のすがた』（e-stat）より作成。

　東京、神奈川、愛知、大阪には労働生産性を高める要因がありますが、その要因として大きな効果を発揮するのが**集積の経済（集積の利益）**です。ある地域に企業が地理的に集中すると、労働市場の拡大を通じて人材調達が容易になったり、部品やサービスを供給する企業の集積を通じて部品等の調達が容易になったりします。また、大学などの関連機関の集積を通じて重要な情報や知識をもった関係者との協力が容易になることから、企業のさらなる地理的集中が引き起こされ、これらのメリットがさらに高まることで、いっそうの地理的集中が生じていくのです。一度集積が形成されると、集積が集積を呼ぶ累積的な連鎖のメカニズムが働くことから、集積は企業の地理的集中の結果であると同時に、企業の地理的集中を促す要因であるともいえます。こうした集積の経済の例としてアメリカのシリコンバレーがあります。集積の経済については、『地域政策の経済学』（林他2018）第4章を参照してください。

　道路、空港、港湾といった**産業基盤型社会資本**の蓄積量の違いも、労働生産性の格差を収束させない要因の一つだと考えられます。産業基盤型社会資本が存在することにより民間の生産活動が円滑に行われることから、地域間における産業基盤型社会資本の蓄積量の違いが、労働生産性格差を収束させていない可能性があるのです。

　労働生産性を高め、それによって地域経済を正の連鎖に導くためにも、決定要因分析によって地域経済の強みと弱みを明確にした上で戦略の絞り込み、つまり、「選択と集中」が求められます。

第 7 章

地域経済と財政の将来を予測する

回帰分析を活用しよう②

本章のねらい

　政策提言では、「現在は○○なので、それを10年後には××にまで引き上げたい」という目標が多く見られます。現状から地域問題をとらえていますから、現在と比較して目標を設定したくなるわけです。しかし、政策効果がかなりの期間が経過してから生まれたり、政策が長期間にわたって実施されたりする場合、地域を取り巻く環境は変化しているでしょうし、地域自体もトレンドとして変化している可能性があります。したがって、現状と比較して目標を立てると錯誤が生じやすく、目標を達成しようとしても現状を引き起こした要因が不明確なために、的確な戦略を立てることができません。長期的な視点で地域政策を実施する際に、私達は今どこにいるのか？（現状把握）と同じくらい重要なのは、私達はどこに向かっているのか？（予測）です。予測において求められる要件は正確さです。予測が不正確なら、いくら長期的視野で政策を形成しても的確なものにはなりません。

　明日のことは今日の状態からでもある程度予想可能です。ところが、5年先や10年先を予測するためには、過去のトレンドを科学的に把握し、それを踏まえて予測するという計量経済学の手法が必要になります。第5章でマスターした回帰分析を使えば、経済・財政等さまざまな分野において、地域の将来を予測することができます。本章では回帰分析の応用として、人口減少が進む地域において地域経済と地方財政がどのように変化するかについて、県内総生産と経常余剰を回帰分析を用いて予測する手法を習得します。

1　将来予測に必要なこと

1.1　経済のメカニズムや制度を知る

　本章では、

・人口が減少する中で、地域経済は将来どうなるのだろうか？

・地域政策に使える財源は将来どの程度なのだろうか？

という問いをとりあげ、回答の方法を解説します。前者は地域経済の将来予測、後者は地方財政の将来予測になります。

　将来予測は第5章で解説した回帰分析を利用しますが、地域経済では域内総生産（都道府県の場合は県内総生産）が、財政に関しては地方税収等が被説明変数（従属変数、目的変数）、県内総生産や地方税収入を決定づける要因が説明変数（独立変数）となります。しかし、思いつくままに要因を選んで回帰分析を行うのは効率的ではありません。分析を効率的に行うためには、地域経済を決める要因とメカニズム、地方財政の制度や仕組みについての知識を予め入手しておく必要があります。

　まずは地域経済です。地域経済の成長に関しては、**需要主導型理論**と**供給主導型理論**とがあります（地域経済の成長メカニズムについては、『地域政策の経済学』（林他 2018）を参照してください）。需要主導型理論の一つである**経済基盤説**（Economic Base Theory）は、域外・国外からの需要（移出と輸出）に対応した基盤産業こそが地域経済の成長を可能にし、持続させると考えています。これに対して、「労働や資本といった生産要素の増加こそが地域の成長を可能にする」と考える新古典派の地域経済成長理論は、供給面に地域経済成長の源泉を求めています。

　「少子化による人口減少と労働力の減少が日本経済の潜在成長率を低めるのではないか」とか、「労働力人口の減少は労働生産性を高めることでカバーできるのではないか」といった考えは、供給面を重視した地域経済成長の理論に基づいたものです。もちろん、地域経済の潜在力が大きくても、需要がなければ実現する域内総生産額は小さくなる可能性があります。このように、現実の地域経済は需要面と供給面の両方によって決まるのですが、地域の経済ポテンシャルという

構造的な問題として地域経済をとらえる場合、供給面に焦点を当てて分析する方が良いといえます。

　次は地方財政です。地方財政は地方自治法、地方財政法、地方税法、地方交付税法、児童福祉法等の法令によって枠組みが決まっています。公共サービスの財源として最も重要なものが地方税です。地方税収入は個人所得、土地の価格、消費といった課税標準の額×税率で決まりますが、個々の地方税の税率や課税標準といった基本構造は法律で定められています。したがって地方税の将来予測を行う場合には、税目毎に税法上の課税標準を説明変数とすることで精度の高い将来予測ができるのではないかと考えがちです。

　しかし、分析の対象を細分化すればするほど変動が大きく、回帰分析が難しくなって予測が困難になるという問題が起こります。例えば寿命は人によって違いますが、人数を増やしていけばいくほど平均寿命は一定の値に収れんしていきます。つまり、一人ひとりの将来を予測し、それを合計して全体の将来予測を行うよりも、全体を合計した数値を使って将来予測を行う方が作業量も少なくてすみますし、簡便です。しかし、簡便だからといって、制度を無視して、地方税や地方交付税といったすべての収入項目を一括して推計するのは乱暴です。簡便さと制度に沿った正確さとのバランスが将来予測には要求されます。

1.2　フローチャートを作る

　このように、経済や財政のメカニズムを知ることが回帰分析を用いた将来予測にとって不可欠なのですが、説明変数（原因）と被説明変数（結果）は一つの因果関係で語れるものばかりではありません。地域経済と財政の場合も、出生率や人口の転入と転出によって決まる年齢別人口が労働力を決め、労働力が県内総生産を決め、県内総生産が地方税収に影響し、国からの財源補てんである地方交付税にも影響を与えるといったように、複数の因果関係が連鎖していくことで最終結果が決まることの方が多いのです。

　このような図式を踏まえて分析を行う上で役立つのがフローチャートです。**図7-1**は経済と財政に関する因果関係をフローチャート化したものです。実際の経済や財政はもっと複雑です。ここで紹介するシンプルなモデルから入って、より詳細なモデルを開発してください。シンプルモデルを説明しましょう。

　全体は、地域経済ブロックと地方財政ブロックとで構成されています。地域経

図7-1　経済と財政の将来予測フローチャート

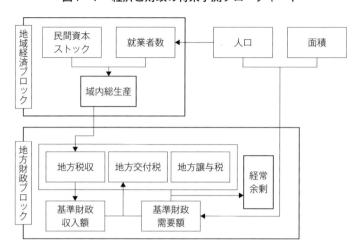

済ブロックでは、地域経済成長理論に基づいて域内総生産（都道府県の場合は県内総生産）は労働と民間資本ストックという2つの生産要素の量によって決まると考えます。そして、労働は地域の将来人口の影響を受けます。第3章で見たように、多くの地方で、出生率の低下と若者の転出とによって将来の労働力人口は減少することになるでしょう。

　地方公共団体の総合計画等を見ると、国の「経済見通し」の数値を基準として地域経済成長率を設定しているものが多く見られます。しかし、地域経済を合計したものが一国の経済なのであって、国の経済を分割して地域経済が決まるわけではありません。国の成長率をもとに地域の成長率を設定することはそもそもおかしいのです。本章でとりあげているのは地域経済の決定要因を踏まえた地域経済の成長率です。この作業プロセスを経ることで、地域の構造や特性を踏まえた経済成長率が発見でき、経済戦略のヒントが手に入ります。

　地方財政ブロックは制度を中心としたフローチャートになります。地方税の多くは所得や消費といった経済変数を課税標準としていますから、県内総生産が決まると地方税収が決まります。公共サービスには国からの補助金が交付されており、残りの費用は、地方が自前で調達することが基本です。しかし、地方税だけでは標準的な公共サービスを供給するのに足りない可能性があります。その場合に、財源不足額を補てんするのが地方交付税です。**地方交付税**は、標準的な行政

を実施するのに必要な一般財源額である**基準財政需要額**が、標準的な税収で課税したときの地方税収入等を基礎に計算される**基準財政収入額**を超過した場合、差額（不足額）が交付されます。

　基準財政収入額は地方税で決まり、基準財政需要額は地域の行政ニーズで決まりますが、地域の面積が広かったり、人口が少なかったりすると経費が割高になるといったこともあります。これまでの研究から、基準財政需要額は概ね、人口と面積で決まることが明らかになっていますので、このモデルでは人口と面積から基準財政需要額に矢印が描かれています。

　こうして地方税、地方交付税が決まり、地方譲与税を合計すると、地方公共団体に毎年入ってくる**一般財源**（使途が決まっていない財源）が計算できます。そして、基準財政需要額との差額が**経常余剰**（義務的な行政を行った上で、地方公共団体の裁量によって実施できる政策に充当可能な経常一般財源のこと）となり、標準的な行政以外の目的に使える財源となります。この額が大きいほど、政策の自由度が大きいということになります。

　以下ではこのフローチャートに沿って、地域の経済と財政の予測を行っていきます。

2　地域経済の将来予測

2.1　県内総生産の推計

2.1.1　生産関数

　第6章と同様、地域 i の投入物を労働（L_i）、民間資本（K_i）の2つとすると、生産量（Y_i）を決める生産関数の一般的な形は、

$$Y_i = F(L_i, K_i) \tag{7-1}$$

となります。しかし、この式は「地域 i の生産量は地域の労働と資本の量によって決まる」ということは語っているのですが、どのように決まるのかについての情報を与えてはくれません。つまり、例えば労働が2倍に増えたとき生産量はどれくらい増えるのかといったように、労働、資本と生産量の間にある関係を特定化できないのです。回帰分析を行うためには、生産関数の形を特定化しなければなりませんし、将来予測を数量的に行うためにも特定化は不可欠です。

　生産関数はさまざまな形のものがこれまで考えられてきましたが、ここでは、**コブ・ダグラス型生産関数**を用いることにしましょう。コブ・ダグラス型生産関数は

$$Y_i = AL_i^\alpha K_i^\beta \tag{7-2}$$

となります。A は技術進歩などを表す変数ですが、地域経済においては、産業の集積度等によって決まる**集積の経済（集積の利益）**の大きさだと考えることができます。東京や大阪のような、産業や事業所が集積している地域ではこの値は大きくなります。A、α、β は地域によって異なることが予想されます。

　推計方法は後に詳しく説明しますが、回帰分析によって A、α、β を推計することになります。このようなコブ・ダグラス型生産関数の場合、α と β の推計結果から、$\alpha + \beta = 1$ なら、**規模に関して収穫一定**、つまり、労働と資本を同じ割合だけ変化させると、生産量も同じ割合だけ増加する地域であることが示されます。$\alpha + \beta > 1$ なら**規模に関して収穫逓増**、つまり、労働と資本が同じ比率増加したとき、生産量はその割合よりも大きく増加する地域であることが示されます。そして、$\alpha + \beta < 1$ なら**規模に関して収穫逓減**、つまり労働と資本の増加率ほどには生産量は増えない地域であることが示されます。

2.1.2　生産関数の推計モデル

　第5章で説明したように、最小二乗法は線形の関数を想定して説明変数と被説明変数の関係を推計します。しかし、(7-2) 式に示されているコブ・ダグラス型の生産関数は線形ではないため、このままの形では通常の回帰分析を行うことができません。このような場合、第5章2.2項でも解説したように、対数変換する（対数をとる）と、かけ算を足し算に変えることができ、線形に変換することができます。(7-2)式を対数変換すると、

$$ln(Y_i) = ln(A) + \alpha\, ln(L_i) + \beta\, ln(K_i) \tag{7-3}$$

となります。被説明変数として $ln(Y_i)$、説明変数として $ln(L_i)$、$ln(K_i)$ のデータセットを作れば、Excel で回帰分析が可能になります。

　実際に回帰分析を行うために必要なデータ収集と、データの対数変換方法を解説する前に、対数をとったデータでの回帰分析結果の、覚えておくと便利な使い方を説明します。それは、第5章2.2項でもとりあげたように、回帰分析で得られた α と β は、それぞれが Y_i の L_i あるいは K_i に対する**弾性値**を表すというこ

とです。弾性値とは、L_i ですと「Y_i の変化率 ÷ L_i の変化率（弾性値＝ $\dfrac{\Delta Y_i}{Y_i} \Big/ \dfrac{\Delta L_i}{L_i}$）」となります。例えば L_i が10%増加したことによって Y_i が6%増加すれば、弾性値は0.6（＝6÷10）となります。回帰分析によって得られた α と β はこの弾性値なのです。弾性値が1よりも大きいと、L_i の変化率よりも Y_i の変化率が大きいことを示します。つまり、L_i の変化に対して大きく反応するということです。大きな影響を与えるわけですから、政策的には弾性値の大きいものを活用する方が効果は大きいことになります。

2.1.3　データの収集

　対数変換したデータセットを作るためにも、まずは、被説明変数と説明変数の原データを収集しなければなりません。第2章で解説したように膨大な量のオープンデータが存在しますが、分析目的に応じたデータがそのまま手に入るわけではありません。生産関数の推計に必要な県内総生産、就業者数、民間資本ストックの収集・加工の方法を説明しましょう。

●県内総生産

　県内総生産は内閣府『県民経済計算』から入手できます。県内総生産のような経済変数には**名目値**と**実質値**という区分があります。名目値とは、実際に市場で取り引きされている価格に基づいて推計された値であり、実質値とは、ある年（参照年）からの物価の上昇・下落分を取り除いた値です。生産関数の被説明変数は生産物の量ですから、物価上昇による県内総生産の変動を除去するために実質県内総生産を用いる必要があります。これに対して財政に関わる変数は名目値が重要です。例えば地方税を県内総生産によって推計する場合には、県内総生産は名目値でなくてはなりません。

　将来予測の精度をあげるためにはできるかぎり過去に遡（さかのぼ）ってトレンドを把握する必要があります。そこで本章では1980年度から2016年度まで、37年間のデータで推計することとしました。しかし、長期間のデータを集めようとすると、データが存在しないという事態が生じることがあります。県内総生産については、岡山県が1975年度から1984年度、沖縄県が1975年度から1980年度の期間について実質値が存在しません。この場合には、データを作成するしかありません。

　また、長期になると県内総生産を実質値に変換するための基準年が変わります。

例えば、1980年度から1990年度の県内総生産は1990年を100として前後の数値を実質化しています。しかし、2006年度から2017年度については2011年を基準に実質化しています。このように長期にわたって実質県内総生産のデータを集めるとなるとやっかいな作業が必要になります。

そこで本書ではデータ作成の簡便な方法として、全期間にわたって全都道府県データがそろっている名目県内総生産を用い、これにGDP（国民総生産）デフレーターを用いることで実質県内総生産に変換することとしました。したがって、名目値を実質値に変換するためのデフレーターは全都道府県において同じ値になります。最初から実質県内総生産を使い、データが欠落している岡山県と沖縄県については名目値をGDPデフレーターによって実質値に変換することも可能です。

なお、国内総生産をはじめ県民経済計算の各種データについても、この期間中に推計基準が変わっています。この推計基準の違いを調整するべきなのですが、実際には困難であるため、完全な連続性は得られていないことに注意する必要があります。

●県内就業者数

生産関数は就業者数と民間資本ストックに着目してその地域での生産規模を推計するのですから、就業者数は居住地には関係なく地域で就業している者でなくてはなりません。総務省『国勢調査』で得られる就業者数は居住地ベースです。つまり、東京で働いていても、居住地が神奈川県であれば、国勢調査では当該就業者は神奈川県においてカウントされることになります。したがって、生産関数の推計にはふさわしくありません。

都道府県別県内就業者数のデータは、内閣府『県民経済計算』の総括表の「県内就業者数」で得られます。

●民間資本ストック

就業者数に比べると、民間資本ストックのデータ収集は少しやっかいです。民間資本ストックについては、内閣府『県民経済計算』に都道府県別民間資本ストック（平成12暦年価格、国民経済計算ベース、平成23年3月時点）が推計されていますので、そこでの製造業と非製造業の合計値を用いました。しかし、ここには2009年度までのデータしかなく、その後の年度についてはデータを作成する必要があります。そこで、次の方法を採用して推計しました。

　全国レベルであれば、民間資本ストックのデータを内閣府『国民経済計算』の民間企業資本ストックから入手可能です。そこで、全国レベルでの2010年度と2009年度の資本ストックの差（増加分）を、『県民経済計算』の「民間企業設備投資」によって都道府県間に配分し、2009年度の都道府県別民間資本ストックに加算して2010年度の都道府県別民間資本ストックを求めます。以下、同様の手法で2016年度まで順次求めていきます。

　資本ストックには老朽化等のために除却されるものがあるため、本来なら、企業設備投資から除却額を差し引いた純企業設備投資額で都道府県間に配分すべきです。しかし、民間企業の都道府県別除却額のデータが存在しないため、除却率は全都道府県で同じであると仮定して、企業設備投資額で配分しました。

2.1.4　対数変換の方法

　すでに説明したように、生産関数を実際に推計するためにはデータを対数変換しなくてはなりません。しかし、対数変換は Excel を使えば簡単に行えます。ここでは自然対数を使います。**図7-2** は兵庫県について、被説明変数である県内総生産（実質）、県内就業者数、民間資本ストックのデータを Excel 上で対数変換する方法を示したものです。例えば、Excel シートのセル F 3 に県内総生産の対数変換した値を出そうと思えば、Excel では、①計算結果を出したいセル F 3 のところで「＝ ln（C 3）」と入力し、②入力・操作対象のセルであるアクティブセルを方向キーでセル C 3 のところに持って行き、③確定（Enter）とすれば対数変換された値が計算されます。これで兵庫県の生産関数の推計が可能になりました。県内就業者数、民間資本ストックの対数変換も同様に行います。

2.1.5　生産関数の推計

　兵庫県を対象に、1980年度から2016年度のデータを用いて生産関数の推計を行います。回帰分析の方法は第5章ですでに解説していますので、ここでは分析結果だけを示します。ただ、この分析では時系列データを用いていますので、第5章で解説した系列相関が生じている可能性があります。そこで、系列相関の有無を検証するために DW 比（ダービン・ワトソン比）を見なければなりません。統計ソフトによっては DW 比が提示されるものもありますが、Excel では計算が必要です。

図7-2 対数変換の方法

	A	B	C	D	E	F	G	H
1								
2			県内総生産（実質）	県内就業者数	民間資本ストック	ln(県内総生産)（実質）	ln(県内就業者数)	ln(民間資本ストック)
3		1980	10,873,639	2,108,784	22,760,461	入力　結果 =LN(C3)	入力　結果 =LN(D3)	入力　結果 =LN(E3)
4		1981	11,260,146	2,123,471	23,564,337			
5		1982	11,523,413	2,138,162	24,326,690			
		・	・	・	・	コピーし貼り付ける		
		・	・	・	・			
		・	・	・	・			
36		2013	20,004,811	2,489,310	56,813,047	16.81	14.73	17.86
37		2014	20,003,931	2,494,168	57,598,334	16.81	14.73	17.87
38		2015	20,222,706	2,437,023	58,357,725	16.82	14.71	17.88
39		2016	20,367,490	2,422,186	58,677,599	16.83	14.70	17.89

資料）内閣府『県民経済計算』『国民経済計算』より作成。

説明変数は対数変換した県内就業者数と民間資本ストック（図7-2）、バブル経済の影響を調整するための定数項ダミー（D1989-92）、阪神淡路大震災後の復旧・復興需要を調整するダミー（D1996-97）、リーマンショックダミー（D2009）を用いました。**図7-3**は回帰分析結果とDW比の計算手順を示したものです。

兵庫県の経済について明らかになった点は以下の通りです。

①対数変換した就業者数（$ln(L)$）と民間資本ストック（$ln(K)$）、3つのダミー変数で兵庫県の県内総生産の98.3%を説明できます。

②全変数のt値の絶対値は2を超えており有意であるといえます。また、p値は対数変換した就業者数が0.035と5％水準で有意であり、他は1％水準で有意でした。

③DW比は1.648と計算され、系列相関の問題はありません。なお、対数変換した就業者数と民間資本ストックだけを説明変数とした場合には、DW比は0.59と系列相関の存在が認められました。ダミー変数を追加することで、系列相関の問題が解消されています。

図 7-3　生産関数推計結果と DW 比の計算プロセス（兵庫県）

	A	B	C	D	E	F	G	H
1								
2		概要						
3								
4		回帰統計						
5		重相関 R	0.992521					
6		重決定 R2	0.985097					
7		補正 R2	0.982693					
8		標準誤差	0.024645					
9		観測数	37					
10								
11		分散分析表						
12			自由度	変動	分散	観測された分散比	有意 F	
13		回帰	5	1.24461	0.248921917	409.8277424	2.44769E-27	
14		残差	31	0.018829	0.000607382			
15		合計	36	1.263438				
16								
17			係数	標準誤差	t	P-値	下限 95%	上限 95% 下
18		切片	-4.00626	4.356894	-0.919522028	0.364922677	-12.89220437	4.879684
19		ln(L)	0.812396	0.368235	2.206186527	0.034910821	0.061374941	1.563417
20		ln(K)	0.496274	0.061496	8.069952422	4.1062E-09	0.370850782	0.621697
21		D1989-92	0.077399	0.013523	5.723317836	2.70178E-06	0.049817856	0.10498
22		D1996-97	0.066867	0.01837	3.640096453	0.000982154	0.029401988	0.104332
23		D2009	-0.08708	0.028061	-3.103335539	0.004062834	-0.144312789	-0.02985
24								
25		残差出力			エクセル上で作業			
26					$(e_t-e_{t-1})^2$	e_t^2	$(e_t-e_{t-1})^2/e_t^2$	
27		観測値	県内総生産	残差	入力　結果	入力　結果	入力　結果	
28		1	16.23069	-0.02884		=D28^2　0.00083148		
29		2	16.25355	-0.01677	=(D29-D28)^2　0.000145546	0.000281271		
30		3	16.27495	-0.01506	2.92059E-06	0.000226869		
31			.	.				
32			.	.				
			.		コピーして貼り付け			
61			.	.		.		
62		35	16.82782	-0.01638	7.12428E-05	0.000268247		
63		36	16.81549	0.006828	0.000538551	4.66275E-05		
64		37	16.81324	0.016211	=(D64-D63)^2　8.80281E-05	=D64^2　0.000262789		
65					=SUM(E29:E64)　0.03104393	=SUM(F28:F64)　0.0188288	=E65/F65　1.648744	
66					分子	分母	DW比	

2.2　県内総生産の将来予測

2.2.1　将来予測のための式

　県内総生産の将来予測値は、回帰分析で得られた

図7-4　対数値を元の数値に戻す方法

	A	B	C
1			入力　　　　結果
2		16.70895	=exp(B2)　18055278.956

$$\widehat{ln\,(Y_i)}= -4.006+0.812ln\,(L_i)+0.496ln\,(K_i) \tag{7-4}$$

という推計結果に、対数変換した就業者数と民間資本ストックの将来値を代入すれば計算できます。ダミー変数は県内総生産の推計のために過去のデータにおいて期間限定で設定したものですから、将来にはデータに0が入ります。したがって、将来予測の際には必要がなくなります。ただ、回帰分析で得られた県内総生産は対数変換した値ですから、対数変換する前の数値に変えなければなりません。そのために、Excelで**図7-4**のような操作を行ってください。こうして、兵庫県の将来の県内総生産を予測することができます。

2.2.2　県内就業者数の予測

　県内就業者数は次のように予測しました。総務省『労働力調査』から、2019年の年齢階級（5歳階級）別・男女別就業率（全国値）のデータを入手します（**表7-1**）。そして、国立社会保障・人口問題研究所『日本の地域別将来推計人口（平成30（2018）年推計）』から入手した兵庫県の年齢階級別将来人口（男女別）に、先ほどの就業率を適用することで就業者数の将来予測が可能になります。結果は**図7-5**の通りです。2015年には243万人であった兵庫県の就業者数は、少子化と若年層の転出とによって大きく減少し、2045年にはほぼ180万人へと60万人以上減少します。就業者数の減少は兵庫県の経済力に大きく影響することが予想されます。

　就業者数がこのように減少すると、兵庫県の県内総生産はどのくらいの規模になるかを予測してみましょう。ここでは就業者数の減少が県内総生産に及ぼす影響を確認したいため、民間資本ストックについては2016年の数値から変わらないと仮定しています。計算のプロセスは**図7-6**に示されています。プロセスにしたがって計算することで、2045年の県内総生産は15兆7,182億円、2016年度（推計式から得られた理論値）より21.57％減少するという予測結果が得られました。

表7-1　年齢階級別就業率（全国、2019年）

	男	女
15～19歳	19.0	21.4
20～24	71.4	73.4
25～29	90.6	82.1
30～34	92.5	75.4
35～39	93.8	74.8
40～44	94.2	78.6
45～49	93.7	79.5
50～54	93.2	78.5
55～59	91.1	73.2
60～64	82.3	58.6
65～69	58.9	38.6
70歳以上	24.7	11.8

資料）総務省『労働力調査』より作成。

図7-5　兵庫県の就業者の将来予測

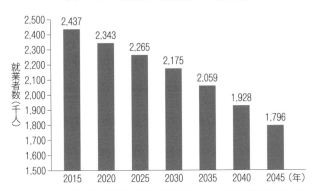

資料）総務省『労働力調査』、国立社会保障・人口問題研究所『日本の
地域別将来推計人口（平成30（2018）年推計）』より作成。

2.2.3　民間資本ストックの予測

　このように超高齢化の進行と人口の転出によって就業人口は減少しますが、こ
れを補うのが民間資本ストックです。上の例では資本ストックは2016年度に固定
していましたが、過去の資本ストックを見ると、県によって差はあるものの、す
べての地域で増加しています。したがって、将来においても増加する可能性はあ
り、就業者数の減少による県内総生産の減少幅を小さくすることは考えられます。
もちろん民間資本ストックは設備投資がなければ増加しませんので、投資（費

図7-6　就業者減少の影響

	A	B	C	D	
1		就業者数	民間資本ストック	県内総生産	
2		対数値	対数値	対数値	
3					
4				入力	結果
5	2016	14.700181	17.8876	=-4.00626+0.812396*B5+0.496274*C5	16.8133
6	2045	14.401156	17.8876	=-4.00626+0.812396*B6+0.496274*C6	16.5703
7					
8				県内総生産	
9				実数値	
10				入力	結果
11				=exp(D5)	20040364.91
12				=exp(D6)	15718239.26
13					
14				減少率	
15				%	
16				入力	結果
17				=(D12-D11)/D11*100	-21.57

用）に見合うだけのリターン（収益）が将来においても存在することを前提としていることに注意する必要があります。

　民間資本ストックの将来の伸びをどのように推計するかが次の問題になります。t年の資本ストックは、「前年（t−1）年の資本ストック＋t年の設備投資額−t年の除却額」で求められます。除却額は既存の資本ストックによって決まると考えられますが、設備投資額は景気の影響を考慮する必要がある等の理由で推計は容易ではありません。設備投資額の決定モデルとしては、最適資本ストックと現実のストックとの差の一定割合で決まるとする**ストック調整モデル**がありますが、本章では、民間資本ストックがトレンドとして増加していることに着目し、兵庫県の民間資本ストックについて、第5章で解説したトレンド変数（ここでは西暦年）と、2003年度から2005年度までを1、他を0とするダミー変数（D2003-5）、2010年度を1、他を0とするダミー変数（D2010）を説明変数に追加して回帰分析を行いました。結果は、

　　民間資本ストック(100万円)＝−1200841337＋624756.4×(西暦年)
　　　　　　　　　　　　　　　(−41.12)　　(46.11)

図7-7　民間資本ストックの予測

▲	A	B		C	
1		民間資本ストック（理論値）		民間資本ストック（予測値）	
2		結果		結果	
3	2016	=-1200841337+624756.4369*A3	58667639.79	58677599.0402519	（実績値）
4	2017		59292396.23	=$C$3*(B4/$B$3)	59302461.53
5	2020		61166665.54		61177049.02
6	2025		64290447.72		64301361.48
7	2030	コピーし貼り付ける	67414229.91	コピーし貼り付ける	67425673.95
8	2035		70538012.09		70549986.42
9	2040		73661794.28		73674298.89
10	2045		76785576.46		76798611.36

$$-1040223 \times D2003 - 5 - 608696 \times D2010$$
$$(5.96) \qquad\qquad (-2.31) \qquad\qquad (7\text{-}5)$$

$$\text{自由度修正済み決定係数} = 0.994 \qquad \text{DW比} = 1.84 \qquad \text{括弧はt値}$$

となります。各係数の下に示されている括弧の数値はt値を示しています。**図 7-7** は兵庫県における民間資本ストックの将来予測の計算プロセスを示したものです。

2.2.4　県内総生産の将来予測

　こうして県内就業者数と民間資本ストックの将来予測値がそろえば、兵庫県の県内総生産の将来予測が可能になります。ここでもういちど、予測に必要なポイントと前提を整理しておきましょう。

①県内就業者数：年齢別・男女別将来人口×年齢別・男女別就業率で求めます。

②民間資本ストック：過去のトレンド（時間）で増加するケースを想定します。

③県内総生産：①、②の結果を生産関数の推計で得られた（7-4）式に入れ、対数値を実数値に変換します。

$$\widehat{ln\,(Y_i)} = -4.006 + 0.812ln\,(L_i) + 0.496ln\,(K_i) \qquad (7\text{-}4)$$

図7-8 は資本ストックが過去のトレンドで増加するケースについて、兵庫県経済の将来予測の計算プロセスです。将来予測は（7-4）式を使って計算した県内総生産の理論値の変化率を、2017年度の実績値に適用することで求めました。つまり、最新である2017年度の実績を基準値とし、推計で得られた理論値の変化率を基準値に適用するのです。

図7-8　経済予測値の計算（兵庫県のケース）

	A	B	C	D	E
1		県内就業者数	民間資本ストック	県内就業者数	民間資本ストック
2		実数値	実数値	対数変換値	対数変換値
3		人	100万円		
4		入力	入力	対数変換	対数変換
5	2016	2,422,186	58,677,599	14.700181	17.887569
6	2017	2,402,945	59,302,462	14.692206	16.812018
7	2020	2,343,473	61,177,049	14.667145	16.807103
8	2025	2,264,605	64,301,362	14.632911	16.80401
9	2030	2,174,528	67,425,674	14.592322	16.794582
10	2035	2,059,419	70,549,986	14.537934	16.772876
11	2040	1,927,628	73,674,299	14.471801	16.740654
12	2045	1,796,151	76,798,611	14.401157	16.703875

	F		G		H	
1	県内総生産		県内総生産		県内総生産	
2	理論値（対数値）		理論値（実数値）		実数値	
3			100万円		100万円	
4	結果		結果		結果	
5	=-4.00626+0.812396*D5+0.496274*E5	16.81324	=EXP(F5)	20040052.56	20367490.27（実績値）	
6		16.81202		20015573.82	20727719.14（実績値）	
7		16.80711		19917442.18	=$H$6*G7/$G$6	20626096.02
8	コピーし貼り付ける	16.80401	コピーし貼り付ける	19855942.2	コピーし貼り付ける	20562407.91
9		16.79459		19669614.38		20369450.62
10		16.77288		19247276.44		19932086.08
11		16.74066		18636975.69		19300071.10
12		16.70388		17963970.29		18603120.46

　資本ストックが過去と同じトレンドで増加したとしても、2045年度の兵庫県の県内総生産は18兆6,031億円と、2017年度の20兆7,277億円から約10.3％減少します。民間資本ストックが2016年度のままのケースは、セルC7以下に58,677,599を入れると求めることができます。これは図7-6で示されています。

　ここでは兵庫県を対象に県内総生産の将来予測の手順を説明しましたが、他の地域についても同様の方法で将来予測を行うことができます。全国で最も人口減少率が大きい秋田県について県内総生産を予測してみました。**図7-9**は兵庫県と秋田県の県内総生産の予測値を、2017年度を100とした指数で表したものです。両県ともに2017年度の実績よりも減少しますが、若年層の転出が著しい秋田県は2045年度には2017年度の約80％に減少すると予測されます。

　将来において地域経済の活力を維持するためには、就業者数の減少を食い止め

図7-9　兵庫県と秋田県の県内総生産予測の比較

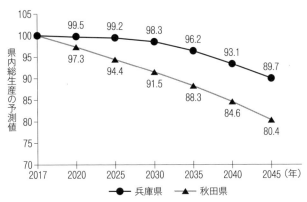

注）予測値は2017年実績を100とする。

るとともに、労働生産性を上げるために民間資本ストックを増やす必要があります。多くの地方公共団体が県内総生産の将来目標値を設定していますが、県内総生産は基本的に労働力と民間資本で決まりますので、目標値はこれらの変数について設定すべきなのです。ここでの将来予測では、民間資本ストックが過去のトレンドと同じ伸びをするという前提を置きましたが、他のケースを想定することも可能です。しかしここで重要な点は、実現困難な想定を行っても意味がないということです。民間資本ストックは企業の設備投資の積み重ねですから、地域に投資を呼び込むことができるかどうかがポイントとなります。民間資本ストックの伸びに高い目標値（あるいは前提値）を設定するなら、目標を実現するための方策を同時に立てることが必要なのです。

　将来予測は、現在のトレンドを継続した場合の地域の将来の姿を予想することが主要な目的ですが、同時に政策を変更するときの効果を検証する政策シミュレーションとしても使えるのです。

3　地方財政の将来予測

3.1　経常余剰の意味

　人口減少、地域経済の縮小といった将来の地域の姿は地方財政にも影響を与え

図 7 -10　複式予算

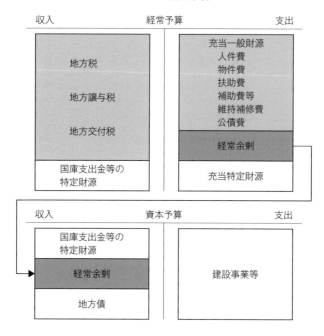

るることは確実です。住民生活や企業活動にとって不可欠な行政サービスや政策を
左右する地方財政を予測することは極めて重要です。日本の地方公共団体は国に
よって義務づけられた多くの行政を抱えています。これらは地方公共団体にとっ
て非裁量的な支出です。そして、非裁量支出に財源を投入した上で残った額で裁
量的な政策や行政を実施します。したがって、地域の創意工夫によって地域づく
りを行い、地域を活性化させるためにも、どれくらいの財源を裁量政策に使える
かを予測することは極めて重要です。財源の見通しもないままに過大な政策を実
施すると財政は破綻する可能性が出てきます。

　本節の予測は、**図 7 -10**の複式予算に示された「経常予算」に焦点をあてます。
財政収入は地方税、地方譲与税、地方交付税といった一般財源であり、財政支出
は国庫支出金等の特定財源によって賄われた部分を除いた経常経費充当一般財源
が予測の対象です。収入と支出の差額が経常余剰であり、資本予算の建設事業、
他会計への資本的繰出金への充当可能一般財源を表すことになります。

3.2　地方財政の将来予測を行うために

3.2.1　地方税の推計

　地方税には、個人住民税、法人住民税、法人事業税、地方消費税等多くの税目があり、それぞれが異なった課税対象を持っています。したがって、データさえ手に入れれば税目毎に**税収関数**（課税ベースを説明変数とし、税収を被説明変数とする関数）を推計することができます。本章では、地方税収入総額を被説明変数として推計することにします。関心のある読者は個別の税目毎に税収関数を推計してみてください。税を細分化すると推計が難しくなりますが、税の仕組みや構造を理解するのにも役立ちます。

　地方税は全国的にほぼ同じ制度が適用されるのですが、各税目の構成比が地域によって違いますから、税収関数は異なったものになります。つまり、安定性の高い地方消費税のウェイトが大きいところと、税収が景気に敏感に反応する法人課税のウェイトが大きいところとでは、たとえ経済（県内総生産）の予測成長率が同じでも税収の変化率には差が生じるのです。したがって、地域毎に税収関数を推計する方が良いでしょう。

　地方税は個人所得、法人所得、消費といった経済変数を課税標準としていますから、税収全体を目的変数とする場合には、説明変数として県内総生産が一つの選択肢として考えられます。**図7-11**は兵庫県の1980年度から2017年度までの県内総生産（名目）と地方税収（県税）との関係を散布図で示したものです。生産関数（県内総生産）の推計では、被説明変数は実質県内総生産を使いました。それは、生産関数の被説明変数は生産物の量であり、物価変動によって量が左右されないようにするためです。物価上昇によって名目県内総生産が増えても、実質的な経済規模は変化しないことも考えられます。しかし、物価が上昇すれば消費税収入が増加するように、地方税収入は名目額ですので、説明変数は名目県内総生産でなくてはなりません。図から県内総生産が大きくなるほど地方税収が多いことがわかります。

　しかし、時系列データによって税収関数を推計する場合には、期間中に説明変数と被説明変数の安定的な関係に影響を与える出来事が発生する可能性があります。本章で用いた推計期間中にも、国から地方への税源移譲、地方消費税率の引き上げといった制度改正がありました。また、バブル経済と崩壊、リーマンショ

図 7-11　兵庫県の県内総生産と地方税収の関係

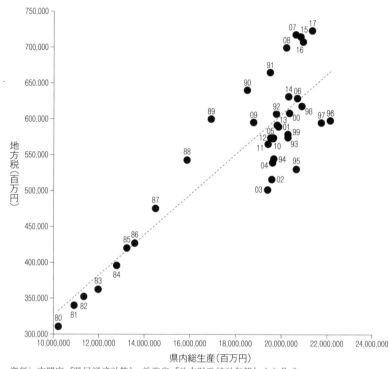

資料）内閣府『県民経済計算』、総務省『地方財政統計年報』より作成。

ックといった、全国規模の経済状況の変化に加えて、兵庫県では阪神淡路大震災という大規模災害等が発生しています。したがって、県内総生産と地方税収の関係はきれいに一直線上には並んでいません。

　回帰分析を行う際には、事前に説明変数を横軸に被説明変数を縦軸にとった「散布図」を描いてみると良いでしょう。散布図が散らばっていて、説明変数と被説明変数との間に明確な関係を見出せない場合には、将来予測を行うのに信頼度の高い推計結果を得ることができません。そのときには他の説明変数を探す必要があります。あるいは、地方税は地域経済活動の規模によって決まるという関係は揺るぎないとしても、その他の要因が影響して散布図にバラツキが出ているなら、被説明変数と説明変数の安定した関係を妨げる要因をダミー変数によって除去することも必要になります。

　1980年度から2017年度の兵庫県における地方税収を回帰分析で推計した結果は

以下の通りです。

$$地方税収(100万円) = 61926.08 + 0.02599 \times 県内総生産(100万円) + 0.004506 \times D2007\text{-}$$
$$\qquad\qquad\quad (2.94)\quad (21.64) \qquad\qquad\qquad\qquad\qquad (8.68)$$

$$\times 県内総生産(100万円) + 90132.48 \times D1988\text{-}92 - 68312.4 \times D1995$$
$$\qquad\qquad\qquad\qquad\qquad\quad (7.38) \qquad\qquad\qquad (-2.95)$$

$$-50678.5 \times D2002\text{-}4 - 83379.8 \times D2010\text{-}13$$
$$\quad (-3.60) \qquad\qquad (-6.08) \qquad\qquad\qquad\qquad (7\text{-}6)$$

自由度修正済み決定係数 = 0.958　　　DW 比 = 1.95　　　括弧は t 値

　D2007-は2007年度以降を 1 、それまでを 0 とする係数ダミーです。2007年度に国から地方への税源移譲が実施されたために、2007年度以降は県内総生産の係数は「0.02599＋0.004506」となります。その他のダミーはすべて定数項ダミーで、D○○-△△は○○年度から△△年度は 1 、他は 0 とするダミー変数です。将来予測においてはD2007-は引き続き 1 となりますが、他のダミー変数は 0 であり、将来予測値には影響を与えません。自由度修正済み決定係数は0.958であり、これらの変数で兵庫県の地方税収の動きの95.8％が説明可能です。また、t値はすべての変数において 2 を超えており、統計的に有意です。ここでは載せていませんが、Excel の回帰分析結果に示される p 値は、全変数が0.01未満であり、1 ％水準で有意です。この式に、先に予測した兵庫県の県内総生産を代入すると、地方税の将来予測値が計算できます。

3.2.2　地方交付税の推計

　地方交付税は、基準財政需要額が基準財政収入額を超過していれば、財源が不足しているとして交付されます。つまり、「基準財政需要額＞基準財政収入額」の場合、地方交付税額は「基準財政需要額 － 基準財政収入額」となり、「基準財政需要額＜基準財政収入額」の場合、地方交付税額は 0 となります。したがって、地方交付税の将来予測を行うためには、基準財政需要額と基準財政収入額を予測しなければなりません。

　基準財政需要額は項目毎に人口、世帯数、教職員数等の指標（これを測定単位といいます）を用いて計算されますが、人口規模や人口密度等、地域の特性によって経費が割高になること等を考慮します。非常に複雑な算定式を用いるのですが、地方公共団体の基準財政需要額は人口と面積で概ね決まることが知られています。地方税は時系列データを用いた分析（時系列分析）でしたが、基準財政需

要額は、計算の仕組みは地方交付税法で規定されているものの、国の財政状況な
どの影響を受けることもあって長期的に安定しているとはいえません。そこで、
2017年度の道府県別基準財政需要額を被説明変数、人口と面積を説明変数として
回帰分析を行いました。東京都は他の道府県とは制度が異なるため分析から除い
ています。分析結果は以下の通りです。

基準財政需要額(100万円) = 118364.4 + 104.26 × 人口(千人) + 57.52 × 面積(km²)
　　　　　　　　　　　(12.58)　(39.13)　　　　　　　(10.70)　　　　　　(7-7)

自由度修正済み決定係数 = 0.975　　　括弧は t 値

　人口と面積で道府県の基準財政需要額の97.5%が説明できるという結果が得ら
れました。この式に各道府県の将来人口と面積を入れて計算すれば、基準財政需
要額の将来予測値が算出されます。

　次は**基準財政収入額**です。基準財政収入額は「法定普通税（地方税法に定めの
ある税で一般的な財政支出をまかなうために徴収される租税）を主体とした標準
的な地方税収入の75% + 地方譲与税」として計算されます。そこで、法定外普
通税を除いた地方税の75%と地方譲与税の合計額を2017年度について道府県別に
求め、基準財政収入額との関係について散布図を描いたものが**図7-12**です。制
度でそうなっているのですから当然なのですが、ほぼ直線上に並んでいます。た
だ、神奈川県と愛知県はこの線からはずれていますので、説明変数に神奈川県ダ
ミー（神奈川県を1、その他の道府県は0）、愛知県ダミー（愛知県を1、その
他の道府県は0）を追加しました。分析結果は以下の通りです。

基準財政収入額(100万円)

= 7263.3 + 0.817 × (地方税収入(100万円) × 0.75 + 地方譲与税(100万円))
　(2.62)　(98.60)

− 69564 × 神奈川県ダミー + 76446 × 愛知県ダミー
　(−4.92)　　　　　　　　　　(5.49)　　　　　　　　　　　　　　　(7-8)

自由度修正済み決定係数 = 0.997　　　括弧は t 値

　基準財政収入額は、地方税収（法定外普通税は除く）の75%に地方譲与税を合
算した額で99.7%が決まるという結果です。基準財政収入額は制度で決まってい
るわけですから、本来なら99.7%ではなく100%にならないとおかしいのですが、
そうならないのは、推計に用いた地方税には、基準財政収入額の算定において除
外されるべき地方税の超過課税が含まれる等、説明変数が制度を完全に反映でき
ていないためです。しかし、こうした細かな調整を将来にわたって行うことは不

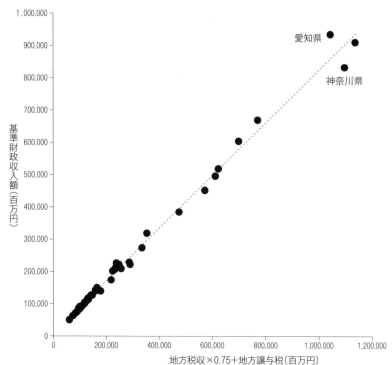

図7-12　地方税と基準財政収入額（2017年度）

資料）総務省『地方財政統計年報』より作成。

可能ですし、将来予測に際しては、これらは誤差の範囲だとの割り切りが必要でしょう。

3.3　地域経済と地方財政の将来予測

　これで財政関係の将来予測が可能になりました。以下に予測のプロセスをまとめておきましょう。兵庫県を対象としていますが、税収関数と地方譲与税以外は全道府県に共通です。

●地方税収（100万円）＝61926.08＋0.02599×県内総生産（100万円）＋0.004506×D2007-×県内総生産（100万円）。税収関数の推計に用いたD2007-以外のダミー変数は将来予測の際には不要です。

●地方譲与税：2013年度から2017年度の平均額（190.87億円）

●基準財政需要額（100万円）＝118364.4＋104.26×人口＋57.52×面積

表 7-2　地方財政の将来予測（兵庫県）

	（年）	県内総生産 （100万円）	地方税 （100万円）	地方 譲与税 （100万円）	基準財政 収入額 （100万円）	基準財政 需要額 （100万円）	地方 交付税 （100万円）	経常余剰 （100万円）	単年度財 政力指数
実績	2015	20,829,387	714,337	91,500	539,302	838,118	303,131	270,850	0.643
	2016	20,937,780	707,741	77,578	550,128	856,194	309,403	238,528	0.643
	2017	21,328,823	723,041	80,277	518,186	814,876	300,320	288,761	0.636
予測	2020	21,224,253	719,808	86,760	521,516	808,017	286,501	285,051	0.645
	2025	21,158,717	717,781	86,760	520,269	792,281	272,012	284,272	0.657
	2030	20,960,164	711,642	86,760	516,490	773,120	256,630	281,911	0.668
	2035	20,510,115	697,726	86,760	507,926	751,283	243,357	276,560	0.676
	2040	19,859,771	677,616	86,760	495,549	727,630	232,081	268,827	0.681
	2045	19,142,609	655,441	86,760	481,900	703,517	221,617	260,300	0.685

資料）内閣府『県民経済計算』、総務省『地方財政統計年報』より作成。

●基準財政収入額（100万円）＝7263.3＋0.817×（地方税収入×0.75＋地方譲与税）
　−69564×神奈川県ダミー＋76446×愛知県ダミー

※神奈川県は上式から69,564百万円を減額、愛知県は上式の結果に76,446百万
円を加算。それ以外の道府県はゼロ。

●地方交付税＝基準財政需要額−基準財政収入額

●経常余剰＝地方税＋地方交付税＋地方譲与税−基準財政需要額

●単年度財政力指数＝基準財政収入額÷基準財政需要額

　表 7-2 は兵庫県財政の将来予測結果を示しています。経済予測も含めて、兵
庫県の将来像については次のようなストーリーを描くことができます。

①働く世代、とりわけ若年層の転出と出生率の低下によって県内就業者数が減少
　します。

②民間資本ストックが過去と同様のトレンドで増加すると仮定したことで労働力
　の減少を補っていますが、それでも県内総生産が減少します。

③それにともなって地方税収入が減少します。

④基準財政収入額は減少しますが、人口減少によって標準行政に必要な一般財源
　額である基準財政需要額も減少するため、財源不足額に相当する地方交付税も
　減少します。

⑤インフラ整備等、裁量的な施策に利用可能な一般財源である経常余剰は2017年
　度の2,887億円から2045年度には2,603億円に減少します。

　以上の予測は現状をそのまま引き伸ばしたものです。こうした財政フレームを
ベースに、魅力ある地域を創ることで人口減少に歯止めをかけることができれば、

将来予測値は変化します。さまざまなシミュレーションを行うことによって、将来に向けてどのようなシナリオを描くべきかを検討する必要があります。

　本章では兵庫県を対象として将来予測を行いましたが、同じ方法を使って他の地域についても予測ができますので、読者の皆さんも是非、関心のある地域を対象に分析を行ってみてください。

第 8 章

地域経済と産業の特徴を認識する

シフト・シェア分析をマスターしよう

本章のねらい

　第3章で県内総生産を用いて2011年度から2016年度の期間における年平均成長率を計算しましたが、愛知県は2.42％であったのに対して秋田県は0.70％というように、地域によって経済成長率に差があります。その背景にはさまざまな要因があると考えられますが、地域が経済成長率を引き上げるためには、成長率格差の背景にある要因を把握しなければなりません。

　本章は、地域経済構造の分析手法の一つであるシフト・シェア分析の使い方を学び、地域経済成長戦略のヒントを得ることを目的としています。この分析はある地域の経済成長が国全体の経済成長から乖離する要因を、地域の産業構造によって説明できる部分と、産業構造では説明できない部分に分け、それぞれの要因が地域経済の成長にどの程度影響しているかを分析するものです。シフト・シェア分析は「産業構造が時代に合わないものになっていることが、経済の衰退につながっているのではないか」という疑問に答えることができます。

1　シフト・シェア分析を学ぶ

1.1　シフト・シェア分析とは

　シフト・シェア分析とは、マクロな統計資料を用いることで、特定地域における成長率の変動要因を、①全国的な産業活動の変化である**全国成長要因**、②当該地域の産業構造（成長産業、または成熟産業を抱えているなど）による**産業構造要因**、③当該地域の特有の事情による**地域特殊要因**の3種に分解し、その地域が国全体の経済成長から乖離している要因を明らかにする分析手法です。この分析において重要なのは、地域経済が全国的なトレンドからはずれて変動している場

合、その原因がどこにあるのかを知るヒントとなる産業構造要因と地域特殊要因です。

　産業構造要因が経済成長にプラスになるのは、その地域の産業構造がIT、バイオ、ロボットといった現在の成長産業をより多く抱えている、つまり全国平均よりもウェイトが高い場合、もしくは全国的に成熟している産業のウェイトが全国平均よりも低い場合があげられます。逆に、産業構造要因がマイナスになるのは、成長産業のウェイトが全国平均より低かったり、成熟産業のウェイトが全国平均より高かったりする場合があげられます。地域特殊要因がプラスになるのは、ある産業の全国的な伸び率よりも同産業の当該地域の伸び率が大きい場合であり、地域独自の要因によって伸び率を上げているといえます。(8-1) 式のように、この2種の要因を合計すると地域における成長率と全国の成長率（全国成長要因）との差に等しくなります。

　　当該地域の成長率＝全国成長要因＋産業構造要因＋地域特殊要因

　　当該地域の成長率－全国成長要因＝産業構造要因＋地域特殊要因　　　　(8-1)

1.2　シフト・シェア分析の方法

　本節ではシフト・シェア分析の考え方と計算方法を解説します。ここでは、成長産業であるX産業と、すでに成熟化し成長が望めないY産業が存在するとし、調査年のA地域における県内総生産の成長・衰退要因を明らかにします。

　STEP1) はじめに、全国の産業部門別の成長率を求めます。X産業の場合、

$$全国のX産業の成長率＝\frac{調査年における全国のX産業の国内総生産}{基準年における全国のX産業の国内総生産}－1 \quad (8-2)$$

によって算出でき、その結果、**表8-1**に示されているように、成長産業であるX産業は10％、成熟産業であるY産業は0％であったとします。

　STEP2) 次に産業部門別の成長率とシェアを用いて、全国の全産業の成長率を求めます。表8-1のように全国のX産業とY産業の基準年のシェア（産業i／全産業）がそれぞれ60％、40％であるとき、全国の全産業の成長率は、

$$全国の全産業の成長率＝全国のX産業の成長率×全国のX産業のシェア$$
$$＋全国のY産業の成長率×全国のY産業のシェア$$
$$＝10％×0.6＋0％×0.4＝6％ \quad (8-3)$$

表8-1　シフト・シェア分析の構造

		産業構造		全産業の実際の成長率	成長率が全国と同じと想定したときの期待成長	シフト・シェア分析結果	
		X産業(成長産業)	Y産業(成熟産業)			産業構造要因	地域特殊要因
全国	基準年のシェア(%)	60	40				
	実際の成長率(%)	10	0	6			
A地域	基準年のシェア(%)	80	20	4	8	+2	-4

となります。つまり、産業別の成長率を基準年の産業別シェアで加重平均した値が全国・全産業の成長率です。この成長率は、

$$全国・全産業の成長率＝\frac{調査年の全国・全産業の国内総生産}{基準年の全国・全産業の国内総生産}－1 \qquad (8\text{-}4)$$

で求めた値と同じになります。以上で求められる全国的な産業活動の成長率が「全国成長要因」です。全国成長が6％であるにもかかわらず、この期間におけるA地域の成長率が4％であったとすると、A地域では何らかの原因により成長が2％ポイント押し下げられていることになり、全国平均に比べて相対的に競争力が弱い地域であると判断できます。

STEP3)　続いて、A地域の産業構造が成長率に与える影響を表す「産業構造要因」を導きます。そのためには、A地域の産業毎の成長率が全国と等しいと想定して成長率の期待値、つまり**期待成長率**を求めます。「地域の各産業の成長率が全国の各産業の成長率と同じだったとしたら、当該地域の産業構造なら成長率はこのようになったはずだ」というのが期待成長率です。A地域のX産業とY産業のシェアがそれぞれ80％、20％であるとすると、(8-5)式のように計算することで、A地域の全産業の期待成長率が求まります。

A地域の全産業の期待成長率
　　　　＝全国のX産業の成長率×A地域のX産業のシェア
　　　　＋全国のY産業の成長率×A地域のY産業のシェア
　　　　＝10％×0.8＋0％×0.2＝8％ 　　　　　　　　　　(8-5)

A地域の期待成長率が8％と、全国平均の6％より高いのは、成長産業であるX産業のシェアが高いという有利な産業構造によるものです。(8-6)式のように、A地域の産業構造が成長産業であるX産業に特化していることによって

全国平均よりも成長率が高くなっている部分（2％）が、「産業構造要因」に相当します。

産業構造要因 ＝ 期待成長率 － 全国の成長率 ＝ 8％ － 6％ ＝ 2％　　　　　(8-6)

STEP4）期待成長率はあくまで期待値であり、実際の成長率と異なる可能性があります。表8-1の数値例では、A地域の実際の成長率は4％であったとしています。(8-1)式で示したように、当該地域の実際の成長率が全国の経済成長から乖離する要因は、③で求めた「産業構造要因」とその地域特有の事情によるものと考えられる「地域特殊要因」に分解できます。

産業構造が成長産業に特化しているという、産業構造上有利な条件を持つA地域は、8％という高い期待成長率であるにもかかわらず、実際の成長率が4％でしかないとすれば、産業構造の有利さを打ち消すほどのマイナスの地域特殊要因があることを意味しています。地域特殊要因は(8-7)式で求めることができ、－4％となります。つまり、成長率に対してマイナスに作用する地域特殊要因により、各産業の成長率が全国平均よりも低かったのです。

A地域の実際の成長率 － 期待成長率 ＝ 地域特殊要因 ＝ 4％ － 8％ ＝ －4％　　(8-7)

以上をまとめると、A地域の実際の成長率（4％）が全国の成長率（6％）よりも2％ポイント低いのは、産業構造が成長産業に特化しているというA地域の産業構造要因によって、本来なら全国よりも2％ポイント高くなっているはずなのに、成長率に対してマイナスに作用する地域特殊要因によりA地域の産業の成長率が全国よりも低く、全国よりも4％ポイント押し下げられているからということになります。

2　シフト・シェア分析に挑戦してみよう

2.1　分析手順

実際に地域経済のメカニズムを明らかにするためExcelを用いてシフト・シェア分析を行います。2011年度を基準年度、2016年度を調査年度とし、この期間における経済成長率について、内閣府『県民経済計算』の経済活動別県内総生産（付加価値）額を用いて、1.2節の手順に沿って3つの要因に分解します。ここで

表8-2 全国成長要因の算出方法

	県内総生産 (2011年度)	県内総生産 (2016年度)	(a) 実際の成長率(%)	(b) 全国成長要因(%)	(c) 実際の成長率− 全国成長要因(%)
東京都	100,024,496	103,646,126	3.62	3.47	0.15
秋田県	3,326,825	3,348,724	0.66	3.47	-2.81
愛知県	34,803,135	37,454,268	7.62	3.47	4.15
兵庫県	19,297,633	20,200,984	4.68	3.47	1.21
大分県	4,176,693	4,119,958	-1.36	3.47	-4.83
⋮	⋮	⋮	⋮	⋮	⋮
全県計	513,461,628	531,284,757		3.47	

$$(a)実際の成長率＝\frac{対象地域・全産業の県内総生産(2016年度)}{対象地域・全産業の県内総生産(2011年度)}-1$$

$$(b)全国成長要因＝\frac{全県計の県内総生産(2016年度)}{全県計の県内総生産(2011年度)}-1$$

注) 県内総生産の単位：100万円
資料) 内閣府『県民経済計算』より作成。

は、東京都、秋田県、愛知県、兵庫県、大分県をとりあげましょう。

STEP1) はじめに、対象地域の2011年度から2016年度の実際の成長率を求めます（**表8-2**の(a)）。愛知県の成長率が最も高く、大分県はマイナス成長です。

STEP2) 1.2節の(8-4)式より、全国・全産業の成長率である全国成長要因（表8-2の(b)）を算出します。その結果、3.47%が求まります。これは全地域共通です。そして、実際の成長率と全国成長要因の差を求めます（表8-2の(c)）。この差は産業構造要因と地域特殊要因によって生じています。

STEP3) 1.2節の(8-5)式を用いて期待成長率を算出します。そのためには、**表8-3**のように、全国（全県計）の産業部門iの成長率（表8-3の(d)）と対象地域の産業部門iのシェア（表8-3の(e)）を算出しなければなりません。そして、各産業部門の期待成長率（(d)×(e)）を算出し、それらを合計した値が全産業の期待成長率（表8-3の(f)）になります。

STEP4) 1.2節の(8-6)式から産業構造要因を算出します。産業構造要因（**表**

表8-3　期待成長率の算出方法

		農林水産業	鉱業	製造業	建設業	・・・	その他のサービス	全産業	(f)期待成長率(%)
東京都	県内総生産(2011年)	42,537	53,214	8,939,103	4,608,911		4,653,028	100,024,496	3.65
	シェア(%)	0.04	0.05	(f)対象地域の全産業の期待成長率＝Σ(d)×(e)					
秋田県	県内総生産(2011年)	109,910	8,987	530,414	191,270		163,794	3,326,825	2.92
	シェア(%)	3.30	0.27	15.94	5.75		4.92	100	
愛知県	県内総生産(2011年)	173,304	7,674	11,742,854	1,424,384		1,422,627	34,803,135	3.52
	シェア(%)	0.50	0.02	33.74	4.09		4.09	100	
兵庫県	県内総生産(2011年)	89,154	5,683	4,682,034	710,669		1,015,374	19,297,633	3.36
	シェア(%)	0.46	0.03	24.26	3.68		5.26	100	
大分県	県内総生産(2011年)	95,801	12,060	1,031,445	241,953		177,657	4,176,693	3.12
	シェア(%)	2.29	0.29	24.70	5.79		4.25	100	
：	：	：	：	：	：		：	：	
		(e)対象地域の産業部門iのシェア＝ 対象地域・産業部門iの県内総生産(2011年度) / 対象地域・全産業の県内総生産(2011年度)							
全県計(2011年)		5,085,741	409,722	107,861,256	25,450,828		24,616,179	513,461,628	
全県計(2016年)		4,219,647	308,651	113,092,925	29,585,544		22,731,317	531,284,757	
(d)全県計の成長率(%)		-17.03	-24.67	4.85	16.25		-7.66	3.47	

(d)全県計の産業部門iの成長率＝ 全県計・産業部門iの県内総生産(2016年度) / 全県計・産業部門iの県内総生産(2011年度) －1

注）県内総生産の単位：100万円
資料）内閣府『県民経済計算』より作成。

8-4の(g))は、STEP3で算出した期待成長率(f)から、STEP2で算出した全国成長要因(b)を引いた値です。そして、地域特殊要因（表8-4の(h)）は、実際の成長率(a)から期待成長率(f)を引くことで求まります。以上から求めた全国成長要因(b)、産業構造要因(g)、地域特殊要因(h)の合計は、対象地域の実際の成長率(a)になります。以上の結果は表8-4に示されています。この表に示されていない地域についても、以上の手順でExcelに数値を入れて計算することで、

表8-4　産業構造要因、地域特殊要因の算出方法

	県内総生産 (2011年度)	県内総生産 (2016年度)	(a) 実際の 成長率(%)	(b) 全国成長 要因(%)	(f) 期待 成長率(%)	(g) 産業構造 要因(%)	(h) 地域特殊 要因(%)
東京都	100,024,496	103,646,126	3.62	3.47	3.65	0.18	-0.03
秋田県	3,326,825	3,348,724	0.66	3.47	2.92	-0.55	-2.27
愛知県	34,803,135	37,454,268	7.62	3.47	3.52	0.05	4.09
兵庫県	19,297,633	20,200,984	4.68	3.47	3.36	-0.11	1.32
大分県	4,176,693	4,119,958	-1.36	3.47	3.12	-0.36	-4.47
⋮	⋮	⋮	⋮	⋮	⋮		
全県計	513,461,628	531,284,757	3.47	3.47			

(g)産業構造要因＝(f)期待成長率－(b)全国成長要因

(h)地域特殊要因＝(a)地域の実際の成長率－(f)期待成長率

注）県内総生産の単位：100万円
資料）内閣府『県民経済計算』より作成。

当該地域の経済成長率と全国成長率との差の要因を見出すことができます。

2.2　分析結果の読み取り

　表8-4の結果、東京都は産業構造要因がプラスであり、地域特殊要因はマイナスであることがわかります。これは成長産業を（全国平均と比べてという意味で）多く有する産業構造を持つことで地域経済の成長に影響を与える一方、産業構造だけでは説明がつかない地域特有の事情がマイナスの影響を与えていることを示しています。それに対して、兵庫県は産業構造要因がマイナスであることから、成長産業のウェイトが全国に比べて小さいことを示していますが、東京都と異なり地域特殊要因が成長に寄与することで、条件の悪い産業構造をカバーしています。また、愛知県の経済成長は地域特殊要因が大きく寄与することで全国に比べて高い成長率である一方で、大分県、秋田県の経済は、産業構造要因もマイナスですが、地域特殊要因がさらに大きくマイナスになっており、全国に比べて低い成長率となっているのです。

　各都道府県の産業構造要因と地域特殊要因を図8-1のように四象限に類型化すると、地域区分毎の傾向がわかります。産業構造要因と地域特殊要因がプラスである第一象限は東北地方である岩手県、宮城県、福島県、北関東である栃木県、

図8-1　分析結果の類型化

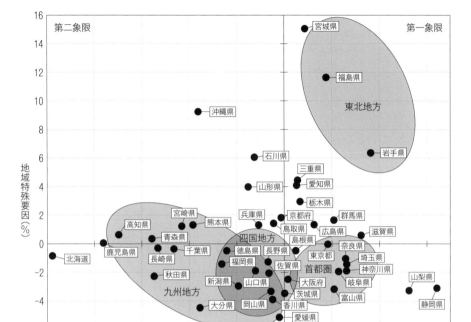

	産業構造要因	地域特殊要因	地域特性
第一象限	＋	＋	成長産業を抱えていることに加えて、地域的な要因の後押しによって、産業活動が活発化している地域。
第二象限	－	＋	成熟傾向の強い産業を抱えているものの、地域的な要因によって、産業構造のマイナスを相殺している地域。
第三象限	－	－	成熟傾向の強い産業を抱えていることに加えて、その他の地域要因の追い風を享受できず、停滞傾向から脱出できずにいる地域。
第四象限	＋	－	産業構造面では比較的成長力の強い産業を擁しているが、その他の地域特殊要因によって成長に向けた活発な産業活動が抑制されている地域。

資料）小林（2004）より作成。

群馬県、東海地方である愛知県、三重県がプロットされており、これらの県は産業構造と地域特性の両面によって成長率が伸びていることを示しています。一方で、北海道、四国地方、九州地方の大部分は第三象限に属しており、両方の要因によって停滞しています。また、首都圏の大部分は第四象限に属しており、地域特殊要因に成長を抑制されていることがわかります。他にも、第一象限か第四象限に属している東海地方はすべての県において産業構造が有利であることや、第二象限、第三象限に属している四国、九州、沖縄地方はすべての県において成熟産業を抱えていることなどを明らかにできます。

3　分析結果の原因を探る

　産業構造要因や地域特殊要因の地域間の差が何によってもたらされたのかを明らかにするには、より詳細な分析が必要になります。本節では、地域経済に対する政策提言へと繋げるため、（1）産業構造要因と（2）地域特殊要因に分けて、分析結果の背景を探ります。

（1）産業構造要因

　産業構造要因が成長を牽引^{けんいん}した地域、もしくは抑制した地域が何の産業に特化しているかを確認することで、地域成長の背景を知ることができます。その際に使用するのが**特化係数**です。特化係数とは「産業分野別構成比の全国平均を1としたときの各地域の構成比の比率」です。例えば、全国での製造業の全産業に占める割合が40%、ある地域の製造業の構成比が50%だとすると、当該地域の製造業の特化係数は1.25（＝50／40）になります。ある業種の特化係数が1なら、その地域における当該業種のウェイトは全国と同様であり、特化係数が1を上回れば、当該業種のウェイトは全国平均を上回り、1を下回れば全国平均を下回るということになります。

　特化している産業は当該地域において相対的に重要な役割を果たしていることを表しており、その産業が成長産業か成熟産業かによって地域の成長が決まります。**表8-5**では、第2節でとりあげた東京都、秋田県、愛知県、兵庫県、大分県に加えて、全都道府県から産業構造要因の値が大きい地域と小さい地域を抽出し、それらの都道府県の特化構造を比較しました。その結果、全国的に成長傾向にある製造業を見てみると、産業構造要因が大きい静岡県（1位）、山梨県（2

表8-5　特化係数

都道府県	静岡県	山梨県	岩手県	東京都	愛知県	兵庫県	大分県	秋田県	高知県	鹿児島県	北海道	
産業構造要因順位	1	2	3	11	17	29	36	42	45	46	47	全国の成長率
産業構造要因	0.64%	0.52%	0.36%	0.18%	0.05%	-0.11%	-0.36%	-0.55%	-0.70%	-0.76%	-0.98%	
農林水産業	0.81	1.82	3.23	0.04	0.42	0.49	2.21	3.03	3.52	4.67	4.13	-17.03%
鉱業	0.46	1.74	3.23	0.90	0.22	0.30	3.58	2.96	4.34	7.14	1.52	-24.67%
製造業	1.83	1.40	0.67	0.42	1.72	1.05	1.03	0.74	0.39	0.66	0.50	4.85%
建設業	0.88	1.20	2.63	0.94	0.77	0.82	1.02	1.28	1.44	1.20	1.32	16.25%
電気・ガス・水道業	0.49	0.59	0.82	0.63	0.61	1.76	2.33	1.59	0.94	1.26	1.06	-10.28%
卸売・小売業	0.54	0.62	0.84	1.56	0.98	0.90	0.76	0.81	1.00	0.96	1.02	-1.90%
金融・保険業	0.84	0.69	0.76	1.88	0.68	0.75	0.73	0.83	0.92	0.85	0.71	16.38%
不動産業	0.90	1.07	1.00	0.95	0.83	1.23	0.84	1.08	0.90	0.78	0.96	7.32%
運輸・郵便業	1.05	0.76	1.10	0.88	0.92	1.13	1.12	0.80	1.03	1.26	1.49	-2.46%
宿泊・飲食サービス業	0.98	1.43	0.99	0.91	0.80	1.06	1.23	1.18	1.47	1.22	1.15	-2.30%
情報通信業	0.52	0.59	0.56	2.11	0.67	0.60	0.67	0.54	0.68	0.70	0.78	6.15%
専門・科学技術、業務支援サービス業	0.73	0.57	0.72	1.46	0.85	0.87	0.73	0.83	0.80	0.69	1.02	3.74%
公務	0.73	1.01	1.31	0.87	0.66	0.71	1.30	1.41	1.62	1.40	1.65	-1.96%
教育	0.84	1.25	1.22	0.78	0.78	1.17	1.13	1.26	1.59	1.52	1.15	2.86%
保健衛生・社会事業	0.87	1.12	1.22	0.52	0.76	1.12	1.36	1.55	1.75	1.62	1.39	9.52%
その他のサービス	0.85	0.89	0.96	0.94	0.81	1.14	0.98	1.11	1.29	0.99	1.02	-7.66%

資料）内閣府『県民経済計算』より作成。

位）、愛知県（17位）において特化産業であることがわかります。特に愛知県の特化産業は製造業のみであり、愛知県の経済成長を牽引しているといえるでしょう。

　また、産業構造要因がマイナスである大分県（36位）、秋田県（42位）、高知県（45位）、鹿児島県（46位）、北海道（47位）は共通して農林水産業、鉱業の特化係数が高く、農林水産業と鉱業が成長を抑制していることがわかります。さらに、特化係数を比較すると、産業構造要因がプラスである岩手県（3位）は全国的に成長傾向にある建設業に特化しており、東京都は全国的に成長傾向である金融業

に特化することで、地域経済の成長にプラスの影響を与えています。岩手県で建設業のウェイトが大きいのは東日本大震災からの復興事業の可能性があります。

　本節の分析では製造業をひとくくりにするなど、産業を16分類にしています。しかし、同じ製造業に分類されても、成長性の高い製品を扱っている製造業を抱えている地域もあれば、そうでない地域もあります。つまり、製造業の中でも成長産業を有しているかといった産業構造要因が含まれている可能性もあり、注意が必要です。つまり、製造業等の産業をさらに細かく分類することによって産業構造要因をより詳細に分析でき、地域特殊要因を絞り込んでいくことが可能になるのです。

（2）地域特殊要因

　地域特殊要因は同じ産業構造であっても各産業の成長率に差があることを示しています。こうした差には、産業の成長に対して有利な条件を地域が備えているかどうかが影響していると考えられますが、何によってこの差がもたらされたのかを明らかにするには、地域特殊要因を決定する要素を見つけることが必要です。なお、先述したように、産業分類が粗いために、地域特殊要因だと思っていても産業構造要因である可能性もありますので注意が必要です。この問題を小さくするためにも、産業構造は可能な限り細かくする必要があります。

　地域特殊要因が何の要素で決まっているかを考える際に第1章で紹介したロジックツリーが登場します。しかし、思いつくままに原因を並べても良い成長戦略は見つかりません。そこで役立つのが回帰分析を用いた決定要因分析です。回帰分析とそれを用いた決定要因分析は第5章と第6章で解説していますので、挑戦してみてください。また、回帰分析ではとらえきれない、地域に特有の要因が存在する可能性もあります。このような要因は政策担当者の実践に基づいた経験や地元専門家の知見等によって明らかにする必要があります。

第 9 章

地域の強みと弱みから地域戦略を導出する
SWOT 分析をマスターしよう

本章のねらい

　地域課題を解決するには戦略が不可欠ですが、戦略を立てるにはまず地域を取り巻く社会経済環境とともに、その環境の中で地域が置かれている状況を正確に把握し、評価することから始めなければなりません。それを行わずに戦略を立てようとすると、時間や資源の浪費が生じるだけでなく、戦略自体が地域の発展を妨げることにもなりかねません。地域が置かれている状況を的確に把握・評価するには、情報の収集と分析が必要です。本章では地域発展戦略の策定に役立つ分析手法である SWOT 分析を習得します。SWOT 分析はもともと民間企業の経営戦略を立てる手法として考案されましたが、公共部門についても適用が可能であり、欧米諸国では地域発展戦略の策定に活用されています。

1　SWOT 分析

1.1　SWOT 分析とは

　地域が置かれている状況を分析する方法には、組織の内部環境を分析する VRIO 分析や外部環境を分析する PEST 分析などがありますが、外部環境と内部環境を並行して分析する統合型の分析手法として **SWOT 分析**があります。SWOT 分析は、「強み（Strengths）」、「弱み（Weaknesses)」、「機会（Opportunities)」、「脅威（Threats)」という 4 つの視点から状況を把握・評価する手法であり、それぞれの英単語の頭文字が名前の由来になっています。

　SWOT 分析には分析という言葉がつきますが、第 5 章から第 7 章でとりあげた回帰分析や第 8 章でとりあげたシフト・シェア分析のような、データを用いた

計量的分析手法というよりは、これらの手法を利用する手がかりを提供したり、データ分析から得られた情報を整理したりする手法であるといえるでしょう。SWOT 分析によって現状と課題を「漏れがないよう」「重複がないよう」(MECE（ミーシー）：Mutually Exclusive, Collectively Exhaustive）に整理することで、戦略の焦点をどこに当てるべきかを知り、問題解決策を効率的に導き出すことができます。

　SWOT 分析は、①地域自らがコントロール可能な、地域自体の現状を分析する内部環境分析、②地域自らがコントロール不可能な、地域を取り巻く環境を分析する外部環境分析、③内部環境分析と外部環境分析の結果を掛け合わせ、地域の戦略を導出するクロス SWOT 分析の 3 段階から構成されています。

1.2　SWOT 分析の進め方

　戦略策定のプロセスの中で、SWOT 分析をどのタイミングで行えば良いのでしょうか。**図 9 - 1** には戦略策定プロセスにおける SWOT 分析の位置づけが示されています。

　SWOT 分析は戦略策定の手法であることから、SWOT 分析を行う前に、分析者がどのようなビジョンの達成を目標にして戦略を策定しようとしているのかを明確にしなければなりません。**ビジョン**とは、中長期的な目標を簡潔に示す組織が進むべき方向性・挑戦目標のことで、例えば「福祉、教育、生活環境が整い子育て世代が住み続けたいと思う地域を実現する」、「地域の各所で外国人観光客と出会う魅力あふれる地域を実現する」などがあげられます。ビジョンを明確にしなければ、SWOT 分析を行う際、「強み」を「弱み」ととらえたり「機会」を「脅威」ととらえたりしてしまう可能性があります。

　ビジョンが設定された次は、ビジョンを達成するにあたり地域がいまどのような状況に置かれているのかについて概観します。可能な限りデータを収集し、日本全体の平均値や周辺地域、競合地域と比較することで、地域の実情を浮き彫りにしましょう。この段階では、ビジョン達成の弊害となるコア問題を明らかにする程度にとどめ、詳細な分析については以後の段階で行います。

　地域の実情が明らかになれば、ロジックツリーを用いてコア問題の発生要因を追究しましょう。第 1 章で紹介しましたが、**ロジックツリー**とは、問題の原因や解決策を導き出すために物事を構成要素に分解していくためのフレームワークで

図9-1　SWOT分析の手順

ビジョンの設定
どのようなビジョンの達成を目標としているかを明確にする。

↓

現状分析
ビジョンを達成するにあたり、地域がどのような状況に置かれているか概観する。

↓

ロジックツリー
地域課題を発生させている原因（と結果）について仮説を立てる。

↓

SWOT分析
ロジックツリーによって導出された原因を整理し、地域課題を解決するための戦略を立てる。

内部環境分析	外部環境分析
地域自らがコントロール可能な、地域自体の現状を分析する。	地域自らがコントロール不可能な、地域を取り巻く環境を分析する。

↓

エビデンスの収集
エビデンスを収集し、イメージベースの分析からエビデンスベースの分析へと転換する。

クロスSWOT分析
内部環境分析と外部環境分析の結果を掛け合わせ、地域が今後採るべき戦略の方向性を導出する。

す。コア問題を細かく分解していき、コア問題を発生させている要因について仮説を立てましょう。

　ロジックツリーによってコア問題の発生要因を深掘りできれば、次はいよいよSWOT分析です。現状分析で明らかになった地域の実情やロジックツリーの結果を踏まえて、内部環境分析と外部環境分析を行い、「強み」、「弱み」、「機会」、「脅威」を明らかにしていきます。これまでの知識や経験に基づいたイメージベースのSWOT分析で構いませんので、できる限り多くの「強み」、「弱み」、「機会」、「脅威」を書き出してみましょう。

　この段階で明らかになった「強み」、「弱み」、「機会」、「脅威」はイメージに基づいたものであるため、この段階で戦略策定をすると、時に間違った方向に地域を導くことがあります。日本の政策形成はイメージベースで行われることが多いのが実情です。そこで、次のプロセスとして各要素に関するエビデンスを収集し、イメージベースのSWOT分析からエビデンスベースのSWOT分析へと転換し

ましょう。エビデンスを収集することで、強みだと思っていたことがとくに強みというほどでもないことに気づくことがあります。SWOT 分析に関する多くの専門書では、イメージベースの SWOT 分析までの解説にとどまっていますが、エビデンスの収集は戦略を策定する上で極めて重要なプロセスなのです。

　エビデンスベースの「強み」、「弱み」、「機会」、「脅威」が得られたら、最後はクロス SWOT 分析を行うことで、地域が今後採るべき戦略の方向性を導出します。以上の手順を踏むことで、SWOT 分析から戦略を立てていきます。SWOT 分析は地域の現状を把握する上で優れた分析手法ですが、高度な技術を必要とせず、分析者のさじ加減によって異なる結果が導き出される自由度の高い分析手法であるため、戦略策定に使えるものにするにはいくつかの点に注意しなければなりません。それでは、SWOT 分析を行う際の注意点とともに、SWOT 分析についてより詳しくみていきましょう。

2　SWOT 分析を学ぶ

2.1　内部環境分析

　内部環境分析では「現在の問題を解決し、ビジョンを達成する上でコントロール可能な要因にはどのようなものがあるか？」「その要因は地域にとって強みなのか弱みなのか？」といった質問を自らに行うことで、地域自らがコントロール可能で地域に内在する内部要因をあげていきます。内部環境には、豊富な人材といった、地域がビジョンを達成する際に有効に活用可能な資源や能力、貧弱な財政基盤といった地域のビジョン達成を困難にする制約や欠陥があります。SWOT 分析では前者のようなビジョン達成にポジティブな影響を及ぼす内部要因を「強み（Strengths）」、後者のようなネガティブな影響を及ぼす内部要因を「弱み（Weaknesses）」と呼びます。

　内部環境分析を行う際に参考になるフレームワークとして **VRIO 分析**があります。VRIO 分析の V は経済的価値（Value）を意味し、保有している資源が経済的価値を有しているか、R は希少性（Rareness）を意味し、資源に希少性があるか、I は模倣可能性（Imitability）を意味し、資源が模倣しにくいか、O は組織（Organization）を意味し、資源を有効活用できる組織かを表しています。

Ｖ・Ｒ・Ｉ・Ｏの４つの観点から地域を見ることで、地域の競争優位性（強み・弱み）を整理・把握できます。

　内部環境分析を行う際の注意点として、分析対象を正確にとらえ「内部」と「外部」が明確に区分されているかどうかがあげられます。例えば、地域全体をSWOT分析の対象とする場合、地域全体が内部、他地域、国、世界といった地域を取り巻く環境が外部に該当します。一方、役所内の商工課をSWOT分析の対象とする場合、商工課が内部、商工課を除く地域全体や他地域や国などの商工課を取り巻く環境が外部に該当します。つまり何をSWOT分析の対象にするかによって、内部と外部のとらえ方が異なる点に注意が必要です。また、戦略策定の主体が役所であった場合、公営交通機関であれば役所がコントロールする余地があるかもしれませんが、民営交通機関の場合は役所のコントロールが及ばないかもしれません。このような場合、コントロール可能かどうかで内部と外部を明確に区分しなければ、たとえ戦略を策定したとしてもコントロール不可能なことから戦略が実施できない可能性があります。内部と外部の区分には注意が必要です。

2.2　外部環境分析

　外部環境分析では「ビジョンの達成に影響を及ぼすような外部環境の変化が生じているか？」「生じているのであればどのような変化か？」といった質問を自らに行うことで、政治、経済、社会動向、規制、技術革新など地域自らがコントロール不可能な要因をあげていきます。この際、すべての地域に当てはまるような規制緩和や景気変動などのマクロ環境要因はもちろん、隣接地域にショッピングモールができたなど特定の地域を取り巻く身近な環境の変化といったミクロ環境要因についても分析することが望まれます。

　『地域政策の経済学』（林他　2018）で需要主導型地域経済モデルとして経済基盤説をとりあげています。**経済基盤説**とは、移出・輸出といった域外からの需要に対応する産業である基盤産業の発展こそが、地域経済を成長させるとする理論です。世界経済の動向やグローバル化といった、地域の基盤産業に影響を及ぼす要因は外部環境です。外部環境には、規制緩和や技術革新といった、地域がビジョンを達成する際に追い風となる社会・経済的環境の変化、規制強化や景気悪化といった向かい風となる社会・経済的環境の変化があります。SWOT分析では

前者のようなビジョン達成にポジティブな影響を及ぼす外部要因を「機会（Opportunities）」、後者のようなネガティブな影響を及ぼす外部要因を「脅威（Threats）」と呼び、明らかになった外部要因をこれらの基準に照らし合わせて2つに分類します。

　外部環境分析を行う際、できる限り漏れや重複のない分析となるよう心掛ける必要があります。漏れや重複のない外部環境分析を行う際に参考になるフレームワークとして、PEST分析があります。**PEST分析**はマクロ環境分析のフレームワークです。Pは政治（Politics）を意味し、法改正や規制緩和などが該当します。Eは経済（Economy）を意味し、景気動向や産業構造の変化などが該当します。Sは社会（Society）を意味し、ライフスタイルの変化や流行などが該当します。Tは技術（Technology）を意味し、技術進歩などが該当します。P・E・S・Tの4つの視点から、地域にとってコントロール不可能なマクロ環境を整理把握できます。

2.3　内部環境分析と外部環境分析の結果

　内部環境分析と外部環境分析を行うことで、**図9-2**のように情報を「強み」「弱み」「機会」「脅威」という4つの要素に集約することができました。「強み」や「弱み」といった内部要因は、地域自らがコントロールできる範囲内にあるという点で、戦略を立てる際に十分に計算に入れることができます。それに対して「機会」や「脅威」といった外部要因は、地域自らがコントロールすることが不可能であるだけでなく、将来予測が難しいために戦略の策定を困難にします。したがって、SWOT分析を用いて情報を整理することは、地域自らの努力によって改善できる問題と、地域の力が及ばない問題とを識別することにつながり、戦略に優先順位をつけることが容易になります。

2.4　エビデンスの収集

　ここまで内部環境分析と外部環境分析を行ってきましたが、あげられた内部要因や外部要因が分析者のイメージベースであった場合、SWOT分析から導き出された戦略では問題解決やビジョンの達成が実現できない可能性が高くなります。例えば外国人観光客を呼び込む戦略を策定する場合、「外国人観光客を多く見かけるようになった」など分析者の感覚や思い込みといった主観に基づいた上で、

図9-2　SWOT分析のフレームワーク

	ポジティブな要素	ネガティブな要素
内部環境	**強み（Strengths）** 地域がビジョンを達成する際に有効に活用可能な資源や能力。 **活かすべき強みとは？**	**弱み（Weaknesses）** 地域のビジョン達成を困難にする制約や欠陥。 **克服すべき弱みとは？**
外部環境	**機会（Opportunities）** 地域がビジョンを達成する際に追い風となる社会・経済的環境の変化。 **市場機会は存在するか？**	**脅威（Threats）** 地域がビジョンを達成する際に向かい風となる社会・経済的環境の変化。 **回避すべき脅威とは？**

「外国人観光客が増加している」という外部環境の変化を「機会」ととらえることは、大きなミスリードを引き起こす可能性があります。内部環境分析を行う際も、外部環境分析と同様に情報の客観性が不可欠です。「人材が豊富に存在する」ことを地域の強みと考えた場合、「そのような気がする」といった分析者のイメージだけで「強み」ととらえてはいけません。戦略策定に使えるSWOT分析にするには、科学的根拠に基づいた情報収集が不可欠です。

　データ分析やアンケート調査などのエビデンスを入手することは、ポジティブな要因なのかネガティブな要因なのかを判断する上で、重要な判断材料となります。外国人観光客を呼び込む戦略を策定する場合、外国人観光客数の伸び方が大きくなっているのであれば、地域にとってポジティブな外部環境といえますが、伸び方が小さくなっているのであれば、地域にとって必ずしもポジティブとはいえません。また、人材が豊富に存在するといった場合、量的側面についてだけでなく、どのような人材が豊富なのかといった質的側面についてもエビデンスが出揃えば、「強み」「弱み」がより明確になるでしょう。

　また、内部環境分析を行う際、客観的な科学的根拠を収集できていたとしても、現状が強みなのか弱みなのか、また強みだとしてもどのくらいの強みなのかを判断するためには、競合相手となる地域との相対評価が必要になります。競合相手を想定せずに内部環境分析を行うと、地域にとっての「強み」「弱み」をミスリードする可能性があります。したがって、内部環境分析を行う上で重視すべきポイントは、競合相手との相対的な比較に基づいているかどうかだといえるでしょう。

　以上のように、SWOT 分析を行う際には、客観的事実に基づくということが重要なポイントとなります。もちろん分析者の知識や経験が正しい可能性もありますが、正しいかどうかを確認する意味も含めてエビデンスの収集を行い、イメージベースの SWOT 分析からエビデンスベースの SWOT 分析へと転換しましょう。

2.5　クロス SWOT 分析

　SWOT 分析におけるここまでのプロセスは、クロス SWOT 分析を行うための下準備に過ぎません。クロス SWOT 分析では、内部環境分析の要素である「強み」「弱み」、外部環境分析の要素である「機会」「脅威」を掛け合わせ、「強み×機会」「強み×脅威」「弱み×機会」「弱み×脅威」という 4 通りの組み合わせを作ることで、**図 9-3** に示されているような、強みを作り出し、弱みを取り除き、機会を生かし、脅威を和らげるといった、地域が今後採るべき戦略の方向性が導き出されます。

　「強み×機会」からは、強みを活かして機会を勝ち取るための「積極化戦略」が明らかになります。追い風となる機会が到来していることから、地域に存在する強みをさらに伸ばすことにより機会を勝ち取ろうという方向性で、クロスSWOT 分析の中で最も重要視される組み合わせになります。

　「強み×脅威」からは、強みを活かして脅威に対抗するための「差別化戦略」が明らかになります。向かい風となる脅威が到来していることから、地域に存在する強みを活用し脅威に対抗することで、他の地域と差別化を図ろうという方向性です。

　「弱み×機会」からは、弱みを補強して機会をつかむための「弱点克服戦略」が明らかになります。追い風となる機会が到来しているものの、地域の弱みによって機会をつかみきれていないことから、地域が有する弱みを改善することで、機会をものにできるようにするという方向性です。

　「弱み×脅威」からは、脅威から逃れるために弱みを改善することで地域を防衛するか、あるいは撤退するかといった「業務改善・撤退戦略」が明らかになります。向かい風となる脅威が到来していることから、地域に存在する弱みによって最悪の事態に陥らないようにするという方向性で、リスク排除の意味合いをもっています。

図9-3　クロス SWOT 分析のフレームワーク

		外部環境分析	
		機会（Opportunities）	脅威（Threats）
内部環境分析	強み (Strengths)	**強み×機会** 追い風となる機会が到来していることから、地域に存在する強みをさらに伸ばすことにより機会を勝ち取ろうという**積極化戦略。**	**強み×脅威** 向かい風となる脅威が到来していることから、地域に存在する強みを活用し脅威に対抗することで、他の地域と差別化を図ろうという**差別化戦略。**
内部環境分析	弱み (Weaknesses)	**弱み×機会** 追い風となる機会が到来しているものの、地域の弱みによって機会をつかみきれていないことから、地域が有する弱みを改善することで、機会をものにできるようにするという**弱点克服戦略。**	**弱み×脅威** 向かい風となる脅威が到来していることから、地域に存在する弱みによって最悪の事態に陥らないようにするという**業務改善・撤退戦略**（リスク排除）。

　内部環境分析と外部環境分析から得られた情報をもとにクロス SWOT 分析を行うことで、単なる情報が戦略に生まれ変わるのです。わが国の戦略策定に欠けているのは、こうした科学的調査・分析に裏付けられた地域の現状把握だといえるでしょう。次節では、実際に SWOT 分析を用いて戦略策定にチャレンジしてみましょう。

3　SWOT 分析に挑戦してみよう

3.1　子育て世代の移動を概観する

　地域の持続可能性を高める上で、人口減少は解決しなければならない重要課題です。地域の人口の増減は、**自然動態**（出生数－死亡数）と**社会動態**（転入者数－転出者数）によって生じます。なかでも子育て世代の転出は、社会動態に対してマイナスに寄与するだけでなく、地域における出生数の減少を招き自然動態に対してもマイナスの影響をもたらします。したがって地域の持続可能性を高めるためには、子育て世代の社会減（転出者数が転入者数よりも多い状況）を防ぐことが重要です。このような問題意識のもと、近年、自治体において、新居移転にかかる費用の補助や奨励金の交付などといった子育て世代の移住促進事業が行われており、子育て世代をめぐる激しい自治体間競争が繰り広げられています。そ

こで、子育て世代の社会増を目指し「子育て世代に魅力ある地域づくり」というビジョンを例にあげ、自治体の政策担当者になったつもりでSWOT分析を用いた戦略策定にチャレンジしてみましょう。本書では兵庫県神戸市を対象に戦略を策定しますが、読者の皆さんは自分自身の興味のある地域をとりあげ戦略策定にチャレンジしてください。

　はじめに、子育て世代に魅力ある地域なのかどうかを測るバロメーターである、子育て世代の社会動態についてみてみましょう。国内における地域間の人口移動については、総務省統計局『住民基本台帳人口移動報告』からデータを入手できますが、子育てを目的とした移動なのかといった目的別データについては掲載されていません。そこで、15歳未満の子供が地域を移動する場合、ほとんどのケースが世帯単位での移動であると考えられることから、15歳未満人口の転入超過数（転入者数－転出者数）を子育て世代の移動の代理指標としましょう。ピンポイントのデータが存在していない場合は、このように代理となるデータを用いることも工夫の一つです。このデータにより現時点で子供がいる子育て世代の移動をある程度把握することは可能ですが、将来子供を持つことを予定している方の移動については含まれていません。

　子育て世代の移動に関する全国的な傾向を把握してみましょう。**図9-4**には都道府県別の転入超過数が示されています。全年齢層で見た場合、2019年の東京への転入超過数は82,982人、大阪府は8,064人となっており、各地方の中心的な地域に人口が集中する傾向にありますが、15歳未満人口に限ると東京都、愛知県、大阪府といった地域ではむしろ転出超過になっており、これらの周辺にある埼玉県、千葉県、岐阜県、滋賀県、兵庫県、奈良県といった地域において転入超過になっていることがわかります。このことから子育て世代は、東京都や大阪府といった職場のある地域から、通勤可能なエリアで子育て環境が相対的に良い地域へと移住しているのではないかと推測できます。

　そこで、東京都や大阪府からどの地域へと移動しているのかについてデータを確認してみましょう。**表9-1**には東京都と大阪府からの転出超過数（転出者数－転入者数）が多い3つの地域をあげています。東京都からは埼玉県、千葉県、神奈川県といった近隣地域へと移動しており、通勤エリア内で移動している傾向が確認できます。一方、大阪府からは奈良県や兵庫県といった近隣地域へと移動しており、東京都と同じ傾向が見られますが、東京都への移動も多いことがわか

図9-4 都道府県別転入超過数（15歳未満・2019年）

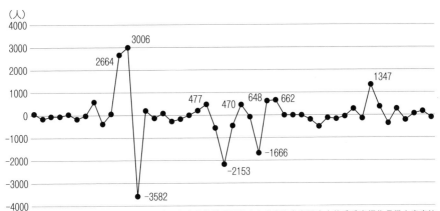

注）外国人を含む。
資料）総務省統計局『住民基本台帳人口移動報告』より作成。

表9-1 東京都・大阪府から他地域への転出超過数（15歳未満・2019年）

単位：人	東京都		大阪府	
	相手地域	転出超過	相手地域	転出超過
1位	埼玉県	2,066	奈良県	561
2位	千葉県	1,430	兵庫県	524
3位	神奈川	217	東京都	258

注）外国人を含む。
資料）総務省統計局『住民基本台帳人口移動報告』より作成。

　ります。東京都に住み大阪府の職場に通うことは考えにくいため、子育て世代が大阪府から東京都へと家族を伴って転職・転勤したと推測できます。以上のことから、全国的に見ると、①子育て世代は通勤エリア内で中心地域から周辺地域へと移動している傾向にあり、②大阪府のように地域によっては職場の変更も伴う移動が生じていることがわかります。

　続いて、今回のケーススタディの対象地域とした神戸市における子育て世代の移動についてみてみましょう。**表9-2**には神戸市と他地域に関する15歳未満人

表9-2　神戸市の転入者数・転出者数（15歳未満・2019年）

相手地域			転入	転出	転入超過	相手地域		転入	転出	転入超過
近畿	兵庫県	尼崎市	134	79	55	北海道・東北		98	83	15
		西宮市	260	249	11	関東	東京都	315	406	-91
		芦屋市	74	108	-34		神奈川県	174	197	-23
		伊丹市	33	37	-4		千葉県	107	100	7
		宝塚市	60	80	-20		埼玉県	78	91	-13
		川西市	11	19	-8		その他	49	42	7
		明石市	259	404	-145	中部	愛知県	153	169	-16
		加古川市	94	90	4		その他	228	152	76
		高砂市	20	9	11	中国	岡山県	56	59	-3
		加古郡	7	41	-34		広島県	99	59	40
		三木市	43	47	-4		その他	45	50	-5
		小野市	18	20	-2	四国		154	115	39
		三田市	87	71	16	九州	福岡県	78	104	-26
		姫路市	115	102	13		その他	161	142	19
		その他	190	150	40	国外		931	777	154
	大阪府	大阪市	253	181	72	合計（近畿）		2,265	2,219	46
		その他	328	297	31	合計（近畿除く国内）		1,795	1,769	26
	その他		279	235	44	合計（国内＋国外）		4,991	4,765	226

注）加古郡とは稲美町と播磨町から構成される郡。
資料）神戸市『令和元年中の人口の動き』より作成。

口の転入者数、転出者数、転入超過数のデータが示されています。近畿地方の他市町村から神戸市への転入者数は2,265人、神戸市から近畿地方の他市町村への転出者数は2,219人であり、転入超過数は46人となっています。近隣地域への移動はより良い子育て環境を求めた結果であるとすれば、神戸市は子育て環境が相対的に良い地域であることがわかります。一方、近畿地方以外の市町村からの転入者数は1,795人、転出者数は1,769人であり、転入超過数は26人となっています。勤めている会社の都合による転勤が含まれているものの、遠方地域への移動はより良い職場環境を求めた結果であるとすれば、神戸市は職場環境においても相対的に良い地域であることがわかります。皆さんが住む地域の傾向を知りたい場合は、『住民基本台帳人口移動報告』に移動前後の住所地別転入出者数のデータがありますのでご覧ください。

3.2　人口移動の理論を学ぶ

　ここまで子育て世代の地域間移動の現状について概観しましたが、SWOT分析によって子育て世代定着戦略を立てるためには、地域間移動を引き起こしている要因とメカニズムを知っておく必要があります。理論はエビデンスの一つなのです。

　経済学では人口の移動をどのように考えているのでしょうか。第6章でも紹介しましたが、経済学では行動を起こすかどうかを決定する際、行動による利益（メリット）が費用（デメリット）を上回るかどうかで決めると考えています。この考えを子育て世代の移動に当てはめると、地域を移動することで得られる利益と移動することで生じる費用との大小関係に基づいて移動を決定するということになります。

　移動することで発生する利益と費用には、どのようなものが含まれるのでしょうか。利益には給与水準といった金銭的利益とともに、職場環境の良さや生活環境の良さといった非金銭的利益も含まれます。費用についても引っ越し代金といった金銭的費用、友人と離れることによる心理的負担といった非金銭的費用があります。これらの利益と費用との大小関係によって移動を決定するわけですが、利益や費用を考える上で重要なことは「移動前地域と移動後地域の差」が移動の決定に影響するということです。例えば、子育てをする上でより良い自然環境を求めている場合、現在住んでいる地域の自然環境と移動先の自然環境を比較し、移動先の自然環境のほうが豊かであることで初めて移動による利益が発生します。また、地域で物価が異なる場合、現在住んでいる地域の物価と移動先の物価を比較し、移動先の物価が高いことで初めて移動による費用が発生します。このように利益や費用は、地域間の相対的な差によって決まるというところがポイントです。人口移動の理論についてより詳しく学びたい方は、『地域政策の経済学』（林他 2018）をご覧ください。

3.3　ロジックツリーを作成する

　ここまで、子育て世代の地域間移動に関する傾向や人口移動に関する理論について見てきました。それでは、これらの情報を踏まえ「子育て世代に魅力ある地域づくり」というビジョンを達成する上でのコア問題、そしてコア問題の発生要

図9-5 子育て世代にとっての魅力に関するロジックツリー

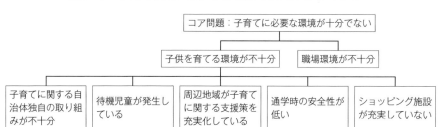

因について仮説を立てていきましょう。

神戸市は転入超過であることから、子育て環境においても職場環境においても相対的にみて子育て世代に魅力ある地域といえるのではないかと判断しました。全体的な傾向としてはそういえるかもしれませんが、表9-2を注意深く観察すると、兵庫県明石市や東京都など地域によっては転出超過になっており、より魅力的な地域へと改善する余地が残されていることに気づきます。的確な政策はこうした注意深いデータ観察があってこそ生まれるのです。そこで、子育てに必要な環境が十分でないことを神戸市が抱えるコア問題としましょう。

図9-5にはロジックツリーによってコア問題を深掘りした結果が示されています。子育て世代の地域間移動に関するデータを踏まえると、子育て世代に必要な地域の環境には「子育て環境」と「生活を支える職場環境」がありそうです。したがって「子育てに必要な環境が十分でない」というコア問題を追究していくことで、「子育て環境」と「職場環境」に関して、より具体的な問題の存在について仮説を立てることができます。

子育て環境について考えてみましょう。子育て環境を向上させるため、子供の医療費負担を軽減するといった独自の取り組みを行っている自治体があります。また、共働き世帯が増加している今日、保育所の待機児童が発生していることは子育て環境の低下につながります。これらのことを踏まえると、「子供を育てる環境が不十分ではないか？」という仮説を、「子育てに関する自治体独自の取り組みが足りないのではないか？」「待機児童が発生しているからではないか？」というより具体的な仮説へと分解することができます。

人口移動の理論でも説明したように、地域の魅力というのは他地域との相対的なものであることから、当該自治体が独自の取り組みを行っているとしても、周

辺自治体が子育てに関してより強力な支援策を行っているなら、相対的には環境の低さにつながります。したがって「周辺地域が子育てに関する支援策を強化しているのではないか？」という仮説も立てられるでしょう。その他にも、ショッピング施設の充実度、子供の通学時の安全性、小中学校や学習塾等の教育環境といったことも、子育て環境の魅力を左右する要因であると考えられます。このように子育て環境の魅力を左右する要因を追究し、「子育てに必要な環境が十分でない」というコア問題をより細かく具体的なものに分解していきましょう。この段階では分析者の立てた仮説レベルで構いませんので、子育てに対する神戸市独自の取り組みが本当に手薄なのか、神戸市の待機児童は多いのか少ないのかについては気にせず、子育て環境の魅力を左右する要因をできる限り多くあげていきましょう。職場環境についても、同様の方法でロジックツリー作成にチャレンジしてください。

3.4　内部環境分析を行う

　ロジックツリーによって、子育てに必要な環境が十分でないというコア問題を細かく具体的に分解していきました。続いて、現状分析の結果やロジックツリーの結果を踏まえてSWOT分析を行いましょう。はじめに内部環境分析を行います。「現在の問題（子育てに必要な環境が十分でない）を解決し、ビジョン（子育て世代に魅力ある地域づくり）を達成する上でコントロール可能な要因にはどのようなものがあるか？」「その要因は地域にとって強みなのか弱みなのか？」といった質問を自らに行うことで、ビジョン達成に影響を及ぼす内部要因を明らかにしていきます。この段階では、分析者の知識や経験に基づいたイメージベースのSWOT分析で構いません。

　さきほどのロジックツリーにおいて、子育てに関する自治体独自の取り組みが不十分であることが、子育て環境の不十分さにつながっているのではないかという仮説を立てました。独自の取り組みですから、神戸市にとってコントロール可能な内部環境に該当します。果たしてこの仮説は実際に神戸市に当てはまるのでしょうか。神戸市には「こども医療費助成」という制度があり（2020年11月23日現在）、市内に住む15歳までの子供が医療機関等を受診した際、自己負担が減額され低額な負担（もしくは無料）で医療が受けられます。話し合いの結果、神戸市独自の取り組みを行っていることから、子育てに関する地域独自の取り組みが

不十分であることが神戸市の魅力の低下につながっているという仮説は否定され、むしろ本制度の存在は子育て世代にとって魅力的であることから、ビジョンを達成する上で「強み」であると判断できそうです。

続いて、保育所の待機児童が発生していることが、子育て環境の低さにつながっているのではないかという仮説は、神戸市にも当てはまるのでしょうか。神戸市『保育所等利用待機児童数調査（2020年4月1日時点）』によると、保育所等利用定員数は2019年4月の27,269人から2020年4月の28,672人へと拡大しており、待機児童数も217人（2019年4月）から52人（2020年4月）へと減少しているものの、依然として待機児童は発生しています。この状況は子育て世代に対してネガティブな印象を与えることから、ビジョンを達成する上で「弱み」であると判断できそうです。

3.5 外部環境分析を行う

続いて外部環境分析を行います「ビジョン（子育て世代に魅力ある地域づくり）の達成に影響を及ぼすような外部環境の変化が生じているか？」「生じているのであればどのような変化か？」といった質問を自らに行うことで、ビジョン達成に影響を及ぼす外部要因を明らかにしていきます。この段階では内部環境分析と同様、分析者の知識や経験に基づいたイメージベースのSWOT分析で構いません。

ロジックツリーにおいて地域独自の取り組みを問題視するとともに、周辺地域の取り組みの充実化が子育て環境の相対的な低下につながっているのではないかという仮説を立てました。周辺自治体の取り組みですから、神戸市にとってコントロール不可能な外部環境に該当します。果たしてこの仮説は神戸市にも当てはまるのでしょうか。神戸市に隣接している明石市は「こどもを核としたまちづくり」を市政の柱と位置付け、積極的に子育て世代への支援を行っています（2020年7月28日現在）。このような隣接地域における子育て支援施策の充実化は、ビジョン達成にとってはコントロール不可能でネガティブな外部要因であることから、「脅威」であると判断できそうです。

当該自治体の状況や他地域との相対的な関係を踏まえてロジックツリーを作成することから、ロジックツリーの結果のみに基づいて外部環境分析を行うと、どうしても「周辺地域の支援策が強化された」といったミクロな環境要因ばかりが

図 9-6　神戸市におけるイメージベースの SWOT 分析

	ポジティブな要素	ネガティブな要素
内部環境	**強み（Strengths）** ・子供の医療費負担を軽減する制度（こども医療費助成）がある。	**弱み（Weaknesses）** ・待機児童が発生しており、保育所に子供を預けることができない。
外部環境	**機会（Opportunities）** ・国による幼児教育・保育の無償化がスタートし、子育て世代の金銭的負担が軽減された。	**脅威（Threats）** ・隣接地域の子育て支援策が充実しており、子育て世代をめぐる競争が激化している。

とりあげられてしまい、機会や脅威の中にマクロ環境要因がないという事態に陥ります。なぜなら、規制緩和や景気変動などのマクロ環境要因はすべての地域に影響を及ぼし、当該地域（本書では神戸市）の環境を相対的に低下させる要因にはなりにくいためです。しかし、環境の変化が全地域にポジティブな影響を与えるとしても、その変化を追い風として戦略に活かすことができるかどうか、つまり、外部環境の変化を活用できる内部環境が備わっているかどうかが戦略策定のポイントになります。したがって、マクロ環境要因が抜け落ちていないか確認しましょう。

　例えば、2019年10月から国による幼児教育・保育の無償化がスタートし、幼稚園・保育所・認定こども園などに通う、おもに3歳クラスから小学校就学前の児童の保育料が無償化されました。この幼児教育・保育の無償化は、神戸市にとってコントロール不可能なマクロな外部環境に該当します。また、すべての地域において適用されることから、神戸市の魅力を相対的に変化させることはありませんが、幼児教育・保育の無償化により子育て世代の経済的負担が軽減されることから、ビジョン達成の「機会」であるととらえて対応することが必要なのです。

　図 9-6 には神戸市におけるイメージベースの SWOT 分析が示されています。本書では SWOT 分析の各要素について1つしか事例をあげていませんが、これらの事例を参考にしながらできる限り数多くの内部・外部要因をあげてください。

3.6　SWOT 分析にエビデンスを盛り込む

　内部環境分析と外部環境分析では、「強み」「弱み」「機会」「脅威」に関してさまざまなアイデアが出てきました。しかし、この段階のアイデアは分析者の思い

付きに過ぎず、このままでは EBPM にはなりません。分析者の思い付きだけに基づいた SWOT 分析を行った場合、効果のない戦略策定につながる可能性が高くなります。内部要因と外部要因を補強するエビデンスを収集することで、イメージベースの SWOT 分析から脱却し、エビデンスベースの SWOT 分析へと改善しましょう。

● 競合地域の特定化

　さきほどの内部環境分析では、神戸市独自の医療費助成制度があることを「強み」、保育所の待機児童が発生していることを「弱み」ととらえ、これらの要因がビジョンの達成に影響すると考えました。これらの要因が実際に「強み」「弱み」になっているのかを判断するためには、競合相手との相対比較に基づいたエビデンスが必要になります。はるか遠くにある地域は子育て環境の競合相手にはなり得ません。競合相手は、神戸市からどの地域に移動し、どの地域から神戸市に移動しているのか、他地域との転出入のデータを確認することで明らかにできます。

　表 9 - 2 には神戸市と他地域に関する15歳未満人口の転入者数、転出者数、転入超過数のデータが示されていました。神戸市への転入超過数が最も多い市は大阪府大阪市、その次が兵庫県尼崎市です。一方、神戸市への転入超過数が最も少ない（転出超過数が最も多い）地域は兵庫県明石市であり、その次が東京都です。このことから、大阪市や尼崎市と比較することで「強み」、明石市や東京都と比較することで「弱み」が把握できそうです。神戸市との移動が多い明石市、大阪市、尼崎市については近隣地域であることから、職場の変更を伴わない移動であると推測でき、通勤時間や住宅環境などと並んで子育て環境も移動の決定要因になっていそうです。一方、東京都への移動については遠方であることから、職場の変更を伴う移動であると思われ、子育て環境というよりは親の職場環境が移動の決定要因になっていそうです。このように、子育て環境の相対的な良し悪しを判断する際には、近隣地域への移動の要因と遠方地域への移動の要因を区別し、競合相手を特定化するべきなのです。例えば九州のある地域において子育て環境が極めて良好であっても、職場も含めた移住を決心しない限り、神戸市との競合はないと考えられます。

● こども医療費助成制度の検証

　はじめに、神戸市独自の医療費助成制度を「強み」と判断することが可能かど

表9-3　こども医療費助成制度の比較（2020年12月21日時点）

	所得制限の有無	助成後の一部負担金
神戸市	なし	**0歳～2歳** 外来…自己負担なし 入院…自己負担なし **3歳～15歳** 外来…2割負担で1医療機関・薬局ごとに1日400円を限度に月2回までの負担（3回目以降無料） 入院…自己負担なし
大阪市	**0歳～12歳** なし **12歳～18歳まで** 対象となるこどもの父または母等の所得に制限あり	**0歳～18歳** 1医療機関ごと1日当たり最大500円（月2日限度）（3回目以降無料）複数の医療機関にかかる場合は、1つの医療機関ごとに1日最大500円の負担
明石市	なし	**0歳～15歳** 外来・入院医療費の負担なし

資料）神戸市ホームページ『こども医療費助成制度』、大阪市ホームページ『こどもの医療費を助成します』、明石市ホームページ『こども医療費助成』より作成。

うか、エビデンスを収集しましょう。神戸市への転入超過数が最も多い大阪市において同様の制度が存在するか確認したところ、**表9-3**に示されているように、大阪市においても「こども医療費助成制度」が実施されていました。しかし、神戸市とは「所得制限の有無」や「助成後の一部負担金」という点で異なっており、神戸市では所得制限がないこと、助成後の一部負担金が大阪市よりも低いことを踏まえると、大阪市との比較の上では神戸市の医療費助成制度は「強み」と判断できそうです。

　神戸市からの転出超過数が最も多い明石市についても同様の制度が存在するか確認したところ、表9-3に示されているように、明石市においても「こども医療費助成制度」が実施されています。しかし、神戸市とは「助成後の一部負担金」という点で異なっており、神戸市では3歳から15歳の外来について一部負担金が発生するのに対し、明石市では0歳から15歳まで外来・入院医療費の自己負担はゼロとなっています。このことを踏まえると、明石市との比較の上では神戸市の医療費助成制度は「弱み」と判断できそうです。

　以上のように神戸市の医療費助成制度は、大阪市と比較をした場合は強みと判

表 9 - 4　待機児童数と待機児童率（2020年 4 月 1 日）

自治体名	待機児童数（人）	待機児童率（%）	自治体名	待機児童数（人）	待機児童率（%）
伊丹市	0	0	姫路市	122	0.98
稲美町	0	0	加古川市	61	1.08
小野市	0	0	芦屋市	21	1.26
高砂市	0	0	尼崎市	236	2.58
三木市	0	0	三田市	57	2.9
大阪市	20	0.03	宝塚市	141	3.2
神戸市	52	0.17	西宮市	345	3.87
播磨町	3	0.38	明石市	365	4.42
川西市	17	0.68			

資料）厚生労働省『保育所等関連状況取りまとめ（令和 2 年 4 月 1 日）』より作成。

断できるのに対して、明石市と比較した場合は弱みと判断できます。しかし、大阪市は神戸市へと子育て世代が流出している地域であり、むしろビジョンを達成する上で重要な競合相手は、神戸市から子育て世代が流出している明石市です。したがって、イメージベースの SWOT 分析を行った時点では、医療費助成制度の存在を「強み」ととらえていましたが、エビデンスを踏まえると神戸市の医療費助成制度はビジョン達成の上で「弱み」と判断するべきでしょう。このようにエビデンスを収集することで、イメージベースの SWOT 分析とは正反対の判断が下されることもあります。

●保育所の待機児童の検証

　続いて、保育所の待機児童が発生しているという「弱み」についてエビデンスを収集してみましょう。表 9 - 4 には競合地域の2020年 4 月 1 日時点における待機児童数と待機児童率の数値が示されています。待機児童率とは「待機児童数÷申込者数」であり、保育所への入所申込者に対する待機児童の割合です。待機児童率が高いほど、入所を希望しても保育所等に入れない可能性が高いことを意味します。

　神戸市の待機児童率は0.17％であり、神戸市よりも待機児童率が低い地域は伊丹市、稲美町、小野市、高砂市、三木市、大阪市であることから、神戸市は相対的に待機児童率が低いことがわかります。中でも2019年時点で神戸市から子育て世代が最も多く流出した明石市の待機児童率は4.42％と、全国平均である0.44％

を上回る高水準になっています。このことから、神戸市は確かに待機児童が発生しているものの、競合地域に比べると低い水準にあり、「弱み」というよりも「強み」ととらえることができそうです。

●その他のエビデンス収集方法

さきほどは、こども医療費助成制度や待機児童率を競合地域と比較することによってエビデンスを収集しました。こども医療費助成制度のような地域独自の取り組みの有無や待機児童の有無が、子育て環境に影響を及ぼすことは容易に想像がつきますが、仮説とした「ショッピング施設の充実度」については環境を左右する要因になり得るのかどうか定かではありません。その他にも、「手ごろな住宅適地の存在」などが地域の強みや弱みとして提案される可能性もあります。これらの要因が「子育て環境が不十分」というコア問題に影響しているかどうかを検証することも、エビデンスの1つになり得ます。検証の方法としては、第5章から第7章でとりあげた回帰分析があります。

回帰分析を行うには被説明変数と説明変数を決めなければなりません。被説明変数は子育て環境の魅力ですが、実際の分析では魅力ある地域かを測るバロメーターである「15歳未満人口の転入超過数（転入者数−転出者数）」が被説明変数になります。続いて説明変数ですが、ショッピング施設の充実度を表す指標などがあげられます。ショッピング施設の充実度は、可住地面積当たりの小売業事業所数が候補に上ります。これらのデータは政府統計の総合窓口であるe-Statで入手可能です。データの収集と加工については第2章と第3章、回帰分析は第5章から第7章が役に立ちますので、これらの章を参考にしてください。

例えば、ショッピング施設の充実度を表す適切な指標を見つけ出し回帰分析を行うことで、プラスに有意な結果が得られたとすれば、ショッピング施設の充実度は子育て環境を左右する要因であるといえ、神戸市におけるショッピング施設の充実度を表す指標が競合地域よりも小さければ「弱み」、大きければ「強み」であると判断できます。ショッピング施設の充実度が子育て環境を左右するのか、回帰分析を用いて確認してみてください。

エビデンスは、オープンデータを使った回帰分析でのみ得られるわけではありません。大阪府交野市は2018年、転入者および転出者がどのような実態で移動しているのかを明らかにするため、転入出者に対してアンケート調査を実施しました（大阪府交野市政策企画課 2018）。その中で、子育て世帯が転居先として交野

市を選んだ理由として、「親世代（子世代）と同居・近居する（29.2％）」が最も多く、「地域の雰囲気が良い（23.1％）」も高い割合であることが明らかになりました。これらも子育て環境を左右する決定要因ですが、アンケート調査を行わなければこの事実を明らかにすることは困難です。アンケート調査の方法について解説した第4章を参考にし、アンケート調査にもチャレンジしてください。

3.7　クロス SWOT 分析により戦略を導出する

　エビデンスを収集することで、イメージベースの SWOT 分析をエビデンスベースの SWOT 分析に発展させることができました。いよいよ最後のステップです。エビデンスベースの SWOT 分析の結果を踏まえてクロス SWOT 分析を行うことで、「子育て世代に魅力ある地域づくり」というビジョン達成のための戦略を策定しましょう。

　2.5項で説明した通り、クロス SWOT 分析では内部環境分析の要素である「強み」「弱み」、外部環境分析の要素である「機会」「脅威」を掛け合わせ、「強み×機会」「強み×脅威」「弱み×機会」「弱み×脅威」という4通りの組み合わせを作ることで、地域が今後採るべき戦略の方向性を導き出します。ここでは、4通りの中で最も重要視される組み合せである「強み×機会」に焦点を当て、強みを活かして機会を勝ち取るための積極化戦略を明らかにしてみましょう。

　3.6項でエビデンスを収集した結果、神戸市の2019年時点の待機児童率は0.17％であり、競合地域である明石市（4.42％）などに比べると低い水準であることから、保育所に子供を預けるという点において神戸市は「強み」があることが明らかになりました。また、3.5項の外部環境分析において、2019年10月から国による幼児教育・保育の無償化がスタートし、子育て世代を取り巻く環境が改善されたことを、ビジョン達成のための「機会」ととらえました。

　これまで経済的理由により預かり保育の利用を断念していた家庭にとって、保育料の無償化は子育てにかかる金銭的負担の軽減につながることから、保育所に子供を預ける子育て世代が多くなることが予想されます。このことは、移動先の地域を選択する際、保育所に子供を預けられるかどうかが決定的に重要なポイントになることを意味しています。そして、待機児童率が相対的に低い神戸市は、子育て世代にとって魅力的な地域になる可能性を示しています。つまり、待機児童率が低いという神戸市の強みを無償化という追い風に活かす機会が到来してい

図9-7　子育て世代にとっての魅力に関するクロス SWOT 分析

		外部環境分析		
		機会 (Opportunities)	脅威 (Threats)	
		幼児教育・保育の無償化スタート	隣接地域における支援策の充実化	
		機会A　　機会B	脅威A　　脅威B	
内部環境分析	強み (Strengths)	待機児童率が低いという強みをさらに伸ばすことで、幼児教育・保育の無償化という機会を勝ち取る。 ⋮	強みA × 脅威A 強みB × 脅威A ⋮	
	待機児童率が低い			
	強みA			
	強みB			
	弱み (Weaknesses)	弱みA × 機会B 弱みB × 機会A ⋮	弱みA × 脅威B 弱みB × 脅威B ⋮	
	神戸市独自のこども医療費助成制度			
	弱みA			
	弱みB			

るととらえることができます。神戸市はこの強みを維持することで「子育て世代に魅力ある地域づくり」というビジョンの達成に一歩近づくわけです。

　図9-7に示されているように、待機児童率が相対的に低いことが「強み」であるという内部環境分析の情報だけでは、その強みを活かすことができる状況下にあるのかが定かではありません。また、外部環境分析を行った結果、幼児教育・保育の無償化がスタートしたという「機会」についての情報を得たとしても、地域にその機会を活かすだけのポテンシャルがあるのかはわかりません。内部環境分析と外部環境分析から得られた断片的な情報をもとにクロス SWOT 分析を行うことで、はじめて戦略が明らかになります。ここでは「強み×機会」のみをとりあげましたが、残り3つの組み合わせについてもクロス SWOT 分析を行い、戦略策定にチャレンジしてください。

Part 3

政策効果把握のための分析手法を身につける

第10章

経済波及効果を計測する
産業連関分析をマスターしよう

本章のねらい

　読者の皆さんは、新聞や雑誌などで「○○の経済効果は××億円」といった記事やニュースを目にしたことがあると思います。例えば「東京オリンピック・パラリンピックの経済効果　東京都で約20兆円、全国で約32兆円」（東京都オリンピック・パラリンピック事務局 2017）、「大阪・関西万博の経済効果　約1.8兆円」（経済産業省 2017）などが代表的です。そこでは、あるプロジェクトが日本経済や地域経済に与える影響が「経済波及効果」として具体的な数字で示されています。

　本章では経済波及効果の計算に必要となる産業連関表の考え方と使い方をできるだけ具体的に説明することにします。まず、簡単な数値例を用いながら、産業連関表に関する基本的な概念や使い方を説明します（1節）。続いて実際の地域産業連関表（奈良県3部門表）を用いて、経済波及効果について Excel を用いて計算してみましょう（2節）。そして、地域活性化の柱とされる観光の経済波及効果について、兵庫県産業連関表（39部門）分析シートを用いながら計算してみましょう（3節）。また、産業連関表は経済波及効果を計算するだけでなく、表そのものから地域経済構造の分析をすることができます。そこで国際収支の地域版ともいえる域際収支を求めて、地域経済の「強み」と「弱み」をとらえてみましょう（4節）。最後に経済波及効果を計算するにあたっての理論的前提や読み取り方についての注意点をまとめます。

1　産業連関表を学ぶ

1.1　3つの基本表

　経済波及効果とは、ある特別な出来事が追加的に起こったときに、その出来事によって日本経済や地域経済に、どれだけのインパクトをもたらしたかを金額や

増減率で表現したものです。すなわち水面に投げた石の波紋が水面に広がっていくように、経済的な生産が次々に誘発され波及していく過程をとらえたものです。そして、経済波及効果の計算には産業連関表が必要になります。

　産業連関表の創始者は、ロシア生まれのアメリカの経済学者 W. レオンチェフ（1906年〜1999年）です。レオンチェフは、1936年に最初の産業連関表（アメリカ表）を発表し、その業績により1973年にノーベル経済学賞を受賞しています。本節では産業連関表のエッセンスを説明します。

　産業連関表は以下の基本となる３点セットからなります。

　①**取引基本表**：これが基本です。経済の姿を表します。

　②**投入係数表**：①から求めます。経済の技術構造を示します。

　③**逆行列係数表**：②から求めます。経済波及効果の大きさを示します。

　以下では簡単な数値例をもとに、この産業連関表の３点セットを順番に導出してみましょう。

1.2　取引基本表を作成する

　今、農業部門と工業部門の２部門からなる簡単な経済を考えます。農業部門は、50万円の生産を上げるために必要な原材料として、自らの農業部門から10万円、工業部門から20万円の原材料を購入したとします。差額の20万円は生み出された付加価値であり、賃金と利潤でそれぞれ10万円ずつ分け合いました。

　工業部門は、100万円の生産を上げるために必要な原材料として、農業部門から20万円、自らの工業部門から30万円の原材料を購入しました。差額の50万円は生み出された付加価値であり、賃金と利潤でそれぞれ30万円と20万円に分け合いました。

　この経済を表の形にすると**表10−1**の通りです。表10−1は経済を費用構成の面から見ています。同じ経済を別の面から見てみましょう。

　農業部門は、50万円の生産額を生み出しましたが、そのうち10万円は同じ農業部門に、20万円は工業部門に原材料として売れ、残りの20万円は家計への最終需要（消費）として売れました。工業部門は、100万円の生産額を生み出しましたが、そのうち20万円は農業部門に、30万円は同じ工業部門に原材料として売れ、残りの50万円は家計や企業への最終需要（消費や投資）として売れました。この経済を表の形にすると**表10−2**のように表せます。

表10−1　数値例の経済の費用構成

		農業	工業
中間投入	農業	10	20
	工業	20	30
付加価値	賃金	10	30
	利潤	10	20
生産額		50	100

表10−2　数値例の経済の販路構成

	中間需要		最終需要	生産額
	農業	工業		
農業	10	20	20	50
工業	20	30	50	100

表10−3　数値例の経済の産業連関表（取引基本表）

ヨコ →

供給＼需要		中間需要		最終需要	生産額
		農業	工業		
中間投入	農業	10	20	20	50
	工業	20	30	50	100
付加価値	賃金	10	30		
	利潤	10	20		
生産額		50	100		

タテ

> タテ（列）は費用構成（投入構造）〜 Input
> ヨコ（行）は販路構成（産出構造）〜 Output

　この表10‐2は経済を販路構成の面から見ています。費用構成の面から見た表10‐1と販路構成から見た表10‐2をまとめると**表10‐3**のように表せます。これが、産業連関表の**取引基本表**です。両者が重なり合っている部分（原材料や燃料の取引を表す部分）は**内生部門**といいます。また、それ以外の付加価値部門や最終需要部門は**外生部門**といいます。

表10 - 4　数値例の経済の投入係数表

	農業	工業
農業	0.2（＝10/50）	0.2（＝20/100）
工業	0.4（＝20/50）	0.3（＝30/100）
賃金	0.2（＝10/50）	0.3（＝30/100）
利潤	0.2（＝10/50）	0.2（＝20/100）
生産額	1.0（＝50/50）	1.0（＝100/100）

1.3　投入係数表を導く

　次に、投入係数という重要な概念を導入します。**投入係数**とは、産業連関表の縦方向の費用構成に着目し、ある産業で1単位を生産するのに必要な各産業からの原材料投入量を示した数値です。投入係数は産業連関表作成時点での生産技術を反映したものといえます。具体的に投入係数は以下のように表すことができます。

$$投入係数 = \frac{各産業の中間投入量}{生産量} \tag{10-1}$$

　表10 - 3における数値例の場合の投入係数を求めてみましょう。例えば農業部門は50万円の生産額を達成していますが、その50万円の生産にあたって同じ農業部門から10万円を中間投入しています（米を生産するのに種籾を投入するというイメージです）。したがって投入係数は0.2（＝10÷50）です。また工業部門は100万円の生産額を達成していますが、その100万円の生産にあたって農業部門から20万円を中間投入しています（食料品工業への原材料としてお米を投入するというイメージです）。したがって投入係数は0.2（＝20÷100）です。ほかの欄も同様に計算すると**表10 - 4**のように表せます。これが、**投入係数表**です。

　こうした投入係数は生産額の水準にかかわらず変わらないと仮定します（最後にあらためて述べますが重要な仮定です）。農業部門の生産額を X_1 とすると、同じ農業部門からの中間投入量は「0.2×農業部門の生産額（X_1）」、工業部門からの中間投入量は「0.4×農業部門の生産額（X_1）」で表されます。また、工業部門の生産額を X_2 とすると、工業部門の農業部門からの中間投入量は「0.2×工業部門の生産額（X_2）」、同じ工業部門からの中間投入量は「0.3×工業部門の生産額（X_2）」で表されます。それらをまとめたのが**表10 - 5**です。

表10-5　数値例の経済の投入係数を用いた各産業の中間投入量

各産業の中間投入量＝投入係数×生産額

	農業	工業
農業	$0.2X_1$	$0.2X_2$
工業	$0.4X_1$	$0.3X_2$
賃金	$0.2X_1$	$0.3X_2$
利潤	$0.2X_1$	$0.2X_2$
生産額	X_1	X_2

注）投入係数は生産額の大小にかかわら
　　ず不変と考え、生産額を一般的な形に
　　変えて表記しました。

1.4　逆行列係数表を導く

表10-6は、表10-3の中間投入部分（内生部門）と付加価値部分に表10-5を当てはめて作成した取引基本表です。生産額を農業部門 X_1、工業部門 X_2 と一般化したことにともない、最終需要額も農業部門 F_1、工業部門 F_2 と一般化した姿に変わっています。

各部門における総需要と総供給がバランスするように生産が行われます。この点に注目すると、各部門の総需要と総供給のバランス式は投入係数を用いて以下のように書くことができます。

$$0.2X_1 + 0.2X_2 + F_1 = X_1 \tag{10-2}$$
$$0.4X_1 + 0.3X_2 + F_2 = X_2 \tag{10-3}$$

(10-2)式、(10-3)式を連立方程式として、X_1、X_2 について解くと以下の(10-4)式、(10-5)式が得られます。2本の連立方程式で未知数は X_1 と X_2 の2つと見て解きます。また(10-4)式や(10-5)式で F_1 や F_2 にかかる係数は小数第3位を四捨五入しています。

$$X_1 = 1.46F_1 + 0.42F_2 \tag{10-4}$$
$$X_2 = 0.83F_1 + 1.67F_2 \tag{10-5}$$

表10-7は、(10-4)式、(10-5)式の係数を表形式に整理したもので、これが**逆行列係数表**になります。逆行列係数表の各係数は、ある産業への最終需要が1単位増加したときに各産業の生産が何単位誘発されるかを示しています。すなわち、農業部門に1単位の最終需要（F_1）が追加されたときに、同じ農業部門に1.46

表10−6　数値例の経済を一般化した産業連関表（取引基本表）

供給 ＼ 需要		中間需要		最終需要	生産額	
		農業	工業			
中間投入	農業	$0.2X_1$	$0.2X_2$	F_1	X_1	←(10-2)式
	工業	$0.4X_1$	$0.3X_2$	F_2	X_2	←(10-3)式
付加価値	賃金	$0.2X_1$	$0.3X_2$			
	利潤	$0.2X_1$	$0.2X_2$			
生産額		X_1	X_2			

表10−7　数値例の経済の逆行列係数表

	農業	工業	行和
農業	1.46	0.42	1.88
工業	0.83	1.67	2.50
列和	2.29	2.08	

単位の生産（X_1）、工業部門に0.83単位の生産（X_2）が発生することを示しています。そして合計で2.29単位（＝1.46＋0.83）の生産が誘発され、それが列和として示されています。また、需要面から見ると農業部門に1.46単位、工業部門の0.42単位の需要が発生、両部門では1.88単位（＝1.46＋0.42）の需要が発生し、それが行和として示されています。

　具体的に経済波及効果を計算してみましょう。(10-4)式、(10-5)式を以下のように変化額の形に書き換えます。

$$\Delta X_1 = 1.46\Delta F_1 + 0.42\Delta F_2 \tag{10-6}$$

$$\Delta X_2 = 0.83\Delta F_1 + 1.67\Delta F_2 \tag{10-7}$$

　右辺は最終需要の変化額の関係式になっており、左辺がそれにともなう生産額の変化になっています。今、農業にだけ100万円の最終需要の追加があったとしましょう。すなわち、$\Delta F_1 = 100$、$\Delta F_2 = 0$ を(10-6)式と(10-7)式に代入します。

$$\Delta X_1 = 1.46 \times 100 + 0.42 \times 0 = 146 \tag{10-8}$$

$$\Delta X_2 = 0.83 \times 100 + 1.67 \times 0 = 83 \tag{10-9}$$

すなわち、農業部門の生産が146万円、工業部門の生産が83万円、合計229万円の生産が誘発されることがわかります。

1.5　行列表現による「産業連関分析の基本公式」

　以下では、これまで述べてきた内容を行列による表現を使って説明しておきましょう。2節では経済波及効果の計算を、Excel を用いて行いますが、Excel による経済波及効果の計算はこの行列演算に従っています。行列表現で「産業連関分析の基本公式」（後述）を把握しておくと手順がよくわかります。

　(10-2)式、(10-3)式の連立方程式は行列表現を用いると以下のように書けます。

$$\begin{bmatrix} 0.2 & 0.2 \\ 0.4 & 0.3 \end{bmatrix}\begin{bmatrix} X_1 \\ X_2 \end{bmatrix}+\begin{bmatrix} F_1 \\ F_2 \end{bmatrix}=\begin{bmatrix} X_1 \\ X_2 \end{bmatrix} \tag{10-10}$$

ここで

$$A=\begin{bmatrix} 0.2 & 0.2 \\ 0.4 & 0.3 \end{bmatrix} \tag{10-11}$$

$$X=\begin{bmatrix} X_1 \\ X_2 \end{bmatrix} \tag{10-12}$$

$$F=\begin{bmatrix} F_1 \\ F_2 \end{bmatrix} \tag{10-13}$$

と置くと、(10-10)式は以下のように書くことができます。

$$AX+F=X \tag{10-14}$$

　ここでは産業が2部門の例ですが、産業部門が何部門あってもこの形で表現することができます。X について(10-14)式を解いていきます。

$$X-AX=F$$
$$(I-A)X=F \tag{10-15}$$

　(10-15)式の両辺に逆行列 $(I-A)^{-1}$ を左からかけて、整理していきます。ある行列 B とその逆行列 B^{-1} の積は単位行列 I になります（$BB^{-1}=B^{-1}B=I$）。

$$(I-A)^{-1}(I-A)X=(I-A)^{-1}F$$
$$IX=(I-A)^{-1}F$$
$$X=(I-A)^{-1}F \tag{10-16}$$

これが「産業連関分析の基本公式」といってよい関係式です。

　さらに産業連関分析の基本公式において、X を ΔX に、F を ΔF にと、変化額の形で書き変えると以下のように表現することができます。

$$\Delta X=(I-A)^{-1}\Delta F \tag{10-17}$$

これは「経済波及効果の基本公式」といってよい関係式です。

産業連関分析の基本公式に、先述の数値例の経済での逆行列の計算結果をあてはめると、以下のように表現できます。後述のように Excel による逆行列の計算によっても求められます。

$$\begin{bmatrix} X_1 \\ X_2 \end{bmatrix} = \begin{bmatrix} 1.46 & 0.42 \\ 0.83 & 1.67 \end{bmatrix} \begin{bmatrix} F_1 \\ F_2 \end{bmatrix} \tag{10-18}$$

あるいは「経済波及効果の基本公式」の形で以下のように表現できます。

$$\begin{bmatrix} \Delta X_1 \\ \Delta X_2 \end{bmatrix} = \begin{bmatrix} 1.46 & 0.42 \\ 0.83 & 1.67 \end{bmatrix} \begin{bmatrix} \Delta F_1 \\ \Delta F_2 \end{bmatrix} \tag{10-19}$$

2 経済波及効果を計算してみよう（その１）
―平成27年奈良県産業連関表を用いて―

2.1 奈良県の産業連関表

それでは、実際の産業連関表を用いて経済波及効果を、Excel を使って計算してみましょう。使用するのは、平成23年奈良県産業連関表の３部門表です（**表10－8**）。１節では２部門でしたが、ここでは３部門になっています。基本的な考え方や進め方は１節で示したことと同じです。

例えば、奈良県の第２次産業は、２兆1,782億円生産しました。費用構成の観点からタテ方向に見ると、生産にあたって、第１次産業から466億円、第２次産業から9,077億円、第３次産業から4,780億円と、合わせて１兆4,332億円の中間投入を行い、生産額との差額7,460億円が雇用者所得や営業余剰等の粗付加価値となっています。販路構成の観点からヨコ方向に見ると、第１次産業には中間需要として93億円売れ、第２次産業には同じく9,077億円売れ、第３次産業には同じく3,863億円売れました。消費や投資、政府支出など最終需要が２兆4,116億円発生しましたが、そこから地域外や海外に漏れる分である移輸入１兆5,368億円を控除する必要があります。

2.2 投入係数行列 A の計算

図10－1には、Excel を用いて経済波及効果（第１次間接効果）を計算する手順が示されています。経済波及効果の基本公式 $\Delta X = (I-A)^{-1} \Delta F$ （(10-17)式）

表10-8　平成23年奈良県産業連関表（3部門）

（単位：億円）

		中間需要			最終需要	移輸入（控除）	県内生産額
		第1次産業	第2次産業	第3次産業			
中間投入	第1次産業	56	466	101	593	689	526
	第2次産業	93	9,077	3,863	24,116	15,368	21,782
	第3次産業	90	4,780	9,363	37,134	11,738	39,628
	小計	239	14,332	13,328	61,843	27,795	61,936
粗付加価値		288	7,460	26,300			
県内生産額		526	21,782	39,628			

資料）奈良県（2016）より作成。

図10-1　EXCEL による経済波及効果の計算手順

	A	B	C	D
1	①投入係数A			
2		第1次産業	第2次産業	第3次産業
3	第1次産業	0.106	0.021	0.003
4	第2次産業	0.177	0.417	0.097
5	第3次産業	0.171	0.219	0.236
6				
7	②単位行列 I			
8		第1次産業	第2次産業	第3次産業
9	第1次産業	1	0	0
10	第2次産業	0	1	0
11	第3次産業	0	0	1
12				
13	③行列（I−A）			
14		第1次産業	第2次産業	第3次産業
15	第1次産業	0.894	−0.021	−0.003
16	第2次産業	−0.177	0.583	−0.097
17	第3次産業	−0.171	−0.219	0.764
18				
19	④逆行列 $(I-A)^{-1}$			
20		第1次産業	第2次産業	第3次産業
21	第1次産業	1.130	0.045	0.010
22	第2次産業	0.404	1.817	0.233
23	第3次産業	0.369	0.532	1.379
24				
25	⑤経済波及効果の基本公式　$\Delta X = (I-A)^{-1}\Delta F$			
26		産出増加	最終需要増加	
27		ΔX	ΔF	
28	第1次産業	0.450	0	
29	第2次産業	18.170	10	
30	第3次産業	5.322	0	
31	合計	23.942	10	
32				

への適用を目指して数値を準備していくことになります。ここでは簡単化のために、追加された最終需要が他地域や海外に漏出しないと仮定を置いています。移輸入の影響を織り込むには、移輸入が生産額に依存すると考え、移輸入係数行列 M を導入し、移輸入を考慮した経済波及効果の基本公式 $\Delta X = [I-(I-M)A]^{-1}[(I-M)\Delta F]$ を用いる必要があります。詳細は土居・浅利・中野（2019）ほかを参照してください。

　まず、投入係数を計算しましょう。(10-1)式を踏まえると、第1次産業の第1次産業からの投入係数は0.106（＝56÷526）、同じく第2次産業からの投入係数は0.177（＝93÷526）、第3次産業からの投入係数は0.171（＝90÷526）となり、図10-1のセルB3からセルB5までに示されています。第2次産業の各部門からの投入係数と第3次産業の各部門からの投入係数も同様に計算します。これが投入係数行列 A です。

2.3　単位行列 I の作成

　生産波及効果を求めるには逆行列 $(I-A)^{-1}$ を求める必要がありますが、その準備をします。まず、範囲 B9：11に単位行列 I を作成します。単位行列とは、行列の対角線上の数値がすべて1、それ以外が0である行列をいい、図10-1②のように、行列の対角要素（B9、C10、D11）に1を入力し、それ以外のセルに0を入力します。

2.4　行列 (I−A) の計算

　続いて、行列 $(I-A)$ を計算します。図10-1③のように、セル B15 に「＝B9 −B3」と入力し、それを範囲 B15：D17 に複写します。例えば、セル B15 には、0.894（＝1−0.106）、セル B16 には −0.177（＝0−0.177）が入ります。これで逆行列 $(I-A)^{-1}$ を計算する準備が整いました。

2.5　逆行列 (I−A)⁻¹ の計算

　Excel で逆行列を求める関数は「＝MINVERSE（配列）」です。図10-1④のように、まず、逆行列を出力する範囲、ここでは範囲 B21：D23 をドラッグして指定します。続いて、関数機能で MINVERSE を選択し、配列として $(I-A)$ 行列のある範囲 B15：D17 を指定します。そしてそのまま CTRL キーと SHIFT キ

ーを同時に押しながら、ENTER キーを押します。そうすると指定した範囲B21：D23に、図10 - 1④のように逆行列が出力されます。第1次産業の逆行列係数の列和は1.903（＝1.130＋0.404＋0.369）、第2次産業は同じく2.394（＝0.045＋1.817＋0.532）、第3次産業は同じく1.621（＝0.010＋0.233＋1.379）と、各産業に追加的需要が発生したときには、第2次産業の経済波及効果が最も大きいことがわかります。

2.6 経済波及効果の計算

これで最終需要追加による経済波及効果を計算する準備が整いました。第2次産業に10億円の追加的需要が発生したときの経済波及効果を計算してみましょう。先ほども述べましたように経済波及効果の基本公式は $\Delta X = (I-A)^{-1}\Delta F$（(10-17)式）です。すなわち、生産誘発効果 ΔX は、逆行列 $(I-A)^{-1}$ と最終需要増加額 ΔF の積として求められます。Excel での行列の積の関数は「＝MMULT（配列1，配列2）」です。配列1に $(I-A)^{-1}$ にあたるセル範囲、配列2に ΔF にあたるセル範囲を指定します。図10 - 1では、逆行列 $(I-A)^{-1}$ は範囲 B21：D23に準備されていますので、範囲 C28：C30に ΔF を準備します。第1次産業の追加額は0と入力（セル C28）、第2次産業の追加額は10と入力（セル C29）、第3次産業の追加額は0と入力（セル C30）します。計算の準備が整ったので、行列の積を出力する範囲（ここでは範囲 B28：B30）を指定し、関数機能で「＝MMULT」を選択して、配列1に範囲 B21：D23、配列2に範囲 C28：C30を指定します。そのまま、CTRL キーと SHIFT キーを同時に押しながら、ENTER キーを押します。そうすると指定した範囲 B28：B30に、図10 - 1⑤のような産業別の経済波及効果が出力されます。

第1次産業では0.45億円、第2次産業では18.17億円、第3次産業では5.322億円と合計23.942億円の経済波及効果が発生することがわかります。第2次産業に追加的に発生した需要は10億円ですから、その約2.4倍の経済波及効果が発生することになります。直接需要を追加していない第1次産業や第3次産業にも間接効果が発生していることが見て取れます。ただし、前述のように簡単化のために需要が他地域や海外に漏出しない仮定を置いているので経済波及効果の数値は高めの結果となっています。

3　経済波及効果を計算してみよう（その2）―観光客の増加―

3.1　観光による経済波及効果

　国や都道府県でそれぞれの地域の産業連関表が作成・公開されています。また、国や多くの都道府県では簡単に経済波及効果が計算できる Excel の分析ワークシートが公開されています。分析ワークシートは、産業部門別に追加的需要を手順に従って入力すると、あらかじめ準備されている逆行列が自動的にかけられて経済波及効果を出力してくれる仕組みです（2節では逆行列も独自に求めました）。本節では、その一つである兵庫県産業連関表の分析ワークシートを用いて、兵庫県内で観光客の増加があった場合の経済波及効果を求めてみましょう。

　兵庫県『産業連関分析ワークシート』では、直接需要である観光客の増加の影響を産業連関表にどのように要因分解して、当てはめればよいかが具体的に示されています。直接需要である観光客の増加の影響のとらえ方については、他の地域の産業連関表を用いるときも同様に考えて応用することができます。兵庫県分析ワークシートには「平成27年兵庫県産業連関表」（39部門）が使用され、第2次間接効果まで含めた経済波及効果を計算することができます。

　さて、なぜ地域活性化にとって観光が重要なのでしょうか。それは少子高齢化が進行し定住人口の減少が避けられない中で、交流人口の拡大が図れることによります。今、兵庫県内で架空の来訪者（交流人口）100万人規模の観光イベントが開催されるとして、その経済波及効果を計算してみましょう。まず、来訪者のうち宿泊客と日帰り客の区別が重要です。なぜなら宿泊客の方が宿泊費をはじめ遠方から来る交通費、土産品など支出額が大きいと考えられるからです。例えば、観光庁『共通基準による観光入込客統計』によると、2018年の観光消費額単価（県外）は奈良県の場合、宿泊27,812円に対して日帰りは4,907円でした。同じく和歌山県の場合、宿泊25,745円に対して日帰りは7,306円でした。

　兵庫県の分析ワークシートでは県内でイベントが開催され、観光客が訪れたときの消費支出は、**表10-9**のように①宿泊費（日帰り者は0）、②交通費、③土産代、④飲食・レジャー費等の項目に分けて整理しています。それぞれの項目で1人当たりの支出額を割り出し、それに人数をかけて項目の全体の支出額を求め

表10 - 9　観光の経済波及効果の直接需要の想定

県内にイベントが開催された場合のイベント参加者の経済波及効果	
①宿泊費	１人当たり平均宿泊額×宿泊者数
②交通費	１人当たり平均交通費×参加者（宿泊者、日帰り者）
③土産代	１人当たり平均土産代×参加者（宿泊者・日帰り者、総額を部門別に配分）
④飲食・レジャー費等	１人当たり平均その他費用×参加者（宿泊者・日帰り者）

資料）兵庫県『産業連関分析ワークシート』より作成。

ます。１人当たりの支出額はアンケートを取ったり、インバウンドであれば観光庁『訪日外国人消費動向調査』等を活用したりして設定します。観光庁『訪日外国人消費動向調査』の都道府県別集計表では、消費単価について四半期ベースでその内訳（団体・パック参加費、宿泊費、飲食費、交通費、娯楽等サービス費、買物代、その他）が入手可能です。

3.2　イベント参加者数と消費額の想定

　まず、このイベントに対する参加者を想定します。宿泊者と日帰り者で宿泊費の有無や支出額が違うので、別々にとらえる必要があります。表10 - 10に示されているように、ここでは宿泊者が40万人、日帰り者を60万人、合計100万人と想定します。観光統計では宿泊者、日帰り者とも延べ人数の数値ですが、ここでは実人員換算したデータを使用します。

　続いて１人当たり平均消費額を設定します。表10 - 11に示されているように、宿泊者については、①宿泊費２万円、②交通費1.5万円、③土産代0.5万円、④その他費用を１万円と置き、合計５万円の支出と想定します。日帰り者については、①宿泊費０万円、②交通費0.25万円、③土産代0.15万円、④その他費用を0.3万円と置き、合計0.7万円の支出と想定します。日帰り者と比べて宿泊者の支出がかなり大きいものと考えています。

　次に１人当たり平均消費額に参加者人数をかけて消費額合計を求めます。例えば、宿泊費合計の場合、２万円×40万人＝80億円（8,000百万円）となります。また、土産品と一口にいっても多くの種類があります。ここでは、表10 - 12に示されているように、兵庫県の分析ワークシートに従い、土産代2,900百万円の内訳を生鮮農産物、菓子類等、衣料品、玩具等に割り振り、それぞれ20％、20％、20％、40％の構成比とします。

表10 – 10　イベント参加者の想定

宿泊者・日帰者数（人）	
宿泊者	400,000
日帰り者	600,000
合計	1,000,000

資料）兵庫県『産業連関分析ワークシート』より作成。

表10 – 11　1人当たり平均消費額の想定

1人当たり平均消費額（円）		
	宿泊	日帰り
合計	50,000	7,000
宿泊費	20,000	0
交通費	15,000	2,500
土産代	5,000	1,500
その他費用	10,000	3,000

資料）兵庫県『産業連関分析ワークシート』より作成。

表10 – 12　消費額合計の想定

訪問者消費額（百万円）				
	宿泊者	日帰り者	合計	
合計	20,000	4,200	24,200	
宿泊費	8,000	0	8,000	生鮮農産物　　580百万円
交通費	6,000	1,500	7,500	菓子類等　　　580百万円
土産代	2,000	900	2,900	衣料品　　　　580百万円
その他費用	4,000	1,800	5,800	玩具等　　　1,160百万円

資料）兵庫県『産業連関分析ワークシート』より作成。

3.3　項目別消費額の産業連関表各部門へのコンバート

　直接需要の各項目を想定することができたら、それぞれを産業連関表の産業部門に割り当てる（コンバートする）必要があります。表10 – 13に示されているように、土産品のうち生鮮農産物は農業部門への需要、菓子類は飲食料品部門への需要、衣料品は繊維製品部門への需要、玩具等はその他の製造工業製品部門に割り当てます。

　実際に産業部門別に割り当てていくにあたって注意すべきなのは、価格には購入者価格と生産者価格があるということです。商品の流通にあたって商業部門や

表10 - 13　イベント開催による需要増加額

	最終需要額 購入者価格(円)	商業 マージン率	貨物 マージン率	最終需要額 生産者価格(円)	対応する産業部門
宿泊費	8,000			8,000	対個人サービス
交通費	7,500			7,500	運輸・郵便
その他費用	5,800			5,800	対個人サービス
土産費	2,900				
生鮮農産物	580	0.3000	0.0470	379	農業
菓子類等	580	0.3621	0.0361	349	飲食料品
衣料品	580	0.6426	0.0359	186	繊維製品
玩具等	1,160	0.3796	0.0428	670	その他の製造工業製品
商業マージン				1,197	商業
運輸マージン				119	運輸・郵便
合計	24,200			24,200	

資料）兵庫県『産業連関分析ワークシート』より作成。

　運輸部門が関わってマージン（利ざや）が上乗せされて購入されており、その際の価格が**購入者価格**です。一般的に産業連関分析では、市場要因の影響を受けやすい商業マージンや運輸マージンをはぎ取った**生産者価格**を用います。

　土産費の中の生鮮農産物では、購入者価格は580万円、商業マージン率0.300、運輸マージン率0.047なので生産者価格は、580万円 × {1−（0.300＋0.047）}＝379万円となります。**商業マージン率**は、購入者価格に対する商業マージンの割合のことで、総務省『平成27年産業連関表』（国の産業連関表）の商業マージン率を使っています（兵庫県『産業連関分析ワークシート』にも数値が示されています）。**運輸マージン率**は、購入者価格に対する運輸マージンの割合であり、国の産業連関表の運輸マージン率を使っています（兵庫県『産業連関分析ワークシート』にも数値が示されています）。宿泊費や交通費のようなサービス支出はその場で消費するために商業マージンや運輸マージンは発生しませんので、購入者価格と生産者価格は同じです。宿泊費は対個人サービス部門、交通費は運輸・郵便部門、飲食サービスなどのその他費用は対個人サービス、商業マージンは商業部門に、運輸マージンは運輸部門に割り当てます。例えば、宿泊費の80億円とその他費用の58億円はともに対個人サービス部門への最終需要に割り当られます。また、ここで商業マージン11.97億円や運輸マージン1.19億円は、土産費の各費目の購入者価格に商業マージン率あるいは運輸マージン率を乗じたもの（購入者価格からはぎ取ったもの）の合計として導出し、それぞれ商業部門や運輸・通信

表10 - 14　イベント開催による需要増加額

	需要 増加額(円)	自給率	県内需要 増加額(円)	対応する産業部門
宿泊費	8,000	1.000000	8,000	対個人サービス
交通費	7,500	0.571784	4,288	運輸・郵便
その他費用	5,800	1.000000	5,800	対個人サービス
土産費				
生鮮農産物	379	0.169883	64	農業
菓子類等	349	0.269793	94	飲食料品
衣料品	186	0.066842	12	繊維製品
玩具等	670	0.202928	136	その他の製造工業製品
商業マージン	1,197	0.430582	515	商業
運輸マージン	119	0.571784	68	運輸・郵便
合計	24,200		18,979	

資料）兵庫県『産業連関分析ワークシート』より作成。

部門に割り当てます。

3.4　自給率を考慮する

　生じた需要増加はすべて県内の需要増加になるわけではありません。地域経済は高度な開放経済で、例えば、交通費は他府県で支出されている部分が大きいのです。生鮮農産物や菓子類の需要も県外に漏出する部分が相当あります。そこで需要増加額に県内での自給率を乗じて県内需要増加額を求め、この部門別増加額が産業連関表の最終需要として追加される金額となります。**表10 - 14**に示されているように、自給率の設定については、宿泊費や飲食サービス等のその他費用は自給率100％と置いています。交通費は運輸・郵便全体についての移輸入以外の支出の比率（＝1－移輸入率）を自給率と見なしています。土産代についても地域外産品の消費額を把握する資料がないため、各々の部門の自給率（＝1－移輸入率）を乗じて需要額として推計しています。自給率のデータは兵庫県統計課『平成27年兵庫県産業連関表』に基づいており、兵庫県『産業連関分析ワークシート』にも掲載されています。

3.5　経済波及効果の集計

3.5.1　第１次間接波及効果の計算

　表10 - 15の第３列と第４列が経済波及効果の計算結果です。最終需要額の各部

表10-15　経済波及効果集計表（直接効果＋第1次間接効果）

		宿泊者40万人・日帰り者60万人のケース		(参考)宿泊者50万人・日帰り者50万人のケース	
		最終需要額 （百万円）	生産誘発額 （百万円）	最終需要額 （百万円）	生産誘発額 （百万円）
1	農業	64	128.4	72	148.3
2	林業	0	7.0	0	8.4
3	漁業	0	44.2	0	52.8
4	鉱業	0	6.0	0	7.1
5	飲食料品	94	649.6	106	768.9
6	繊維製品	12	17.6	14	20.1
7	パルプ・紙・木製品	0	40.9	0	48.4
8	化学製品	0	24.5	0	29.1
9	石油・石炭製品	0	51.8	0	61.0
10	プラスチック・ゴム製品	0	21.2	0	25.0
11	窯業・土石製品	0	9.7	0	11.6
12	鉄鋼	0	5.9	0	7.0
13	非鉄金属	0	1.8	0	2.1
14	金属製品	0	18.6	0	22.0
15	はん用機械	0	4.2	0	4.9
16	生産用機械	0	4.3	0	5.1
17	業務用機械	0	8.0	0	9.5
18	電子部品	0	3.3	0	3.9
19	電気機械	0	5.1	0	6.1
20	情報通信機器	0	1.1	0	1.3
21	輸送機械	0	21.7	0	25.4
22	その他の製造工業製品	136	167.9	152	190.2
23	建設	0	88.7	0	104.9
24	電力・ガス・熱供給	0	728.6	0	866.8
25	水道	0	156.0	0	185.9
26	廃棄物処理	0	260.7	0	310.8
27	商業	515	1,093.8	578	1,267.1
28	金融・保険	0	261.9	0	309.3
29	不動産	0	368.5	0	435.6
30	運輸・郵便	4,356	4,881.0	5,079	5,698.9
31	情報通信	0	191.1	0	226.5
32	公務	0	27.7	0	32.7
33	教育・研究	0	12.6	0	14.9
34	医療・福祉	0	10.9	0	12.7
35	他に分類されない会員制団体	0	49.3	0	58.6
36	対事業所サービス	0	890.1	0	1,052.3
37	対個人サービス	13,800	13,968.3	16,500	16,701.1
38	事務用品	0	43.3	0	51.3
39	分類不明	0	112.4	0	132.5
40	合計	18,979	24,387.9	22,501	28,920.2

資料）兵庫県『産業連関分析ワークシート』より作成。

門への追加額が、表10-14の県内需要増加額の数値と一致していることを確認してください。対個人サービス部門では、宿泊費8,000百万円＋その他費用5,800百万円＝13,800百万円、運輸・通信部門では交通費4,288百万円＋運輸マージン68百万円＝4,356百万円の追加額となっています。逆行列にこの最終需要額の列を乗じて計算した結果を生産誘発額として示しています。生産誘発額合計は24,387.9百万円で最終需要追加額18,979百万円の約1.28倍となっています。また、最終需要追加額がゼロの部門でも他部門に追加された需要により間接的に生産誘発されていることが見てとれます。

3.5.2　直接需要設定の重要性

　また、表10-15の第5列、第6列には、来訪者数100万人の内訳を宿泊者数50万人、日帰り者数50万人と想定した場合の経済波及効果（直接効果＋第1次間接波及効果）の計算結果も示しています。同じ来訪者100万人であっても、宿泊者数40万人・日帰り者数60万人の場合と比べて経済波及効果（直接効果＋第1次間接波及効果）の大きさは金額にして約45億円、倍率にして約1.19倍の違いが出てくることがわかります。生産誘発額の直接需要に対する比率は両ケースともに約1.285倍でほとんど変わりません。したがって、直接需要の設定の仕方で経済波及効果の計算結果は大きく変わり、それがこの分析手法の核心だといえるのです。

3.5.3　総合効果の計算

　この計算結果は「直接効果＋第1次間接波及効果」の分のみです。この先、予想される「直接効果＋第1次間接波及効果→雇用者の所得増加→消費増加→第2次間接波及効果」という効果は含まれていません。兵庫県『産業連関分析ワークシート』では第2次間接波及効果までを含めた総合効果まで算出することができ、それによると宿泊者数40万人、日帰り者60万人の場合、生産誘発額は28,187.0百万円で最終需要額の約1.49倍と求められます。生産誘発額による所得増加額のうち消費支出に回る割合（雇用者報酬転換比率）には総務省『平成30年家計調査年報』の近畿の平均消費性向0.682を用いています。

　このような公開されている国や都道府県の分析ワークシートを用いて、自らの手で経済波及効果の計算にチャレンジしてみることをお勧めします。

4 域際収支と地域産業連関表

4.1 東京・愛知・大阪の域際収支

　産業連関表の使い方の一つがシミュレーションによる経済波及効果の計算ですが、産業連関表そのものから経済構造を把握することができます。本節ではその有効なものさしである「域際収支」を、高林（2020）によって解説しましょう。**域際収支**は、「輸移出（輸出＋移出）－輸移入（輸入＋移入）」として求められ、「国際収支」の地域経済版といえます。域際収支では諸外国との輸出、輸入だけでなく、他の都道府県との財・サービスのやりとりも含めてバランスを考えます。他の都道府県に財・サービスを売ることを**移出**、反対に他の都道府県から財・サービスを買うことを**移入**といいます。

　内閣府『県民経済計算』では「財貨・サービスの移出入（純）」として都道府県別の金額が掲載されていますが、民間最終消費支出、民間固定資本形成、政府支出等とともに地域の総需要の一部として計上されているだけです。地域のマクロ経済状況を知るのには役立ちますが、地域産業政策のヒントとなるものではありません。地域産業連関表を用いることにより、産業別の域際収支を把握することが可能となります。域際収支の黒字を生み出している産業部門は、国際収支であれば外貨を稼ぎ出している部門であるといえ、地域経済にとって「強み」のある産業であると判断するわけです。以下では、大阪府、愛知県、東京都の地域産業連関表から求めた各都府県の「域際収支」をもとに、3都府県の経済の「強み」を浮き彫りにすることを試みましょう。

（1）大阪府の部門別域際収支

　図10−2は大阪府『平成25年大阪府産業連関表（延長表）』（37部門表）をもとに、大阪府の部門別域際収支を求めたものです。これからは、大阪府の域際収支のなかで商業部門の黒字が5兆円超と突出していることがわかります。商業部門は卸売部門と小売部門からなりますが、その黒字の大部分は卸売部門のものです（大阪府190部門表により域際収支の卸売部門の黒字を求めると約4.8兆円、小売部門の黒字は0.5兆円です）。商業部門に続いては対事業所サービス部門が1兆円程度の黒字となっていますが、製造業については目立って黒字となっている部門

図10-2　大阪府の部門別域際収支（2013年）

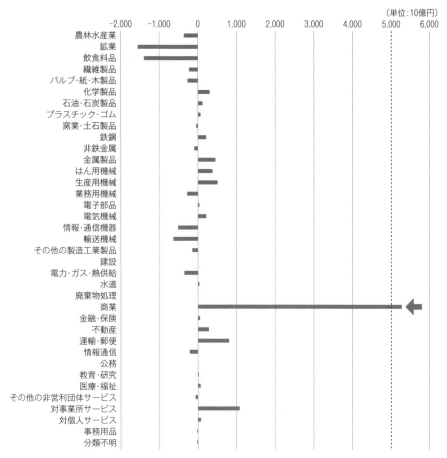

資料）大阪府『平成25年大阪府産業連関表（延長表）』（37部門表）より作成。

は存在していません。

（2）愛知県の部門別域際収支

　図10-3は、愛知県『平成23年愛知県産業連関表』（43部門表）をもとに愛知県の部門別域際収支を求めたものです。愛知県の部門別域際収支は際だった特徴を持っています。すなわち自動車部門が約5.6兆円の黒字と突出した形になっていることがわかります。製造業第2位の業務用機械部門の400億円程度の黒字とは大きな開きがあり、自動車部門以外の製造業は大きな黒字を稼いでいません。

図10 - 3　愛知県の部門別域際収支（2011年）

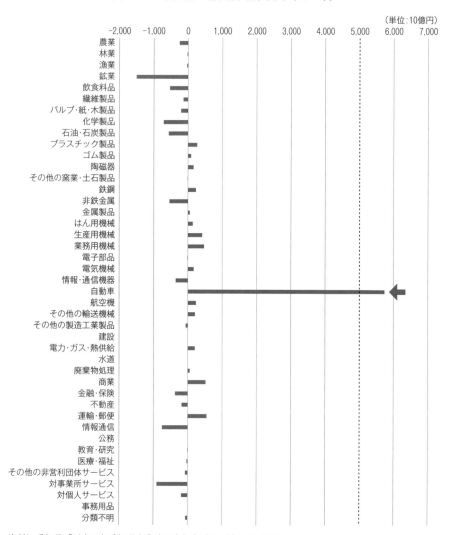

愛知県の経済は自動車産業に支えられているといえます。

（3）東京都の部門別域際収支

　続いて、**図10 - 4** は、東京都『平成23年東京都産業連関表』（38部門）をもと

図10-4　東京都の部門別域際収支（2011年）

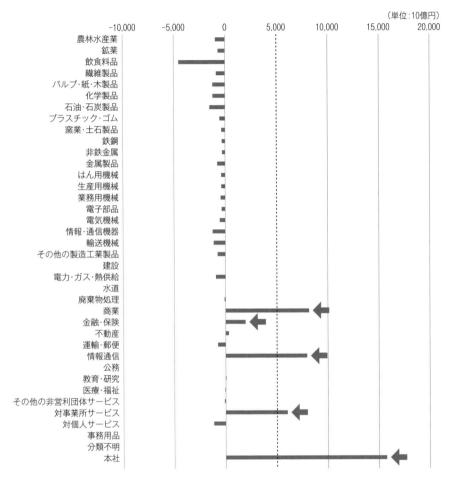

（単位：10億円）

注）統合中分類表において域際収支が絶対値で300億円以上の部門のみを抜粋して示しています。
資料）東京都『平成23年東京都産業連関表』（38部門）より作成。

に東京都の部門別域際収支を求めたものです。東京都産業連関表は、他府県の産業連関表とは違う大きな特徴を持っています。東京都の経済の特徴として、中枢管理機能の集中があげられます。このような東京都の経済構造を的確に表現するために、東京都産業連関表は「本社部門の特掲」を行っています。すなわち、企業の本社活動は全国各地の事業所に本社サービスを提供し、その生産活動を支援

していることに注目し、東京都及びその他地域の本社活動を独立部門としてそれぞれ特掲し、財・サービスの生産部門との経済取引を明らかにしているわけです。

　図10－4によると東京都の本社部門の黒字は15兆円以上に達し、大阪府の商業部門5.2兆円、愛知県の自動車部門の約5.6兆円の3倍近くに達しています。また、サービス産業において、商業部門についても約8.1兆円、情報通信部門についても約8.0兆円、対事業所サービス部門でも約6.0兆円、金融・保険部門についても約1.9兆円の黒字を獲得しています。これに対して製造業はほとんどの部門が赤字となっていることが特徴的です。とりわけ、東京都は大消費都市でもあり、飲食料品部門は約4.5兆円と最大の赤字となっていることがわかります。

4.2　地域経済の強みと弱み

　以上の域際収支の分析から、大阪府では商業部門（とくに卸売部門）、愛知県では自動車部門、東京都では本社部門、商業部門、情報通信部門、対事業所サービス部門、金融・保険部門が大きな域際収支黒字を獲得し、それぞれ地域の主力産業となっていることが確認できます。**図10－5**は、日本生産性本部『主要産業の労働生産性水準の推移（生産性データベース（JAMP／Japan Main Productivity-indicators database））』から、上記の部門に対応すると考えられる全産業、製造業、輸送用機械、卸・小売業、金融・保険業、サービス産業の名目労働生産性（就業1時間当たり）を示したものです。ただし、先述のように本社部門は東京都産業連関表において特掲され、各部門の管理コスト等を横断的に集計したものであり、生産性データベース（JAMP）には対応する分類が存在しないため図には描かれていません。

　大阪府経済を牽引する卸売・小売業（産業連関表では商業部門に対応）の労働生産性は、全産業やサービス産業の労働生産性を下回っています。これに対して愛知県経済を牽引する輸送用機械（産業連関表では自動車部門に対応）の労働生産性は、全産業や製造業の労働生産性を大きく上回っています。東京都の経済を牽引する情報通信業（産業連関表では情報通信部門に対応）や金融・保険業（産業連関表では金融保険部門に対応）の労働生産性は、サービス産業はもちろん輸送用機械をも上回っています。一般にサービス産業の労働生産性は製造業の労働生産性を下回りますが、ICT化が推し進められた情報通信業や銀行・保険業の労働生産性は、これらを大きく上回っていることがわかります。

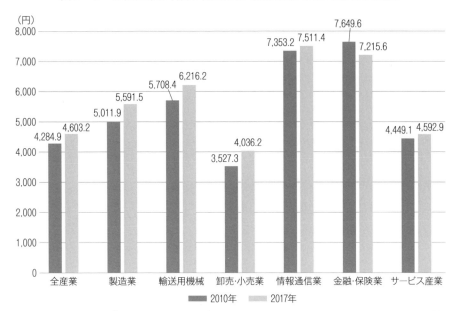

図10-5　主要産業の名目労働生産性（就業1時間当たり労働生産性）

資料）日本生産性本部『生産性データベース（JAMP ／ Japan Main Productivity-indicators database）』
　　　より作成。
注）サービス産業：電気・ガス・水道、卸売・小売業、運輸・郵便業、宿泊・飲食サービス業、情報通
　　信業、金融・保険業、専門・業務支援サービス業、教育、保健衛生・社会事業、その他のサービス業
　　により構成。

　以上のことをまとめると、愛知県では製造業の中でも労働生産性の高い自動車
部門が、東京都ではサービス産業の中でも労働生産性の高い情報サービス部門や
金融・保険部門が、地域経済を牽引し域際収支黒字を稼いでおり、これに対して
大阪府経済を牽引してきた商業部門は労働生産性が高いとはいえません。1996年
から2017年にかけて、東京都の名目都内総生産（GRP）は約1.23倍、愛知県の名
目県内総生産（GRP）は約1.14倍拡大しましたが、この間、大阪府の府内総生産
（GRP）は約1.04倍の拡大にとどまりました。大阪府経済を牽引してきた産業の
労働生産性が低いことが、愛知県や東京都との成長率格差を生む背景になってい
ると考えられるのです。

　このように地域産業連関表は地域経済の「強み」や「弱み」を知るのにも有効
な手立てといえます。

5　経済波及効果を疑う

　本章では、経済波及効果の考え方や計算方法、活用方法について説明してきました。経済波及効果は産業連関表をもとに計算され、プロジェクトの事業規模を測定したり、そのプロジェクトがどのような産業部門にどのような影響をもたらすかを検討したりするのにきわめて有効なツールといえます。しかし、重要な前提条件に基づいており、限界に直面することもしばしばです。この章の最後に、経済波及効果を検討するに当たって留意するべき主なことがらを述べておきたいと思います。理論的前提条件として以下の点が重要です。

（1）投入係数は安定的と仮定しています。

　これは、産業連関表の理論的前提の核心です、この前提のもとに理論モデルが組み立てられています。産業連関表は対象年の経済構造を表したものです。大きな技術的変化がない限り投入・産出構造は安定的と考えていますが、分析時点の経済構造とは完全には一致しないことに留意する必要があります。産業連関表は作成に時間がかかり、奈良県産業連関表でも2021年時点で平成23年表（2011年表）が最新になります。

（2）規模の経済性も考慮していません。

　「生産が2倍になれば原材料等の投入量も2倍になる」という比例関係を仮定しています。大量生産による単価の低下はないものと仮定しています。

（3）生産能力は無限と想定しています。

　実際には生産余力がない場合は、輸移入に依存するなどで域内の生産には結びつきませんが、生産能力の限界はないものと仮定します。

　これら3点の理論的帰結として、経済波及効果の基本公式 $\Delta X = (I-A)^{-1}\Delta F$（(10-17)式）が示すように、最終需要 ΔF が10倍になれば生産増加額 ΔX は10倍になり、ΔF が1,000倍になれば ΔX は1,000倍になります。

　経済波及効果の読み取り方として以下の点が重要です。

（4）経済波及効果の計算結果は、前提条件の置き方によって大きく変わってきます。

　プロジェクトの金額は同じであっても、ハードとソフトの組み合わせの違いなど、プロジェクトの中身によって波及効果の大きさや内容は異なってきます。観

光イベントにおいて同じ訪問者数を呼び込めると仮定しても、3節の兵庫県の観光客増加による経済波及効果の分析でみたように、宿泊客と日帰り客の内訳の想定を変えることで経済波及効果はかなり変化することがわかります。このことは、戦略次第で結果が大きく変わることを意味しています。つまり、経済波及効果の計算は最適な政策を見出すヒントになるのです。単に経済効果を計算するのではなく、EBPMにおけるエビデンスとして活用することが重要です。

（5）経済波及効果の計算は追加的に起こった出来事を扱います。

　本章の冒頭で述べたように、経済波及効果とは、ある特別な出来事が追加的に起こったときに、その出来事によるインパクトを扱います。したがってオリンピック・パラリンピックや万博は日本では普段にない追加的イベントなので、その新規需要がそのまま経済波及効果の直接効果になります。しかし、全国高等学校野球選手権大会（夏の甲子園）のように毎年開催されていれば追加的イベントではありませんから、経済波及効果は基本的にゼロになります。ただし、第100回記念大会のように出場校拡大など規模が拡大するような場合は、普段の大会と比べて拡大した部分だけを経済波及効果としてとらえます。

（6）経済波及効果計算で計算できる効果の範囲には限界があります。

　産業連関表による経済波及効果分析は、生産誘発にまつわる経済効果を対象としています。それ以外の経済効果は対象としていません。例えば、公共事業による社会資本の建設は経済波及効果とともに完成後に生産能力を高める**ストック効果**がありますが、産業連関表によって求められる経済波及効果にはストック効果は考慮されていません。

（7）経済波及効果はGDP押上げ効果を含みますが同じではありません。

　経済波及効果とは産業連関表を用いて試算した「生産誘発効果」のことですが、原材料の生産も含まれていてGDP（付加価値）よりも広い範囲の概念であるということです。生産額に占める粗付加価値の割合はだいぶ小さくなります（本章でとりあげた奈良県の場合は約55％）。「生産誘発額」に付加価値率をかけてGDPと同じ土俵に乗せます。

（8）経済波及効果にはマイナス効果も存在します。

　経済波及効果は一般にプラス面だけで評価しますが、試算には含まれないマイナスの経済波及効果も発生するので、現実の効果はそれが差し引かれたものとなります。例えば、本章では兵庫県で100万人規模のイベントを開催した場合の経

済波及効果の試算を行いましたが、兵庫県でそのようなイベントを行えば、他地域の観光客が減るかもしれません。そうするとそうした地域ではマイナスの経済波及効果が発生することになり、国全体では大きな経済波及効果にならないかも知れません。

　本章でも紹介したように、国や多くの都道府県で経済波及効果の計算ツールが公開されて、経済波及効果の計算そのものは簡単にできるようになり、本章でもその活用をお勧めしました。しかし、重要なことは、産業連関表の理論的前提条件を理解した上で、3節で検討したように、対象とするプロジェクトによって追加される最終需要がどれだけで、それがどの産業分野にどれだけの需要として割り当てられるのかを合理的に想定することであるといえます。

謝辞

　本章3節においては、兵庫県『産業連関表分析ワークシート（イベント等の経済波及効果の推計1）』における「（事例2）イベント開催による訪問者の消費がもたらす経済波及効果」（https://web.pref.hyogo.lg.jp/kk11/ac08_2_000000031.html、兵庫県企画県民部統計課（2020）『平成27年兵庫県産業連関表報告書（分析利用編）』参照）を利用している。利用にあたっては、兵庫県企画県民部ビジョン局統計課の快諾を得た。記して感謝申し上げる。ただし、内容についての責任はすべて著者に帰するものである。

第11章

プロジェクトのコスト・パフォーマンスを検証する
費用便益分析をマスターしよう

本章のねらい

全国には文化・スポーツ関連施設をはじめ多くの公共施設が存在し、市民に利用されています。しかし、昨今の厳しい財政状況下では、料金収入をベースとした収支バランスというモノサシを中心に、施設の存廃が検討されたり、実際に廃止されたりするケースが見られるようになりました。その一方で、住民にとってのメリットを検証することなしに一般財源が投入されている公共施設もあります。

しかしながら、自治体が提供する公共施設は無料あるいは低廉な料金に設定されているため、実際の料金収入だけで公共施設を評価することはできません。また、公共施設は利用者だけでなく、施設の存在が地域社会に対して何らかの影響を及ぼしているかもしれません。したがって、国や自治体が公共施設のあり方を正しく判断するには、施設から発生するさまざまな便益を適正に評価しなければならないのです。

また、公共施設の便益は大きければ大きいほど良いということではありません。自治体の規模に相応しくない大規模な公共施設を建設することは、施設から発生する便益を大きくするかもしれませんが、そのぶん多くの費用が生じるからです。つまり、限りある財源を有効活用するには、費用と便益を比較した費用対効果に着目しなければならないのです。その際に有効な分析方法のひとつとしてあげられるのが「費用便益分析」です。

費用便益分析は、プロジェクトによってもたらされた便益と、プロジェクトの実施によって発生する費用とを貨幣価値に換算し費用便益指標を求めることで、プロジェクトの実施を判断します。そのため、プロジェクトを実施するかどうかの判断だけでなく、プロジェクトの拡大、縮小といった量的な調整にも利用することができます。本章では公共施設の建設・運営を例にあげ、費用便益分析について解説するとともに、分析の際に必要となる便益の評価方法についてとりあげます。

1　費用便益分析を学ぶ

1.1　便益と費用

　費用便益分析は**図11 - 1**の手順で行われます。費用便益分析にとって重要なのは、プロジェクトによって発生する便益の特定化です。例えば、公共施設を建設するというプロジェクトの便益としては、①公共施設の利用者の満足度を高めるという利用者自身に生じる**直接便益**、②公共施設が存在することで地域のアイデンティティが強化されたり景観が改善されたりするなど、公共施設の非利用者を含めた地域全体に生じる**間接便益**（**正の外部性**）があげられます。公共施設の建設等、費用便益分析が適用されるプロジェクトの多くは、直接便益だけではなく地域全体に間接便益をもたらすことから、費用便益分析では両方の便益をとりあげる必要があります。そして、便益を特定化する際に特に注意すべき点は、便益と経済波及効果を同列のものとして扱ってはならないということです。先ほど解説した直接便益と間接便益（正の外部性）に加えて、公共施設の建設過程において短期的な所得創出効果（経済波及効果）がもたらされますが、費用便益分析の際はこのような経済波及効果を便益として計上してはいけません（ただし、地域のマクロ経済にとっては経済波及効果も重要ですので、経済波及効果の算出方法を取り扱っている第10章についても目を通してください）。また、費用便益分析を行う際には、金額表示される費用と比較できるよう、便益を貨幣価値に換算し金額表示で評価する必要があります。

　次はプロジェクトによって発生する費用を特定化します。公共施設の多くは、建設し運営するために相当規模の費用を要します。例えば、施設の建設投資や開設以降の経常的な運営費（経常支出）です。このようにプロジェクトには**直接費用**が発生します。また公共施設の整備は、周辺道路の混雑や騒音といった環境の悪化を引き起こす恐れがあります。こうした環境の悪化は**間接費用**（**負の外部性**）と呼ばれます。プロジェクトによってどの程度間接費用が発生したかを把握することは困難であり、発生の程度が明らかになったとしても金銭換算することは容易ではありません。しかしプロジェクトによって発生しているわけですから、費用便益分析ではこうした間接費用も計算に入れる必要があります。

図11-1　費用便益分析の手順

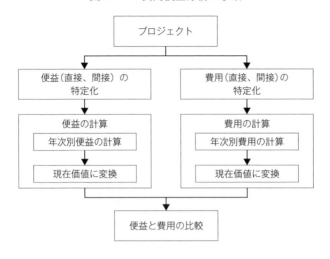

　以上をまとめると、費用便益分析では、「直接便益 + 間接便益（＝総便益）」と「直接費用 + 間接費用（＝総費用）」の比較によってプロジェクトの良し悪しを判断することになります。つまり、

　　直接便益 + 間接便益＞直接費用 + 間接費用　　　　　　　　　　　　(11-1)

であれば、プロジェクトは実施する価値があるということになります。そして、複数の選択肢がある場合には、総便益が総費用よりも大きいプロジェクトほど優れているという判断が成り立ちます。次項以降では、便益と費用の算出方法について解説します。

1.2　現在価値への変換

　一般的に公共施設は初期時点で建設のための大きな投資費用がかかります。そして、施設が完成した後に供用が始まり、便益が発生すると同時に維持管理費や更新費などの費用が発生します。費用便益分析に用いるプロジェクトの総便益と総費用は、例えば総務省が公共施設の耐用年数を60年としているように、長期間にわたって発生する便益と費用を足し合わせたものになるわけですが、同じ額面であったとしても時点が異なれば貨幣価値は異なることから、将来の貨幣価値である**将来価値**を現在の貨幣価値である**現在価値**に修正する必要が生じます。

　今、手元に10,000円（現在価値）の現金があり、金利が５％に固定されている

銀行に預けると1年後には10,500円（10,000×（1＋0.05））、2年後には11,025円（10,000×（1＋0.05）²）、n年後には10,000×（1＋0.05）^{n}円（n年後の将来価値）になります。つまり、n年後の10,000×（1＋0.05）^{n}円は現在の10,000円と同じ価値なのです。したがって、プロジェクト開始後のt年に生み出される便益や必要となる費用を現在価値（評価時点の価値）で表す式は、一般的に次のように示すことができます。

$$t\text{年の現在価値} = \frac{t\text{年の将来価値}}{(1+r)^{(t-\text{評価時点})}} \tag{11-2}$$

現在価値に変換する際に使用するrを**割引率**と呼び、将来価値をすべて現在価値に直すことで、時点の違いによる貨幣価値の違いを取り除くことが可能になります。

以上が一般的な現在価値の考え方です。ところが、しばしば既存の施設を評価する際、過去時点にあたるt'年の便益や費用を評価時点である現在の価値に変換することが求められます。過去時点であるt'年の価値を現在価値で表す式は次の通りです（2.2項のSTEP5では数値例を使って実際に算出しています）。

$$t'\text{年の現在価値} = t'\text{年の過去の価値}×(1+r)^{(\text{評価時点}-t')} \tag{11-3}$$

政府が建設する公共施設の価値を現在価値に変換する際に適用される割引率は**社会的割引率**と呼ばれ、銀行の利子率のような**市場利子率**と区別されます。現実の市場にはさまざまな利子率が存在するため、どの値を採用すれば良いかという問題や、そもそも市場利子率を社会的割引率として用いることが正しいのかといった議論もあります。そのため、わが国では政府によって社会的割引率の指針が定められ、議論があるものの、現在は多くの場合4％として設定されています。

1.3　便益と費用の比較とプロジェクト採択の基準

最後に、プロジェクトの採択を判断するため、貨幣価値に換算した便益と費用を比較し、費用便益指標を算出します。評価基準として代表的な3つのアプローチがあります。

第1は便益を費用で除した**費用便益比**（CBR：Cost Benefit Ratio）を用いる方法です。各年の便益と費用を現在価値に換算し、それらを足し合わせた総便益と総費用から、総便益÷総費用を算出します。つまり、プロジェクトによって発生するt年後の便益と費用をそれぞれB_tとC_t、割引率をr、プロジェクトが影響

を与える期間の長さを n とすると、費用便益比は次のとおり定義できます。

B/C

$$= \frac{B_0 + \dfrac{B_1}{1+r} + \dfrac{B_2}{(1+r)^2} + \cdots + \dfrac{B_t}{(1+r)^t} + \cdots + \dfrac{B_n}{(1+r)^n}}{C_0 + \dfrac{C_1}{1+r} + \dfrac{C_2}{(1+r)^2} + \cdots + \dfrac{C_t}{(1+r)^t} + \cdots + \dfrac{C_n}{(1+r)^n}} = \frac{\sum\limits_{t=0}^{n} \dfrac{B_t}{(1+r)^t}}{\sum\limits_{t=0}^{n} \dfrac{C_t}{(1+r)^t}}$$

$$(11\text{-}4)$$

B/C が１よりも大きければ、事業は少なくとも費用を上回る便益を発生させていることを意味します。費用便益比はプロジェクトの採択を判断する上で最も一般的なアプローチであり、「ビーバイシー（B/C）」と簡略化して呼ばれることがあります。

第２は便益から費用を差し引いた**純便益**を用いる方法であり、**純現在価値**（NPV：Net Present Value）**法**と呼ばれます。プロジェクトの純現在価値は、純便益を現在価値へと換算し、全期間を足し合わせて算出するため、次のとおり定義できます。

$$NPV = (B_0 - C_0)$$

$$+ \frac{B_1 - C_1}{1+r} + \frac{B_2 - C_2}{(1+r)^2} + \cdots + \frac{B_t - C_t}{(1+r)^t} + \cdots + \frac{B_n - C_n}{(1+r)^n} = \sum_{t=0}^{n} \frac{B_t - C_t}{(1+r)^t}$$

$$(11\text{-}5)$$

純現在価値がプラスであれば、便益が費用を上回っていることを意味します。しかし、純現在価値法は便益と費用の引き算であることから、大規模なプロジェクトであるほど、純便益の絶対的な大きさも大きくなります。したがって、費用便益比が小さく規模の大きいプロジェクトが、費用便益比が大きく規模の小さいプロジェクトよりも、高く評価される可能性があります。

第３は**内部収益率**（IRR：Internal Rate of Return）**法**です。内部収益率とは、純便益の現在価値（NPV）をゼロにするような割引率の値を意味し、具体的には次の式における IRR として表されます。

$$NPV = 0 = \sum_{t=0}^{n} \frac{B_t - C_t}{(1+IRR)^t} \qquad (11\text{-}6)$$

内部収益率はプロジェクトの平均的な収益率そのものを表していると解釈することが可能であり、内部収益率が高いプロジェクトであるほど、投資費用に対する便益の割合が大きいといえます。

図11-2　費用便益比の算出手順

	A	B	C	D		E	F		G
1			名目便益	現在価値		費用	費用便益比		割引率
2		現在		入力	結果	400			0.04
3	プロジェクト A	1年目	200	=C3/(1+G2)	(192.3077)				
4		2年目	200	=C4/(1+G2)^2	(184.9112)				
5		3年目	200	=C5/(1+G2)^3	(177.7993)				
6		現在価値総額		=SUM(D3:D5)	(555.0182)	400	=D6/E6	(1.387546)	
7									
8			名目便益	現在価値		費用	費用便益比		割引率
9		現在		入力	結果	400			0.04
10	プロジェクト B	1年目	50	=C10/(1+G9)	(48.07692)				
11		2年目	150	=C11/(1+G9)^2	(138.6834)				
12		3年目	400	=C12/(1+G9)^3	(355.5985)				
13		現在価値総額		=SUM(D10:D12)	(542.3589)	400	=D13/E13	(1.355897)	
14									

1.4　数値例で見る費用便益分析

　数値例を用いて費用便益分析を行ってみましょう。計算はExcelで行います。なお、ここではプロジェクトAとプロジェクトBという2つのプロジェクトを想定します。どちらも、現在（0年目とします）に400の費用を投資し、その後は費用が発生せず3期間の供用ができるとします。プロジェクトA、Bはともに3年間（1年目から3年目）で600の便益を発生するとします。ところが、プロジェクトAは毎年同じ便益（200/年）をもたらしますが、プロジェクトBは1年目には50と便益が少なく、2年目は150、3年目は400というように期間が経つにつれて便益が増加するとします。割引率を4％とすると、各プロジェクトの費用便益比は**図11-2**のように求めることができ、プロジェクトAは1.388、プロジェクトBは1.356となります。

　このように、名目額で同じ便益が発生していたとしても、現在価値に換算するとプロジェクトの費用対効果は異なるのです。どちらのプロジェクトも費用便益比は1を超えていますから、プロジェクトそれ自体は実施する価値があるといえるでしょう。しかし、この数値例では早い時期に便益を発生させるプロジェクトAの方が、便益の発生が遅いプロジェクトBよりも効率的です。このように、便益が発生する時期がプロジェクトの費用対効果に影響するのです。割引率が高ければ高いほど、早い時期に便益を発生させるプロジェクトが望ましいことにな

ります。プロジェクトの費用対効果は、時間的な視野も考慮し、現在価値で費用
と便益を比較することが重要であることがわかります。

1.5　便益を計測することの難しさ

　費用便益分析を行う際に特に重要となるのは、便益の適正な評価です。民間
財・サービスは市場における需給や価格を観察して直接便益を計測することが基
本ですが、公共財・サービスの便益を計測することは容易ではありません。①自
治体が提供するサービスは無料あるいは低廉な料金に設定されているため、利用
者の利用価値を示す直接便益が把握しづらいこと、②さらに博物館などの文化施
設が建設された場合、訪れた人がその地域の文化を理解し、それによってその地
域が円滑に機能したり、文化継承のための資料収集や保管・調査研究が将来世代
や地域社会に対して貢献したりするといった間接便益が発生する可能性があるた
めです。本節では、文化・スポーツ施設のような公共施設の便益を貨幣価値に換
算し金銭表示する代表的な評価方法を解説します。

　評価方法には大きく分けて「表明選好法」と「顕示選好法」があります。**表明
選好法**とは、個人が実際に行動していない場合、仮に行動するとしたらどのよう
な結果が想定されるかをアンケート調査等で尋ねることで便益を評価する方法で
す。**顕示選好法**とは、個人の実際の行動結果に基づいた分析方法であり、既存の
データから間接的に便益を評価する方法です。表明選好法と顕示選好法にはさま
ざまな分析方法があり、それぞれに強みと弱みがあります。したがって、便益の
計測には、①対象とする便益の内容を見定め、②各手法の強みと弱みを踏まえて、
その便益に適した計測方法を選択しなければなりません。

　表明選好法のひとつに仮想評価法があります。**仮想評価法**（CVM：Contin-
gent Valuation Method）は、文化施設、スポーツ施設等の公共施設の利用者を
対象に、アンケート調査によって施設に対して支払っても良い金額を尋ね、それ
を利用者にとっての直接便益とする手法です。例えば、ある施設の入場料が200
円だったとします。200円の価値を感じない人は入場しませんが、逆に、入場者
の中には500円の価値を感じる人もいるかもしれません。この人にとっては潜在
的に500円の便益があるわけですが、200円という入場料からは把握できません。
そこで、アンケート調査によって支払っても良い金額を尋ねることで、利用者の
利用価値である直接便益を計測するわけです。

　仮想評価法は直接便益を計測することは可能ですが、第三者や社会に及ぶ便益である間接便益の計測は不得手です。なぜなら、仮想評価法を用いて間接便益を計測するには、非利用者に対してもアンケート調査を行う必要がありますが、間接便益の及ぶ範囲（アンケート調査範囲）を特定できなかったり、施設の存在は知っていても、立地場所、規模、内容などの詳細を知らない住民から正確な間接便益の情報を入手することが困難であったりするためです。つまり、仮想評価法は利用者の直接便益を推計するのに利用し、間接便益については別途推計することが望ましいといえます。

　そこで本章では間接便益の計測方法として、顕示選好法のひとつであるヘドニック・アプローチをとりあげます。公共施設が整備されることによる利便性の向上など、土地を取り巻く環境の変化がその土地の地価に反映される**キャピタリゼーション仮説（資本化仮説）**という考え方があります。キャピタリゼーション仮説に基づくと、地域のアイデンティティの強化や景観の改善等によって施設の非利用者や社会にも間接便益が発生すれば、当該地域の土地需要が拡大することから地価が上昇します。この考え方を利用して、間接便益を地価等の経済的指標から評価しようとする手法が**ヘドニック・アプローチ**です。近年、GIS（地理情報システム）によって地価等の地理的統計データが集めやすくなっていることから、ヘドニック・アプローチは自然環境や歴史的遺産といったさまざまな分野で活用されています。

　次節からは、直接便益を計測するのに適している仮想評価法、間接便益を計測するのに適しているヘドニック・アプローチの概念と分析方法を解説します。

2　仮想評価法を用いて費用便益分析に挑戦してみよう

2.1　仮想評価法とは

　利用者が公共施設を利用することに大きな価値を感じていても、施設が無料あるいは低廉な料金に設定されていれば、利用者が感じている価値を料金収入から測ることはできません。では、利用者が感じる公共サービスの便益（直接便益）はどのようにして把握すれば良いのでしょうか。その疑問を解決する方法として、仮想評価法があります。

　仮想評価法（CVM）とは、公共施設を対象に、例えば「現存する公共施設が
なくなったら」や「ここに施設を新たに建設したら」というような仮想のシナリ
オを回答者に提示し、現状を維持するため、あるいは仮想の状態を達成するため
にいくら支払っても良いかをアンケート調査等の手段によって尋ね、その**支払い
意思額**（WTP：willingness to pay）を便益とする方法です。環境経済学の分野
を中心に発展しており、海外ではレクリエーション地の水質や、分譲住宅地周辺
の樹木に加え、歴史遺産、劇場、図書館の便益を計測する手法として適用事例を
増やしています。

　CVM は WTP の決定要因を明らかにすることができるという強みがあります。
例えばアンケートの回答者は、①公共施設の利用から得られる満足感（直接利用
価値）だけではなく、②公共施設をすぐに使う予定はなくても、希望するときに
いつでも使えるという安心感（**オプション価値**）から WTP を高く評価している
かもしれません。CVM はアンケート調査票の作り方によって、これらを詳細に
分析することを可能にします。この点に関しては林（2016）を参照してください。

　しかし、CVM はアンケート調査によって情報を収集しなければならないこと
から弱みもあります。例えば、回答者が質問者（本調査の実施者や調査スタッ
フ）を喜ばすような回答をしてしまう**追従バイアス**が発生するかもしれません。
CVM は他にもさまざまなバイアスを生じさせやすいといわれており、便益の正
しい計測を行うにはアンケート調査によるバイアスの存在や恣意性を排除しなけ
ればなりません。アンケート調査における注意点に関しては第4章を参照してく
ださい。

2.2　仮想評価法を用いた費用便益分析

　ここからはすでに供用されている仮想の博物館を例にあげ、仮想評価法
（CVM）を用いた直接便益の計測と費用便益分析の手順について解説します。分
析対象とする博物館は、建設年度が2000年度であり、2001年度から供用が開始さ
れ、耐用年数が50年間であるとします。つまり、便益が発生するのは、供用開始
年度である2001年度から耐用最終年度である2050年度までの50年間です。また、
博物館建設後20年が経過した2020年度に、この博物館を評価するための費用便益
分析を実施したと仮定します。バイアスを極力排除した分析結果を導くため、**図
11－3**の手順で分析を行います。

図11 - 3 仮想評価法の手順

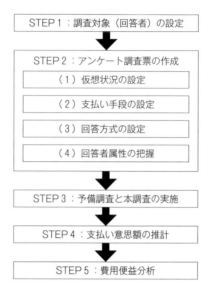

STEP1：調査対象（回答者）の設定

STEP2：アンケート調査票の作成
- （1）仮想状況の設定
- （2）支払い手段の設定
- （3）回答方式の設定
- （4）回答者属性の把握

STEP3：予備調査と本調査の実施

STEP4：支払い意思額の推計

STEP5：費用便益分析

STEP1）調査対象（回答者）の設定

　まず、評価する主体である調査対象（回答者）の選択です。調査対象は、事業に対する十分な便益評価能力を持つと考えられ、かつ事業の便益が及ぶ範囲が基本です。そのためにも、既存の調査事例を参考にすることはもちろんですが、本調査を行う前にプレテストを実施し、その結果等をもとに便益の集計範囲を予想した上で、本調査の対象を設定することをお勧めします。誰の便益を計測するかによってサンプルを抽出する対象が異なります。CVMによって博物館の利用者の便益を推計する場合は、博物館内の利用者からアンケート調査票を回収する必要があります。「非利用者も施設に対して価値を感じているだろうから、調査対象を市民全体に広げるべきだ」という考えもあります。しかし、施設の内容を知らない非利用者は便益を正しく評価できない可能性が高いことに注意が必要です。

STEP2）アンケート調査票の作成

●仮想状況の設定

　仮想評価法で最も重要なことは、適正なアンケート調査を行うことです。WTPの尋ね方は、まだ建設されておらず計画中の施設を評価する場合と既存の

図11－4　状況変化による便益のイメージ

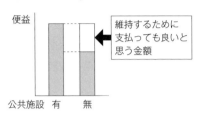

（Ⅰ）施設の計画を評価する場合

施設がない現状を基準とし、ある状態にするためのWTPを尋ねる。

便益

ある状態になるために支払っても良いと思う金額

公共施設　無　有

（Ⅱ）既存施設を評価する場合

施設がある状態を基準とし、ない状態にしないためのWTPを尋ねる。

便益

維持するために支払っても良いと思う金額

公共施設　有　無

施設を評価する場合で異なります。計画中の施設を評価する場合は、**図11－4**の（Ⅰ）のように、施設がない現状を基準として、施設が建設される仮想の状況に対して支払っても良いと考える金額（WTP）を尋ねます。一方で既存の施設を評価する場合は、（Ⅱ）のように、施設がある現状を基準として、施設がなくなる仮想の状況を回避するために支払っても良い金額（WTP）を尋ねます。（Ⅰ）だと「施設の建設が計画中だとする。この計画を実施するためには、あなたは最大いくらまで支払うか」を尋ねることになり、（Ⅱ）だと「施設の閉館が計画中だとする。施設を失うことなく、将来にわたって維持していくために、あなたは最大いくらまで支払うか」を尋ねることになります。他にも、図書館サービスを対象とした池内（2003）では、図書館がレンタルブック店（貸本屋）であるという仮想状況において1冊の借覧に対するWTPを質問するなど、評価対象に沿って便益を的確に把握できる仮想状況を考える必要があります。

●支払い手段の設定

WTPを尋ねる際にWTPの支払い手段を明確にすることで回答者がイメージしやすくなります。支払い手段には寄付金のように回答者が自発的に金額を支出するものや、税金や利用料金といった支出が強いられるものがあげられます。寄付方式の場合、税金方式と比較し、**温情効果**（寄付が良い行いであるとして支払行為自体に満足し、WTPを高くする）や**戦略的バイアス**（支払いの強制力が低いことなどがきっかけとなり、本当に支払うであろう金額よりも意図的に便益を過大、過小に評価する）を含みやすいという弱みがある一方で、税金方式の場合、心理的抵抗感や使途を特定する目的税に馴染みが薄いことから寄付方式よりも回

収率が下がったり、抵抗回答が増えたりする弱みを持ちます。また、支払い手段には一括払い、年払いなどの支払い方法があり、一般的には、税金支払いは年払い、寄付金は一括払いが最も自然な支払い方式と考えられています。このように支払い手段によって違いがあるため、支払い方法を調査票に明確に記載する必要があります。

●仮想状況と支払い手段の記述例

　以上を踏まえて、既存の博物館を例にアンケート調査票を考えてみましょう。回答者に仮想の状況であることをしっかり認識してもらう必要があるため、調査票には「博物館の価値を金額に置き換えて評価するために、次のような仮想の状況を考えてください。」と明記します。WTP の尋ね方は既存の施設であることから図11－4の（Ⅱ）を採用し、支払い手段は寄付方式を選択すると、「将来、建物そのものの劣化、機能劣化、予算不足などにより、さまざまな面で維持保全が困難な状況になり、施設存続の危機（閉館を含む）に追い込まれると仮定します。その場合、博物館の展示物や資料を将来にわたって維持・存続させるための基金が必要となります。」というような仮想状況を設定できます。

　仮想状況を提示する際には、事業を実施する場合やしない場合の状況について、文章、写真を活用し、わかりやすく伝えることも大切です。例えば、「寄付を行う場合は、①博物館が維持され、貴重な資料を見たり各種の活動に参加したりする機会が生まれますが、②費用がかかり、あなたのお金（可処分所得）が減ります。一方で、寄付を行わない場合は、①博物館がなくなることで、貴重な資料を見たり各種の活動に参加したりする機会が失われますが、②費用がかからず、あなたのお金（可処分所得）は減りません。」というように状況を明記することで、寄付方式によって生じる温情効果や戦略的バイアスへの対策になります。他にも、基金がすべて施設の維持・運営に使われることや、寄付金が多くなると施設の維持年数が長くなること等詳細を明記することで、回答者がイメージしやすくなります。

●回答方式の設定

　仮想の状況が設定できたら、回答者から WTP を尋ね導く回答方式を設定します。回答方式には、回答者から直接 WTP を尋ねる方法である**自由回答方式**や、回答者に決まった額を示し、それに対する YES か NO の回答から統計的に WTP を導く方法である**二項選択方式**などがあります。自由回答方式は一見、簡

表11-1　二段階二項選択方式の調査票のイメージ

調査票の パターン	最初の提示金額	二段階目の提示金額	
①	1000円	YES → 2000円 → YES or NO	
		NO → 500円 → YES or NO	
②	2000円	YES → 3000円 → YES or NO	
		NO → 1000円 → YES or NO	
③	3000円	YES → 5000円 → YES or NO	
		NO → 2000円 → YES or NO	
④	5000円	YES →10000円 → YES or NO	
		NO → 3000円 → YES or NO	

注）4パターンのうちの1パターンを回答者に提示し、
異なる回答者に別の1パターンを提示します。

便な方法のように感じられますが、無回答や極端な金額の回答が多くあらわれる可能性があります。二項選択方式は、金額が前もって提示されますので回答者が回答しやすく、かつバイアスが少ない質問形式として頻繁に使われています。その中でも最初に提示された金額に YES と答えた回答者にはさらに高い金額を、NO と答えた回答者には低い金額を提示して、再度 YES か NO を尋ねるという**二段階二項選択方式**は、少ないサンプルでも効率的に信頼性の高い結果が得られることから、多くの調査で用いられています。本書では、二段階二項選択方式にもとづいた調査の方法を解説していきます。

　二段階二項選択方式は、**表11-1**のように提示金額が異なったいくつかのアンケート調査票のパターンを作成し、回答者はその中から1つのパターンに対して回答します。予備調査（プレテスト）の結果や既存の類似事例をもとに WTP の回答の幅を予想し、最大提示額、最小提示額、提示額の段階数を設定します。ここでは最初の提示額として4つのパターンを設定しています。

　最初の提示額（パターン①であれば1,000円）を「支払わない（NO）」と答えた人には、二段階目に最初の提示額よりも低い金額（同500円）を提示し、「支払う（YES）」と答えた人には二段階目に最初の提示額よりも高い金額（同2,000円）を提示します。他のパターンも同様です。しかし、注意すべき点があります。最初に「支払わない（NO）」と答えた人は、（1）提示額が WTP よりも高いという理由以外に、（2）アンケートの理解が十分でなかったり、提示された仮想状況

や支払い手段に納得できなかったりといった抵抗回答である可能性も考えられます。WTP を算出する際には（2）の回答者を除く必要があることから、NO と答えた理由を尋ね、抵抗回答や無効回答と判断できる選択肢を設ける必要があります。具体的には、提示額よりも低い WTP であったり、価値を感じていなかったりすることを示す「(a) 負担する金額が高いから」「(b) 施設が必要ない」の選択肢、そして抵抗回答や無効回答である「(c) 寄付によって、運営することはおかしい」「(d) 寄付するだけの余裕がない」「(e) 質問の意味がよくわからない」という選択肢です。WTP を算出する際には（c）、（d）、（e）の回答者をサンプルから除く必要があります。

●回答者属性の把握

アンケート調査を行う際、回答者の属性（年齢、居住地など）を尋ねることで、標本と母集団との間で属性の構成比に大きな差がないことや特定の属性が無回答や抵抗回答である可能性を確認できます（第 4 章4.1項を参照してください）。さらに、年齢や居住地などの回答者の属性や寄付をする理由を尋ねることで、WTP の大きさが何で決まっているのかという決定要因を明らかにできます。神戸市立博物館の来館者にアンケート調査を行った林（2016）では、年齢、年間収入や対象施設までの所要時間に加えて、「自分が利用しなくても、自分の子や孫が、展示資料に触れる機会が必要と考えたから（**遺贈価値**）」や「自分が利用しなくても、他の人が文化活動の場として利用しているから（**代位価値**）」といった WTP の理由を尋ねており、年齢と年間収入に加えて、次世代に残したいという動機から生じる価値（遺贈価値）や他者が利用することへの期待から発生する価値（代位価値）のような、利他的な動機によって便益が大きくなっていることを明らかにしています。

STEP2ではアンケート調査票の作成方法を解説しましたが、他の CVM の文献でも、精密な CVM を行うための工夫がなされています。関心のある方は NOAA（アメリカ海洋大気庁、The National Oceanic and Atmospheric Administration）ガイドラインや国土交通省河川局河川環境課のチェックリスト、その他の CVM の解説本を参考にしてください。NOAA ガイドラインについては栗山（1997）の付録 A（57頁）に記載されています。

STEP3）予備調査と本調査の実施

　アンケート調査票が完成したら、予備調査（プレテスト）と本調査を行います。本調査の前に予備調査の実施や既存の類似事例を確認することで、調査票の改善点や提示額の回答の幅を修正できます。例えば、予備調査で最大提示額に対する賛成回答が多い場合は、最大提示額をより高額に設定する必要があります。また調査方法は、郵送調査法、面接調査法、インターネット調査法などの中から、それぞれの利点、欠点を比較検討し、母集団に対する偏りが少ない調査方法を設定します。

STEP4）支払い意思額（WTP）の推計

●支払い意思額の推計方法

　仮想評価法はアンケート調査で求めたWTPから利用者にとっての直接便益を導き出します。回答者が直接WTPを回答する自由回答方式の場合、WTPのアンケート調査によって回答者毎のWTPを把握できますが、二段階二項選択方式の場合、提示額に対して「支払う」「支払わない」で答えるため、WTPが提示額以上なのか提示額以下なのかしか把握できません。したがって、利用者が感じる直接便益についてもおおよその数値しか把握できず、このままでは費用便益分析に用いることはできません。

　そこで、①回答者全員のWTPを代表する一つの値を求め、②求めたWTP代表値に母集団を構成する要素の総数（利用者数）を掛け合わせることで、WTP総額（総便益）を推計します。

● WTP代表値の求め方

　WTP総額を推計するには、WTPの代表値を求めなければなりません。WTP代表値には平均値と中央値があります。平均値は少数の高額回答の影響を受け、代表値としては過大になる可能性があります。一方で中央値は、理論的には平均値よりも劣るのですが、平均値に比べて控えめな数値になることから、事業の実施にゴーサインを出す基準としては適正だといえます。

　二段階二項選択方式を用いて、アンケート調査を行った結果、**表11-2**のような結果が得られたとしましょう。以下の説明は少々やっかいだと思うかもしれませんが、ゆっくり慎重にたどっていけば大丈夫ですのであきらめないでください。各パターンの回答者100人のうち、一段階目と二段階目でNOと答えた回答者を

表11-2　二段階二項選択方式による各パターンの回答者数

質問票の パターン	提示額（円）			回答者数	NN	NY	YN	YY
	一段階目	二段階目						
①	1,000	Y	2,000	100	10	20	30	40
		N	500					
②	2,000	Y	3,000	100	30	30	20	20
		N	1,000					
③	3,000	Y	5,000	100	60	20	10	10
		N	2,000					
④	5,000	Y	10,000	100	70	20	8	2
		N	3,000					

NN、一段階目で NO と答え、二段階目で YES と答えた回答者を NY、一段階目で YES と答え、二段階目で NO と答えた回答者を YN、一段階目と二段階目で YES と答えた回答者を YY として、グループ分けしています。二項選択方式の場合、WTP が提示額よりも高いか低いかのデータしか手に入りませんので、WTP 代表値を出すには少し工夫が必要です。WTP 代表値の推計には、支払い意思額関数モデルやランダム効用モデルなどのモデルを用いる分析方法（パラメトリック）が推奨されていますが、難易度が高くなりますし、別の統計解析ソフトも必要ですので、ここでは Excel を用いて算出できる方法として、次の方法を紹介します。

　表11-2から提示額に対して、「支払っても良い」と答えた人の比率、つまり受諾率を算出します。まず、パターン①から④の中から、回答者の WTP が500円以上か未満かを判断できるパターンを探してみましょう。パターン①は NN と答えた人（10人）が500円未満であり、NY、YN、YY が500円以上であることがわかります。パターン②は NN が1,000円未満であることがわかりますが、500円以上か未満かは判断できません。他のパターンも同様に判断できないことから、500円以上か未満かを判断できるパターンは①のみです。以上から、パターン①では回答者のうち90人が500円以上となります。そこで、**表11-3**のパターン①の回答者数に100を、受諾者数に90を入れましょう。

　同様に、他の提示額も見ていきます。例えば、2,000円以上か未満かを判断できるパターンを探すと、パターン①は YY の回答者（40人）が2,000円以上の

表11-3　支払い意思額と受諾率

支払い意思額	回答者数(人)	受諾者数(人)	受諾率
500円以上	100(パターン①)	90	0.9
1,000円以上	200(パターン①,②)	140	0.7
2,000円以上	300(パターン①,②,③)	120	0.4
3,000円以上	300(パターン②,③,④)	70	0.233
5,000円以上	200(パターン③,④)	20	0.1
10,000円以上	100(パターン④)	2	0.02

WTPであり、YN、NY、NNの回答者は2,000円未満のWTPであることがわかります。パターン②は一段階目で2,000円以上か未満かが判断でき、2,000円以上はYN、YYの計40人、パターン③は、NNの回答者は2,000円未満、NYの回答者は2,000円から3,000円未満のWTPであり、YYとYNは3,000円以上の提示額にYESと答えたわけですから2,000円以上の受諾者数は40人と判断できます。しかし、パターン④はNNと答えた人は3,000円未満であることはわかりますが、2,000円から3,000円未満なのか、それとも2,000円未満なのかは判断できません。つまり、WTPが2,000円以上か未満かを判断できるパターンは①から③です。ということで、2,000円という提示額の回答者数に300を、確実に2,000円以上支払っても良いと考える受諾者数に120を入れます。

　他の金額についても同じように考えて回答者数と受諾者数を記入します。そして、その金額だったら支払っても良いと考える人の割合である受諾率は、受諾者数÷回答者数で求めることができます。こうして金額が高くなるほど受諾率は下がることを示した表11-3が完成します。

　500円以上の受諾率が90%ですから、500円未満は10%となります。また、1,000円以上の受諾率が70%であることから、500円以上1,000円未満のWTPを持つ回答者は20%（=90%-70%）となります。こうした考え方を**図11-5**のように順次適用していくことによって各支払意思額階級の相対度数と累積相対度数を求めることができます。**相対度数**とは各階級の度数（ここでは受諾者数）の全体（全回答者数）に対する割合、**累積相対度数**とはある階級までの累積度数の全体の度数に対する割合のことです。

　以上の作業が終われば、WTP代表値（中央値）が算出できます。中央値は累積相対度数が0.5となる値であり、**図11-6**の$\widetilde{WTP}$が中央値です。したがって、

図11-5　支払い意思額の階級値と相対度数・累積相対度数の算出手順

	A	B	C	D	E	F	G		H	
1	表11-3			階級	WTP	WTP	相対度数		累積相対度数	
2	支払い意思額	受諾率		（支払い意思額（円））	下限値	上限値	入力	結果	入力	結果
3	500円以上	0.9		0〜500	0	500	=1-B3	(0.1)	=G3	(0.1)
4	1000円以上	0.7		500〜1000	500	1000	=B3-B4	(0.2)	=H3+G4	(0.3)
5	2000円以上	0.4		1000〜2000	1000	2000	=B4-B5	(0.3)	=H4+G5	(0.6)
6	3000円以上	0.233		2000〜3000	2000	3000	=B5-B6	(0.167)	=H5+G6	(0.767)
7	5000円以上	0.1		3000〜5000	3000	5000	=B6-B7	(0.133)	=H6+G7	(0.9)
8	10000円以上	0.02		5000〜10000	5000	10000	=B7-B8	(0.08)	=H7+G8	(0.98)
9				10000〜		10000	=B8	(0.02)	=H8+G9	(1)
10				合計			=sum(G3:G9)	(1)		
11										
12						WTP代表値（中央値）				
13						入力		結果		
14				=((F5-E5)/(H5-H4))*(0.5-H4)+E5			(1666.7)			
15										

図11-6　中央値の算出

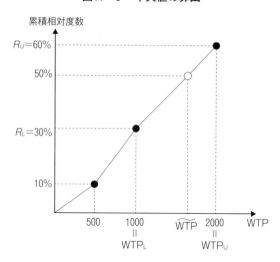

中央値は以下の式から算出できます。

$$\widetilde{WTP} = \frac{WTP_U - WTP_L}{R_U - R_L} \times (0.5 - R_L) + WTP_L \tag{11-7}$$

この式において、WTP_U は累積相対度数が50％を初めて超える階級の上限額、WTP_L はその階級の下限額を示します。また、R_U は累積相対度数が50％を初めて超える階級の累積相対度数、R_L は累積相対度数が50％を超える手前の階級の

累積相対度数を表します。図11‐5からWTP_Uは累積相対度数が60%である1,000円以上2,000円未満の上限額2,000円、WTP_Lはその階級の下限額1,000円であり、R_Uはその階級の累積相対度数60%、R_Lは500円以上1,000円未満の階級の累積相対度数30%です。この数値を上の式に代入することによって中央値1,666.7円が求まります。

　なお、本書ではとりあげませんでしたが、ランダム効用モデルなどのパラメトリックな分析方法を行うには、栗山・柘植・庄子（2013）に関連する情報が提供されているウェブサイト（http://kkuri.eco.coocan.jp/research/introtxt/index.html）にある「Excelでできる環境評価」の「ExcelでできるCVM」をダウンロードする方法がありますので、関心のある方は試してみてください。

●母集団構成要素の総数の確定

　WTP代表値の次は、母集団構成要素の総数である利用者数の確定です。ここでは寄付は1回限りとし、過去に利用したことがある人や同じ年に複数回利用した場合には寄付はしないと考えます。つまり、年間のWTP総額は、初めての利用者数（初回利用者数とします）をWTP代表値に乗じることで求めることができます。上の例ではWTP代表値は1,666.7円でしたので、年間の初回利用者数が10万人だとすれば、年間のWTP総額（総便益）は166,670千円になります。ところが、公共施設の利用者数調査では、利用者数は延べ人数で発表されることが一般的です。延べ人数には利用が複数回の人や過去に利用した人もいますから、延べ人数を利用すると複数回の利用者から何度も寄付を受け取ることになり、便益を過大推計してしまいます。したがって、こうした重複計算を避けるためにアンケート調査時に利用回数を尋ねる必要があります。

STEP5）費用便益分析
●総便益の算出

　ここまでWTPの代表値を算出し母集団構成要素の総数を確定させました。その結果、年間のWTP総額（総便益）は166,670千円になることが明らかになりました。このWTP総額（総便益）は年間の数値です。この博物館から便益が発生するのは供用開始年度である2001年度から耐用最終年度である2050年までの50年間です。つまり費用便益分析に用いる総便益は、50年にわたるWTP総額の合計値でなければなりません。

　長期間にわたる WTP 総額を足し合わせることから、各年の WTP 総額を評価年度である2020年度の貨幣価値（現在価値）に変換することが求められます。2001年度から2019年度までは過去の WTP 総額の価値を現在価値に変換することになるため、現在価値に変換するときに使用する割引率が４％であるとすれば、1.2項の(11-3)式に割引率と評価年度を当てはめた、

$$t' 年度の総便益の現在価値 = t' 年度の総便益 \times (1+0.04)^{(2020-t')} \tag{11-8}$$

によって、現在価値に変換することができます。また、2021年度から2050年度までは将来の WTP 総額の価値を現在価値に変換することになるため、1.2項の(11-2)式より

$$t 年度の総便益の現在価値 = \frac{t 年度の総便益}{(1+0.04)^{(t-2020)}} \tag{11-9}$$

によって、現在価値に変換することができます。このように各年度の総便益を現在価値に順次変換していき足し合わせることにより、50年間の総便益の現在価値は**図11-7**のとおり7,845,176千円であることがわかります。

●総費用の算出

　次は総費用の算出です。対象とする博物館の費用には施設の維持・管理のための経常的な費用（光熱水費・管理委託費（設備・警備）・事務費など）と施設の建設費用があります。なお、経常費には維持管理費以外に展示関係費や資料購入費などがありますが、これらは施設の維持や管理にともなうものでないため、博物館自体の費用を計測する場合には除外しなければなりません。

　まず維持・管理費の現在価値を算出しましょう。維持・管理費が発生するのは、供用開始年度である2001年度から耐用最終年度である2050年度までの50年間です。毎年の維持・管理費が50,000千円とすると、2001年度から2019年度は過去の価値を現在価値に変換するため、1.2項の(11-3)式から、

$$t' 年度の維持・管理費の現在価値 = t' 年度の維持・管理費 \times (1+0.04)^{(2020-t')} \tag{11-10}$$

によって算出し、2021年度から耐用最終年度である2050年度までは将来価値を現在価値に変換するため、1.2項の(11-2)式から、

$$t 年度の維持・管理費の現在価値 = \frac{t 年度の維持・管理費}{(1+0.04)^{(t-2020)}} \tag{11-11}$$

によって算出します。このように各年度の維持・管理費を現在価値に順次変換し

図11-7　総便益の算出方法

	A	B	C	D	
1	年度		年間の総便益 （千円）	年間の総便益の現在価値 （千円）	
2				入力	結果
3	建設年度	2000	－	－	
4	供用開始年度	2001	166,670	=C4*(1+0.04)^($B$23-B4)	(351,149)
		⋮	⋮	⋮	
21					
22		2019	166,670	=C22*(1+0.04)^($B$23-B22)	(173,337)
23	評価年度	2020	166,670		166,670
24		2021	166,670	=C24/(1+0.04)^(B24-$B$23)	(160,260)
		⋮	⋮	⋮	
51					
52		2049	166,670	=C52/(1+0.04)^(B52-$B$23)	(53,443)
53	耐用最終年度	2050	166,670	=C53/(1+0.04)^(B53-$B$23)	(51,387)
54				50年間の総便益の現在価値 （千円）	
55				=SUM(D4:D53)	(7,845,176)

足し合わせていくことにより、50年間の維持・管理費の現在価値は**図11-8**のとおり2,353,506千円であることがわかります。

　次に建設費用を算出します。建設年度である2000年度に20億円の博物館の建設費用がかかったとすると、建設費用の現在価値は、

　　建設費の現在価値＝2000年度の建設費×$(1+0.04)^{(2020-2000)}$　　　　　(11-12)

によって算出できます。その結果、建設費の現在価値は4,382,246千円です。つまり、維持・管理費と建設費の合計である総費用の現在価値は6,735,752千円になります。もし博物館を建設しなければ、現時点でこれだけの財源が残ることになったはずです。

●費用便益分析の結果

　最後に算出した総便益と総費用を比較することで費用便益指標を算出し、プロジェクトの良し悪しを判断します。総便益は7,845,176千円、総費用は6,735,752千円であることから、1.3項で示した費用便益指標の1つである費用便益比を求

図11-8　総費用の算出方法

	A	B	C	D (維持・管理費の現在価値 (千円))		E	F (建設費の現在価値 (千円))	
	年度		維持・管理費 (千円)	入力	結果	建設費 (千円)	入力	結果
3	建設年度	2000	−	−		2,000,000	=E3*(1+0.04)^($B$23-B3)	(4,382,246)
4	供用開始年度	2001	50,000	=C4*(1+0.04)^($B$23-B4)	(105,342)			
21		⋮	⋮	⋮				
22		2019	50,000	=C22*(1+0.04)^($B$23-B6)	(52,000)			
23	評価年度	2020	50,000		50,000			
24		2021	50,000	=C24/(1+0.04)^(B24-$B$23)	(48,077)			
51		⋮	⋮	⋮				
52		2049	50,000	=C52/(1+0.04)^(B52-$B$23)	(16,033)			
53	耐用最終年度	2050	50,000	=C53/(1+0.04)^(B53-$B$23)	(15,416)			
54				50年間の維持・管理費の現在価値 (千円)			50年間の総費用の現在価値 (千円)	
55				=SUM(D4:D53)	(2,353,506)		=D55+F3	(6,735,752)

　めると1.165（＝7,845,176千円÷6,735,752千円）となります。つまり、総便益の方が大きいことから、分析対象である博物館は投資に耐えうる施設であることがわかります。以上のように、仮想評価法は料金収入では計測できない利用者の直接便益を推計でき、博物館のみならずさまざまな分野に応用可能です。

　ただしここで注意しなければならないことは、本節では博物館建設による直接便益と直接費用しか考慮していないということです。博物館には地域が円滑に機能したり文化水準が向上したりするといった間接便益や、渋滞や混雑などの間接費用を発生させる可能性があります。費用便益分析では(11-1)式のとおり、間接便益と間接費用を考慮する必要があります。仮想評価法は第三者や社会に及ぶ間接便益・間接費用の計測は不得手ですから、3節で紹介するヘドニック・アプローチ等を用いて間接便益や間接費用についても別途計測し、間接便益と間接費用も考慮に入れた上で費用便益分析を行うことが望ましいといえるでしょう。

3　ヘドニック・アプローチを用いて費用便益分析に挑戦してみよう

3.1　ヘドニック・アプローチとは

　公共施設は利用者にとっての直接便益や、施設の建設や維持管理にかかる直接費用だけでなく、第三者や社会に対して環境改善等による間接便益（正の外部性）や環境悪化等による間接費用（負の外部性）を発生させる可能性があります。ヘドニック・アプローチ（hedonic approach）とは、公共施設の建設やサービスの供給による間接便益や間接費用が土地の価格（地価）や賃金水準に反映されることを前提とし、間接便益や間接費用を地価や賃金の変化額によって求める手法です。間接便益と間接費用の大きさを直接的に表すデータがなくても、間接便益は地価や賃金を引き上げ、間接費用は地価や賃金を引き下げることから、既存のデータの変化が間接便益から間接費用を差し引いた純便益を表していることになります。つまり、既存のデータである地価や賃金が上がれば間接便益が間接費用を上回ることを示し、地価や賃金が下がれば間接便益が間接費用を下回ることを意味します。なお、理論については『地域政策の経済学』（林他　2018）を参照してください。

　1.3項で説明したように、プロジェクトの採択を判断する費用便益指標を算出する方法には費用便益比、純現在価値法、内部収益率法があります。2節では、総便益÷総費用によって算出される費用便益比によってプロジェクトの採択を判断しました。一方、本節で取り扱うヘドニック・アプローチは直接的に純便益（間接便益－間接費用）を計測することから、純便益がプラスかマイナスかを確認することでプロジェクトの良し悪しを判断する純現在価値法を適用することになります（詳細については3.2項）。

　それでは、具体的にヘドニック・アプローチの手法を解説しましょう。ヘドニック・アプローチは地価を被説明変数、価値を計測したい分析対象の水準（公共施設の有無や規模など）を説明変数とした**回帰分析**（第5章を参照してください）によって地価関数を推計し、説明変数の係数から環境改善の価値を求めます。都市経済学において最も一般的な地価理論では、地価は中心業務地区（CBD：Central Business District）からの距離の減少関数（中心業務地区からの距離が

増加すると地価が減少するという関係性）としてとらえられています。このように地価は中心業務地区からの距離の影響を受けますが、その他にも、地積や建蔽率、用途区分などの構造特性、最寄り駅からの距離などの立地特性、生活関連施設の整備状況などの地域環境特性から影響を受けることが考えられます。そこで、実際にヘドニック・アプローチを行う際には、公共施設等の分析対象による環境改善（悪化）の価値だけを正確に抽出するために、地価に与える他の要因の影響を**コントロール変数**によって取り除かなければなりません。しかし、コントロールするために過大に変数を選択することは、**多重共線性**（第5章2.3項を参照してください）を発生させやすい等の問題を引き起こすため、注意が必要です。

　被説明変数である y に地価、説明変数である x に分析対象の水準（公共施設の有無、規模など）、z_i に地価に影響を及ぼす構造特性、立地特性、地域環境特性等のコントロール変数を加えたモデル、

$$y = \alpha + \beta x + \gamma_1 z_1 + \gamma_2 z_2 + \cdots \tag{11-13}$$

によって公共施設の建設等による環境改善（悪化）の効果をとらえます。(11-13)式を用いて回帰分析を行った結果、説明変数 x の係数 β がプラスで有意であった場合、分析対象である公共施設の建設によって生じた間接便益が間接費用を上回っている（純便益がプラスになっている）ことを意味しており、環境が改善されたことを表しています。マイナスで有意であった場合、間接費用が間接便益を上回っている（純便益がマイナスになっている）ことを意味しており、環境が悪化したことを表しています。

　被説明変数や説明変数が検討できたら、回帰分析を行うためにデータを収集します。地価の計測ポイントの詳しい情報（住所、価格、最寄り駅からの距離、地積、用途区分、給排水等状況、建蔽率、容積率など）は国土交通省『土地情報総合システム』の「地価公示・都道府県地価調査」から得ることができます。また、各地価ポイントと中心業務地区や分析対象の公共施設までの距離を明らかにするには、GIS（地理情報システム）のフリーソフトである「MANDARA」（ktgis.net/mandara/）や有料ソフトである「Arc GIS」などが使えます。このように表明選好法と異なり、データ入手が比較的容易であることもヘドニック・アプローチの強みといえます。

3.2　ヘドニック・アプローチを用いた費用便益分析

　いま、神戸市の中央区・灘区・兵庫区・北区において、道路の幅員を1m拡幅する道路拡幅整備事業を実施するかどうかを判断するために、事業の費用対効果（間接費用と間接便益）を明らかにしたいという状況下にあるとします。道路の拡幅は利用者の利便性を高めるだけでなく、景観の改善や道路に面している土地の利便性を向上させるなどの間接便益を発生させる一方、交通量の増加による騒音や排気ガスといった間接費用を発生させる可能性があります。したがって、間接便益と間接費用が地価に反映されるという前提に立ったヘドニック・アプローチを用いることで、事業による間接便益と間接費用を明らかにできそうです。ただし、まだ事業を実施したわけではありませんので、事業によって生じる実際の間接便益と間接費用を計測できるわけではありません。そこで、①2019年度時点の住宅地の地価を被説明変数、道路整備水準（道路の幅員）を説明変数とした地価関数を推計することで、道路整備水準が地価に及ぼす影響を明らかにし、②この結果をもって、道路拡幅整備事業の純便益（間接便益 − 間接費用）がプラスになるのかマイナスになるのか（費用対効果）を判断することにしました。それでは、ヘドニック・アプローチを用いた道路拡幅整備事業の費用便益分析について、順を追って解説していきましょう。

STEP1）分析モデルの特定化

　まずは、分析に用いるモデルを特定化します。道路整備による間接便益や間接費用が土地の価格（地価）に反映されるという前提に基づき、被説明変数には地価（y）を用います。説明変数については、道路整備による環境改善（悪化）の効果をとらえるための説明変数（x）、道路整備の効果を正確に抽出するためのコントロール変数として、地積（z_1）、建蔽率（z_2）、容積率（z_3）、用途区分（z_4）、最寄り駅からの距離（z_5）を使用します。さらに3.1項の通り、一般的に地価は中心業務地区からの距離の減少関数であることから、中心業務地区としてJR三ノ宮駅を採用し、JR三ノ宮駅からの距離（z_6）についてもコントロール変数として使用します。

　被説明変数であるyに地価、説明変数であるxに道路整備水準、z_iに地価に影響を及ぼすコントロール変数を加えたモデル、

$$y = \alpha + \beta x + \gamma_1 z_1 + \gamma_2 z_2 + \gamma_3 z_3 + \gamma_4 z_4 + \gamma_5 z_5 + \gamma_6 z_6 + u \qquad (11\text{-}14)$$

によって道路整備による環境改善（悪化）の効果をとらえます。u は誤差項であり、モデルに考慮した説明変数では説明できない部分を指します（第5章1.1項参照）。

STEP2）分析データの入手

●『土地情報総合システム』掲載データ

　続いて、分析に用いるデータを入手します。被説明変数に用いる「地価」、説明変数に用いる「道路整備水準」や「地積」「建蔽率」「容積率」「用途区分」「最寄り駅からの距離」については、『土地情報総合システム』の「地価公示・都道府県地価調査」からデータを入手することができます。対象地域を選択し、希望の地価情報（地価公示、都道府県地価調査）、調査年、用途区分（住宅地、商業地など）を設定した後、検索をクリックします。ここでは、対象地域を神戸市中央区、灘区、兵庫区、北区、調査年を平成31年から令和元年、用途区分を住宅地と設定します。検索の結果、144地点（神戸市中央区20、灘区32、兵庫区23、北区69）の住宅地ポイントの詳細が表示され、被説明変数である各住宅ポイントの1 m^2 当たりの地価、今回の分析の目的である道路拡幅整備事業の効果をとらえるための前面道路の幅員（m）、コントロール変数である地積（m^2）、建蔽率（%）、容積率（%）、用途区分、最寄り駅からの距離（m）のデータが掲載されています。用途区分については、第一種低層住居専用地域を1、それ以外を0としたダミー変数とします。

●中心業務地区（JR三ノ宮駅）からの距離

　コントロール変数に用いる JR三ノ宮駅からの距離（km）については、『土地情報総合システム』にデータが記載されていません。JR三ノ宮駅から各住宅ポイントまでの距離は GIS を使って、次の方法で得ることができます。

　Step1）Excel を使って、各住宅ポイントの住所、CBD の住所を記入したファイル（ファイル形式：csv（コンマ区切り））を作ります。その際、**図11-9**のようにA1に「住所」と記入します。

　Step2）東京大学空間情報科学研究センターが提供する「CSVアドレスマッチングサービス」（http://newspat.csis.u-tokyo.ac.jp/geocode-cgi/geocode.cgi?action=start）から各住所の緯度・経度を求めます。その際、「全国街区レベル（緯

図11‑9　CBDから地価ポイントまでの距離の出し方

STEP1) Excelファイル（ファイル形式：csv（コンマ区切り））を作成

	A	B	C
1	住所		
2	兵庫県神戸市中央区宮本通６丁目４０４番		
3	兵庫県神戸市中央区熊内橋通３丁目３３２番		
4	兵庫県神戸市中央区中山手通６丁目４番２４		
5	⋮		

STEP2) CSVアドレスマッチングサービスから緯度・経度を求める。

STEP3) MANDARAから行政区域が描かれた地図を入手し、

STEP4) 地点を反映する。

反映した地図ファイルの一部

STEP5) MAP、TITLE、TIME、UNITと住所を入力したEXCELファイルを作成

	A	B
1	MAP	神戸市地価マップ
2	TITLE	CBDからの距離
3	TIME	2020
4	UNIT	地価（円/m²）
5	兵庫県神戸市中央区宮本通６丁目４０４番	255000
6	兵庫県神戸市中央区熊内橋通３丁目３３２番	242000
7	兵庫県神戸市中央区中山手通６丁目４番２４	433000
8	兵庫県神戸市中央区国番通６丁目３４２番	252000
9	⋮	

度経度・世界測地系)」、住所を含むカラム番号を「１」に設定します。「変換し
たいファイル名」の「参照」ボタンをクリックし、Step1で作成したcsvファイ
ルを選択します。戻ってきたファイルを開くと、「fX」には経度、「fY」には緯
度が格納されています。なお、「iConf」は変換の信用度を表す値であり、５であ
れば問題ありません。また「iLv1」は変換のレベルを表しており、７であれば番
地のレベルでの変換を示しています。

　Step3) 住宅ポイントやCBDの地点をフリーソフトである「MANDARA」
（ktgis.net/mandara/）を使って、地図に反映しましょう。まず、MANDARA
を開いてから「マップエディタ」を選択し、地図データを作成します。行政区域

が描かれた地図を作成するには 2 つの方法があります。国土交通省『国土数値情報ダウンロード』（https://nlftp.mlit.go.jp/ksj/index.html）から「行政区域（シェープファイル形式（shp））」をダウンロードし、MANDARA の「地図データ取得」→「シェープファイル」から読み込む方法、MANDARA のダウンロード時に手に入る「日本市町村緯度経度.mpfz」を使用する方法です。いずれかを行うと行政区域が描かれた地図を入手できます。

　Step4）Step2 の csv ファイルの住所、緯度（fY）・経度（fX）をコピーし、MANDARA の「オブジェクト編集」→「点オブジェクトの取り込み」→オブジェクト名を設定し、並び順を「経度 − 緯度」にしてから「クリップボードから取得」をクリックします。その作業を行うことによって、地図に地価や CBD などのポイントが反映されますので、地図ファイルを保存し、MANDARA を閉じましょう。

　Step5）次に図11‐9 のような Excel ファイルを作ります。ここでは Step4 の地図ファイル名を「神戸市地価マップ」と設定したため、そのように記入します。MAP、TITLE、TIME、UNIT と住所をコピーし、MANDARA を起動させ、「クリップボードのデータを読み込む」をクリックします。そして、「分析」→「距離測定」→「レイヤ内オブジェクトから選択」をクリックし、各地価ポイントまでの距離を計測したい場所（CBD や分析対象）の住所を選択しましょう。OK をクリックした後、「編集」→「属性データ編集」→「属性データ編集」をクリックすると、対象から地価ポイントまでの距離データが出力されています。

STEP3）推計前の下準備
●説明変数の選択─相関分析─

　すべての変数のデータが入手できたら、(11-14)式を推計します。しかし、過大に変数を採用することによって、多重共線性が発生しやすいという問題が引き起されます。そこで、多重共線性を発生させないために説明変数同士の相関係数を確認してみましょう（相関係数の求め方は第 5 章3.3項を参照してください）。容積率、建蔽率、第一種低層住居専用地域ダミーの 3 変数同士が絶対値で約0.8と強い相関関係にありました。この結果から、第一種低層住居専用地域に指定されていることによって、容積と建蔽率が低くなっていることが予想できます。多重共線性の問題を回避するため、分析では建蔽率のみを使用します。

●対数変換

　ヘドニック・アプローチの推計モデルはさまざまな形で原データを変換することで、推計式の当てはまりが良くなることが知られており、①原データの線形モデル、②被説明変数のみ、または説明変数のみを対数化した片対数モデル、③被説明変数と説明変数の両方を対数化した両対数モデルのうちフィットの良い関数形を選択することで、より精度の高い地価関数を得ることができます。ここでは、分析対象地域の144地点の地価には大きな差がありますので、被説明変数のみを対数化することによって数値の差を小さくします。なお、対数変換の方法については第7章2.1.4を参照してください。

STEP4）地価関数の推計と推計結果の読み取り

　被説明変数である「地価（対数値）」、説明変数である道路整備の効果をとらえる「前面道路の幅員（m）」、コントロール変数である「地積（m²）」、「建蔽率（%）」、「最寄り駅からの距離（m）」、「JR三ノ宮駅からの距離（km）」のデータを入力し回帰分析を行うことで、地価関数が求まります（回帰分析の方法については第5章3節を参照してください）。回帰分析の結果は次の通りです。なお、係数は小数点第7位を四捨五入しています。

$$ln（地価）=10.6836+0.028701×（前面道路幅）+0.000031×（地積）$$
$$(2.09) \qquad\qquad (0.14)$$
$$+0.031536×（建蔽率）-0.000141×（最寄り駅からの距離）$$
$$(5.56) \qquad\qquad (-4.33)$$
$$-0.137633×（JR三ノ宮駅からの距離）$$
$$(-12.89)$$

$$(11-15)$$

自由度修正済み決定係数=0.731　括弧内はt値

　道路整備の効果をとらえた「前面道路の幅員」がプラスで有意な結果が得られました。また、コントロール変数として採用した「JR三ノ宮駅からの距離」と「最寄り駅からの距離」の係数がマイナスで有意であることから、CBDや最寄り駅から近くなるほど地価が高くなり、「建蔽率」の係数がプラスで有意であることから、建蔽率が大きくなるほど地価が高くなることがわかります。また地価に影響すると考えていた地積はt値が低く有意ではありません。この地価関数の自由度修正済み決定係数（補正R2）は約0.731であることから、有意であった4つ

の説明変数によって地価の決定要因を73%ほど説明できていることを意味しています。

STEP5）費用対効果の検証

●環境を改善するのか？　悪化させるのか？

　回帰分析の結果を踏まえ、道路拡幅整備事業の費用対効果について検証しましょう。道路整備による環境改善（悪化）の効果をとらえるための説明変数（前面道路幅）の係数がプラスで有意な結果となっていることは、道路を整備したことによって生じた間接便益が間接費用を上回っている（純便益がプラスになっている）ことを意味しており、道路整備によって環境が改善されたことを表しています。このことから道路を拡幅する事業を実施することで、さらなる環境改善効果が見込まれるのではないかという予想が立てられます。それでは、道路の幅員を１ｍ拡幅することによって、どの程度の純便益が生じるのか推計してみましょう。

●事業の純便益を推計しよう

　ここでとりあげた地価関数は被説明変数を対数化していることから、得られた結果を対数変換前の数値に変える必要があります。Excelを使って $= exp$（係数）-1 と計算することで、説明変数の係数を対数変換前の数値に変えることができます。この方法で得られた対数変換前の数値は、その変数のみを１単位だけ増加させたときの地価の変化率を表します。例えば、「前面道路幅」の係数が約0.028701であることから、道路の幅員が１ｍ広くなると地価を約2.912%（$= exp$（0.02870094601）-1）だけ上昇させることがわかります（%表示にした上で、小数点第４位を四捨五入）。なお、対数変換前の数値に戻す方法の詳細は第７章2.2.1を参照してください。

　道路の幅員が１ｍ広くなると地価が約2.912%上昇することが回帰分析の結果から明らかになりました。この結果から、道路の幅員を１ｍ広げるという道路拡幅整備事業の純便益（間接便益－間接費用）を求めましょう。各区の１haが道路拡幅整備事業の事業範囲であると仮定した場合、例えば神戸市中央区であれば、①2019年度の住宅地の平均地価が306,550円／m²であることから、道路拡幅整備事業によって地価が約8,926.7360円／m²（＝306,550×0.02912）上昇し、②道路拡幅整備事業の事業範囲が１haであることから、純便益は約89,267,360

表11-4　道路拡幅整備事業による便益

	平均価格 （円／m²）	地価上昇率 （%）	地価上昇額 （円／m²）	道路拡幅整備事業 想定範囲（10,000m²）	便益 （円）
中央区	306,550	2.912	8,926.7360	10,000	89,267,360
灘区	274,484	2.912	7,992.9703	10,000	79,929,703
兵庫区	187,435	2.912	5,458.1009	10,000	54,581,009
北区	52,133	2.912	1,518.1227	10,000	15,181,227

円となります。各区の結果が**表11-4**に示されています。

　少し複雑な話になりますが、土地所有者が土地を利用することで将来にわたって獲得できる収益を現在価値に換算したものが「地価」であると古典的理論では考えられています。したがって、ヘドニック・アプローチを用いて推計された純便益（地価の上昇額）は、道路拡幅整備事業によって将来にわたってもたらされる収益を現在価値に換算したものととらえることができます。つまり本節では、1.3項でとりあげた純現在価値法（純便益を現在価値へと換算し合計した純現在価値によって費用対効果を判断する方法）を用いて道路拡幅整備事業を評価しているといえるでしょう。

●直接便益・費用についても考慮しよう

　以上のようにヘドニック・アプローチによって純便益（間接便益 - 間接費用）を計測した結果、純便益がプラスであることがわかりました。ただし注意しなければならないことは、ここでは道路拡幅整備事業による間接便益と間接費用しか考慮していないということです。もちろん道路拡幅整備事業には、運転手の利便性の向上といった直接便益や、事業にかかる直接費用も発生します。費用便益分析では(11-1)式のとおり、直接便益と直接費用を考慮する必要があります。2節で紹介した仮想評価法等を用いて直接便益についても別途計測し、直接便益と直接経費も考慮に入れた上で費用便益分析を行うことが望ましいといえるでしょう。その際、ヘドニック・アプローチは直接的に純便益（間接便益 - 間接費用）を推計していることから、CVMで得られた直接便益から直接費用を差し引くことで純便益（直接便益 - 直接費用）を求め、両者を足し合わせた結果（（直接便益 + 間接便益） - （直接費用 + 間接費用））がゼロより大きいかどうかによって費用対効果を判断することになります。

第12章

政策効果を把握する
差の差の分析をマスターしよう

本章のねらい

　これまでの章で政策効果の計測方法をとりあげてきました。政策効果は政策を実施しなかった場合と実施した場合との差です。しかし、政策効果を計測する際には、政策目標として設定した数値が政策によって達成されたのか、つまり政策と達成された数値との間に因果関係があるのかを確認しなくてはなりません。また、政策効果が生まれるまでには相当な時間が必要です。とくに地域の経済構造を変えるような政策は、第10章でとりあげた短期的な経済波及効果は別として、長期的な効果がすぐに現れることはほとんどありません。そのため政策効果を計測するには、政策を実施しなかったとしても生じたであろう変化分を取り除いて計測する必要があります。これらの問題を解決し政策効果を計測する際によく用いられるのが「差の差の分析」です。本章ではこの分析手法を解説し、簡単な事例に手法を適用します。解説に多くの分量を充てていますが、「政策形成における EBPM の活用」という本書のテーマにおいて最も重要なポイントの総まとめの意味もありますので、十分に理解してください。

1　政策効果を明らかにすることの難しさ

1.1　相関関係と因果関係

　市場では多くの農作物がブランド品として出回るようになっており、地域経済に貢献しています。いま、ある自治体が農家の所得向上を目指し、付加価値の高いブランド農作物の栽培を促進するために助成を行っており、この助成事業を次年度以降も引き続き実施すべきか否かを検討しているとします。継続の是非を判断するには、助成事業によって農家の所得が向上したかどうかを検証しなければなりません。

　助成事業の効果を検証するために、助成事業実施前後における農家の所得変化を確認したところ、助成事業の活用実績が多い農家ほど所得増加額が大きい傾向にあることが統計的に検証されたとします。このように、2つのデータ（ここでは助成事業の活用実績と所得増加額）の間に関連性があることを**相関関係**といいます。一見、助成事業の効果が発揮されているように思いますが、果たしてこのデータをもって次年度以降も助成事業を継続すべきと結論づけてもよいでしょうか。

　相関関係の中でも原因（助成事業の活用実績）と結果（所得増加額）の関係になっているケースを**因果関係**と呼び、因果関係が証明されれば政策効果が発揮されたと判断できます。次年度以降も助成事業を継続することで、農家のさらなる所得向上が見込めるでしょう。しかしながら、助成事業の活用実績が多い農家ほど所得増加額が大きい傾向が見えたとしても、実際には単なる偶然であるケースや、「擬似相関」や「逆の因果関係」といった事象が生じているだけで、助成事業の活用実績から所得増加額への因果関係が存在していない可能性もあります。相関関係があるからといって、必ずしも因果関係が存在しているとは限らないのです。相関関係が見られたとしても因果関係が確認できない場合、再び同じ助成事業を実施しても効果が得られることはなく、むしろ資源の浪費につながります。

　このように政策効果を明らかにするためには、政策と政策実施前後に生じた変化との関係が、因果関係なのかそれとも単なる相関関係なのかを正確に見極めることが重要です。そして、政策と政策実施前後に生じた変化との関係が因果関係であることが証明されて、はじめてその変化が政策による効果であるといえるのです。それでは、相関関係にあるものの因果関係にはない状況である「擬似相関」や「逆の因果関係」とはどのようなものなのでしょうか。

1.2　擬似相関

　助成事業の活用実績の多い農家ほど所得が大きく増加している傾向にあるという結果だけを見ると、助成事業は農家の所得向上に効果があるように思えます。ところがさらに調査を進めていくと、高い栽培技術を有している農家ほど積極的にブランド農作物に挑戦していることが明らかになったとします。この場合、助成事業の活用実績（X）と所得増加額（Y）の間には次のような関係が生じているかもしれません。

図12-1　交絡因子

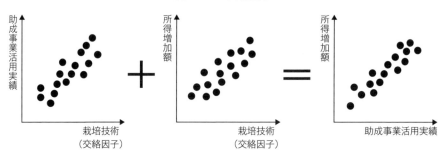

①高い栽培技術を有していることがブランド農作物に挑戦する積極的な姿勢に結びついているとすれば、結果として高い栽培技術を有しているほど助成事業の活用実績が多くなります。そして、仮にブランド農作物の出荷が実現していなくても、②高い栽培技術を有していることが従来の農作物の品質を高いものとし、高値での売買を可能にすることから所得が大きく増加している可能性も考えられます。このような現象が起きている場合、**図12-1**に示されているように、一見助成金の活用が所得の増加に結びついているように見えるものの、実は「栽培技術」という第3の要因ZがXとYの両方に影響しているために、結果としてXとYの間に因果関係があるように見えているだけなのです。XとYの両方に影響を及ぼす要因Zのことを**交絡因子**と呼び、交絡因子によって因果関係があるように見えるケースを**擬似相関**と呼びます。擬似相関が生じている場合、助成事業の活用と所得増加額との間には因果関係はありませんので、助成事業を継続したとしても農家の所得向上につながるとはいえません。

1.3　逆の因果関係

　助成事業の活用という原因によって所得の増加という結果が生じているように見えるものの、実際は因果関係が逆である可能性もあります。例えば、ブランド農作物の栽培には多額の費用がかかるとします。助成金が交付されたとしても栽培には多額の費用がかかることから、ブランド農作物に挑戦するにはそれなりの所得を稼いでいなければなりません。また、ブランド農作物の栽培費用がそれほど高くなかったとしても、成功するか失敗するかがわからない新しい農作物に挑戦するには、資金に余裕がなければなりません。つまり、所得が増加している農

図12-2　相関関係

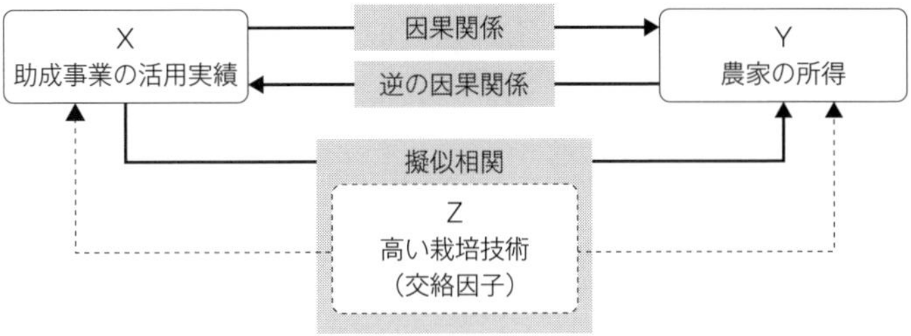

資料）伊藤（2018）より作成。

家でなければブランド農作物の栽培に挑戦できず、その結果、所得の増加額が多い農家ほど助成金の活用実績が多くなる可能性があります。このように、原因と結果が逆転していることを**逆の因果関係**と呼び、擬似相関と同様、助成事業を継続したとしても農家の所得向上につながるとはいえません。

　ここまで相関関係と因果関係の違い、そして、あたかも因果関係があるような錯覚を引き起こす「擬似相関」と「逆の因果関係」についてみてきました。政策形成において政策効果を把握することは非常に重要なプロセスです。そして、政策効果を把握するためには、政策の実施と政策実施前後の変化との因果関係を証明しなければならず、この作業は困難を伴います。繰り返しになりますが、相関関係にあることが必ずしも因果関係の存在を意味しているわけではありません。相関関係と因果関係は混同しやすいことから、相関関係の概要を示した**図12-2**を踏まえて、頭の中をもう一度整理することをお勧めします。

1.4　因果推論の根本問題

　それでは、どのようにして因果関係と単なる相関関係とを見極めればよいのでしょうか。SF小説や映画では「主人公がもしもあの時あの行動を起こしていなければ、どういう事になっていただろうか」といったように、主人公が住んでいる世界とは異なるもう一つの世界である「並行世界（パラレルワールド）」を描き出す手法が良く用いられます。もし政策が実施されなければどうなっていたかという並行世界を考えることが、因果関係を見極める方法になります。現実世界では政策が実施されているのに対して、政策が実施されていないという事実とは異なる並行世界を想定することから、この並行世界のことを**反事実**と呼びます。

図12 - 3　政策効果

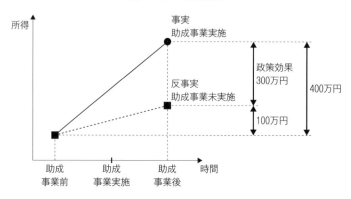

　先ほどの事例と同様、ある自治体が農家の所得向上を目指し、ブランド農作物の栽培に対して助成を行ったとします。助成事業前後の所得の変化を調査したところ、助成事業を活用した農家Aでは所得が400万円増加していました。一見すると助成事業の導入が功を奏したように思えますが、残念ながらこれだけの情報では、高い栽培技術という交絡因子の存在や、所得が増加したために助成事業を活用したという逆の因果関係、または単なる偶然であるという可能性を否定できません。この点を検証し因果関係を証明するには、先ほども述べたように「もし助成事業が実施されなければ農家Aの所得はどうなっていたか」という並行世界（反事実）との比較が必要になります。図12 - 3を用いて解説します。

　いま、助成事業を実施していないという点以外は違いのない並行世界が存在しているとします。現実世界における助成事業後の調査時点と同時期に農家Aの所得を調査したところ、並行世界における農家Aの所得増加額は100万円でした。単なる偶然によって、助成事業を活用した農家の所得が増加していたとすれば、助成事業が実施されていない並行世界での所得増加額も400万円であったはずです。また、高い栽培技術という交絡因子が存在したり、所得増加が助成事業を活用させたという逆の因果関係が生じたりすれば、並行世界でも所得が400万円増加していたはずです。しかし実際は並行世界における所得増加額が100万円であることから、助成事業の活用実績と所得増加額との関係は単なる相関関係ではなく因果関係であることがわかります。そして、因果関係であることが証明されたことから、助成事業の政策効果は、助成事業を実施した場合の所得増加額400万

円と実施しなかった場合の所得増加額100万円の差である300万円であることがわかります。

　しかしながら、助成事業を活用したことによる農家Ａの所得の変化を観察することができたとしても、助成事業が実施されなかったという並行世界における農家Ａの所得の変化を観察することはできません。政策効果を把握するためには、事実と並行世界である反事実を比較した上で因果関係を証明しなければなりませんが、実際には並行世界は存在しないことから、一個人のデータによって因果関係を証明することは不可能です。この問題を**因果推論の根本問題**と呼んでいます。

1.5　仮想的な反事実状態を作り出す

　それでは、どのようにして助成事業と所得増加額との因果関係を証明すればよいでしょうか。一個人のデータでは事実と反事実の両方を観察できないことは、先ほど述べた通りです。では、農地の面積や使用している農機具などあらゆる面で農家Ａと条件が等しく、助成事業を活用していないという点だけが異なる農家Ｂが存在すればどうでしょうか。

　助成事業前後の所得の変化を調査したところ、農家Ｂの所得増加額は100万円であることがわかりました。このことから、助成事業の活用実績と所得増加額との間には因果関係があり、助成事業の効果は300万円であるといえそうです。なぜなら、農家Ａと農家Ｂは助成事業の活用の有無以外はすべて同じ条件であるため、仮に農家Ａが助成事業を活用していなければ農家Ｂと同じ所得増加額100万円になるはずだからです（しかし農家Ａの実際の所得増加額は400万円です）。つまり、助成事業の活用の有無という点だけが異なる農家を反事実とみなして比較することができれば、助成事業と所得増加額との因果関係を証明することができ、助成事業の効果を明らかにすることができるわけです。

　因果関係なのか単なる相関関係なのかを明らかにするためには、助成事業の活用の有無を除くすべての条件が等しい農家Ｂのような比較対象が存在すればよいわけですが、そのような比較対象を見つけ出すことは容易ではありません。医療などの分野であれば、新薬の効果を調べるために同じ環境下においたマウスを２グループ準備し、片方のグループに新薬を投薬することで因果関係を証明することが可能です。しかし政策効果を検証するにあたっては、全く同じ条件下にあ

り、比較可能なグループや個人が存在する可能性は限りなく低いといえるでしょう。政策効果を検証するためには、仮想的な反事実状態を作り出さなければならないのです。

2　ランダム化比較試験

2.1　ランダム化比較試験とは

　仮想的な反事実状態を作り出す方法の一つに、**ランダム化比較試験**（RCT：Randomized Controlled Trial）があります。**図12 - 4**にはランダム化比較試験の概要が示されています。はじめに、十分な数のサンプルを2つのグループにランダムに振り分けます。一方のグループは政策を実施する処置群とし、もう一方のグループは政策を実施しない対照群とします。そして、政策を実施した一定期間後、両グループの状態を比較します。その結果、処置群の状態が対照群の状態よりも改善していれば、政策効果が認められることになります。政策効果を明らかにするためには、政策が実施されたという事実と政策が実施されていないという反事実とを比較することで、政策の実施（原因）とその後の成果指標の変化（結果）との因果関係を証明する必要があるわけですが、ランダム化比較試験では、政策が実施されたという事実を処置群に求め、政策が実施されていないという反事実状態を対照群によって仮想的に作り出すことで、政策効果を明らかにするわけです。

　対照群を処置群の反事実とするためには、政策実施の有無以外の条件が処置群と対照群とで同じでなければなりません。仮に政策実施の有無以外の条件が対照群と処置群で異なるなら、一定期間後に比較した両グループの状態が例え異なっていたとしても、その違いが政策以外の理由によって発生している可能性を排除できないためです。そして、政策の実施の有無以外の条件を等しくするためには、処置群と対照群が恣意性なくランダムに振り分けられている必要があります。その理由について見ていきましょう。

2.2　ランダムに振り分ける理由とは

　政策担当者が地域内を北部地域と南部地域の2つに分割し、北部地域を助成事

図12-4　ランダム化比較試験

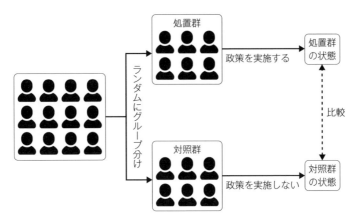

資料) 伊藤 (2018) より作成。

業の対象とする処置群、南部地域を助成事業の対象外とする対照群とした上で、一定期間助成事業を実施しました。その結果、北部地域に位置する農家の所得増加額の平均値が南部地域に位置する農家の所得増加額の平均値を上回りました。一見すると助成事業と所得増加額の間には因果関係があるように思えますが、この結果をもって助成事業は効果があったと判断してよいのでしょうか。

　地域内を単純に北部と南部に分割し助成事業の効果を検証したわけですが、実は北部地域は相対的に土壌が農業に適しており、南部地域は農業に適していないことが明らかになったとします。北部地域の所得増加額が南部地域よりも高いのはこうした環境面による可能性があり、助成事業の効果のみを反映しているとは限りません。処置群と対照群の条件が政策実施の有無以外の点において等しければ問題ありませんが、地域で区分するという方法ではその可能性は限りなく低くなるでしょう。

　処置群と対照群への振り分けを政策担当者が行うのではなく、個人（ここでは農家）に委ねた場合はどうでしょうか。助成事業の活用を希望する農家を処置群、希望しない農家を対照群とした上で、一定期間助成事業を実施したとします。その結果、助成事業を活用した農家の所得増加額が活用しなかった農家の所得増加額を上回りました。この結果をもって、助成事業は効果があったと判断できるでしょうか。

　この場合も残念ながら助成事業に効果があったとは断言できません。なぜなら、高い栽培技術を有している農家ほど助成事業を積極的に活用しており、そして、高い栽培技術を有しているからこそ所得増加額が大きいという、交絡因子（ここでは栽培技術）の存在を否定できないためです。処置群と対照群への振り分けを個人の行動に委ねた場合、処置群と対照群の条件が等しくなるとは限りません。

　それでは、すべての農家を、助成事業を活用できるグループ（処置群）と活用できないグループ（対照群）にランダムに振り分けた場合はどうでしょうか。どの農家も1／2の確率でどちらかのグループに振り分けられるため、北部地域に位置する農家や技術水準の高い農家が処置群に偏る可能性は低くなります。とくに分析対象とする農家が多ければ多いほど、ランダムに振り分けることで、両グループにおける政策の有無以外の条件が比較可能な程度に等しくなります。ランダム化比較試験の対象とするサンプルを処置群と対照群に振り分ける際、例えば投げたコインの裏表やくじ引きによってグループを振り分けるといったように、ランダムに振り分けなければならないのです。ランダムに振り分けることで初めて「もし政策を実施しなければ」という反事実の状況を対照群に作り出すことができるのです。

2.3　ランダム化比較試験を実施することの難しさ

　ここまでランダム化比較試験について解説を行ってきました。ランダム化比較試験は正しく実施することができれば、政策効果を精緻に把握することができます。しかしながら、ランダム化比較試験がしばしば用いられている医療分野に比べて、政策の場においてランダム化比較試験を実施することは極めて困難です。なぜなら、住民をランダムに処置群と対照群に振り分けるとしても、特定の住民を政策の対象とし、それ以外の住民については政策の対象から外すという行為について、住民からの反発が予想されるためです。実際の政策を評価するためにランダム化比較試験を用いることは難しいといえるでしょう。

　ただ、政策効果の有無を知ることだけを目的に、政策実施前に実験的にランダム化比較試験を行うことは可能です。実際に国内の事例として、北九州市の一般世帯を対象に、電力価格と節電との因果関係に関してランダム化比較試験が行われています（詳細については、依田・田中・伊藤 2017）。実験的な試みであることを理解してもらうことで、住民の協力が得られる可能性は高くなるでしょう。

　しかしながら、ランダム化比較試験から得られた結果が、その後に行われる実際の政策において適用可能かは定かではありません。また、ランダム化比較試験を実施するにはできる限り多くのサンプルが必要になることから、数多くの住民に協力してもらう必要があり、時間などの非金銭的なものも含めある程度のコストを覚悟しなければなりません。ランダム化比較試験は政策効果を把握する上で有力な方法の一つですが、このように政策の場で用いるにはハードルが高い方法であるといえるでしょう。

　ランダム化比較試験が実施できない場合、どのようにして因果関係を証明し政策効果を把握すればよいでしょうか。ランダム化比較試験に頼らずに政策効果を把握する方法はいくつかありますが、その一つとして、国や自治体などが公表している既存のデータから反事実状態を見つけ出し政策効果を把握する「差の差の分析」があります。

3　差の差の分析を学ぶ

3.1　差の差の分析とは

　差の差の分析（DID：Difference-in-differences analysis）とは、①政策の影響を受けるサンプルを処置群とし、②政策の影響を受けず、かつ政策の実施という点以外の条件が処置群と似通っているサンプルを既存の統計データから見つけ出し対照群とした上で、③処置群における政策実施前後のデータの差から、対照群における政策実施前後のデータの差を引くことによって政策効果を把握する手法です。ランダム化比較試験は数多くのサンプルをランダムに処置群と対照群に振り分けることで、仮想的な反事実状態を作り出すことからスタートしました。それに対して差の差の分析は、既存のデータから反事実状態とみなすことができるサンプルを探し出すことからスタートします。ランダム化比較試験は主に政策を事前評価するために実験的に行われるのに対して、差の差の分析は既存データを使うことで、政策の事後評価や今後の継続の是非を判断するための中間評価だと考えてよいでしょう。**図12-5**を用いて、差の差の分析について詳しく見ていくことにします。

　国や自治体が公表している統計データの多くは、都道府県や市町村といった地

図12-5 差の差の分析

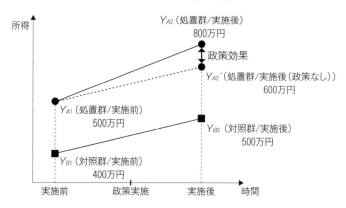

域別に集計されています。したがって、地域政策の効果を把握するために差の差の分析を用いる場合、その多くは処置群と対照群を地域単位で設定することになります。いま、助成事業を実施している地域Aを処置群、助成事業を実施しておらず条件が地域Aに似通っている地域Bを対照群に設定したとします。地域Aと地域Bは似通った条件を持つ地域同士ですので、地域Bを仮想的な反事実状態とみなすことができます。既存の統計データから、地域Aにおける助成事業実施前後の所得データを手に入れたところ、助成事業実施前時点の所得の平均値が500万円（Y_{A1}）、助成事業実施後時点の所得の平均値が800万円（Y_{A2}）であることがわかりました。助成事業実施前後を比較すると、地域Aでは所得が300万円（$Y_{A2}-Y_{A1}$）上昇していることから、助成事業の効果は300万円であるように思えますが、そう結論付けるのは早計です。

　既存の統計データから、地域Bにおける助成事業実施前後の所得データを手に入れたところ、助成事業実施前時点の所得の平均値が400万円（Y_{B1}）、助成事業実施後時点の所得の平均値が500万円（Y_{B2}）であることがわかりました。助成事業実施前後を比較すると、地域Bでは所得が100万円（$Y_{B2}-Y_{B1}$）上昇していることがわかります。地域Aと地域Bは似通った条件を持つ地域同士であることから、仮に地域Aにおいて助成事業が実施されなかったとしても、地域Bと同様に所得が100万円上昇していたのではないかという予想が立てられます。つまり、地域Aにおいて助成事業を実施しなかった場合、助成事業実施後と同時点における地域Aの所得の平均値は600万円（Y_{A2}'）になっていたと考えられ

表12 - 1　差の差の分析

	政策実施前	政策実施後	差 （実施後－実施前）	
地域A （処置群）	500万円 （Y_{A1}）	800万円 （Y_{A2}）	300万円 （$Y_{A2}-Y_{A1}$）	時系列比較
地域B （対照群）	400万円 （Y_{B1}）	500万円 （Y_{B2}）	100万円 （$Y_{B2}-Y_{B1}$）	
差 （地域A－地域B）	100万円 （$Y_{A1}-Y_{B1}$）	300万円 （$Y_{A2}-Y_{B2}$）	200万円 （$(Y_{A2}-Y_{A1})-(Y_{B2}-Y_{B1})$）	
		クロスセクション 比較	差の差の分析	

るのです。

　以上のことから、地域 A における助成事業実施前後の所得増加額300万円（$Y_{A2}-Y_{A1}$）には、純粋な助成事業の効果だけではなく、助成事業以外の影響によって変化した所得が含まれていることがわかります。したがって、地域 A における助成事業実施前後の所得増加額300万円（$Y_{A2}-Y_{A1}$）から、地域 A と地域 B 共通の所得増加額100万円（$Y_{B2}-Y_{B1}$ または $Y_{A2}'-Y_{A1}$）を差し引くことにより、助成事業による純粋な所得増加額、すなわち政策効果は200万円となります。地域 A の 2 時点間の差（$Y_{A2}-Y_{A1}$）から地域 B の 2 時点間の差（$Y_{B2}-Y_{B1}$）を差し引くことによって純粋な政策効果を導き出せることから、差の差の分析と呼ばれています。

　政策効果を求める際、処置群だけに注目し、処置群における政策実施前後の統計データ（表12 - 1 における Y_{A1} と Y_{A2}）を比較することによって効果を把握しようとしているケースが散見されます。このように、ある地域や個人についての統計データを時点間で比較することを**時系列比較**と呼びますが、時系列比較では政策効果を正確に把握することはできません。なぜなら、先ほど説明したように、処置群における政策実施前後の統計データの差には、政策を実施しなくても生じる変化分が含まれているからです。

　また、政策実施後時点における処置群と対照群の統計データ（表12 - 1 における Y_{A2} と Y_{B2}）を比較することによって、効果の把握を試みているケースも見られます。このように、ある一時点における地域や個人の統計データを比較することを**クロスセクション比較**と呼びますが、クロスセクション比較でも政策効果を

正確に把握することはできません。なぜなら、政策実施後時点における処置群と対照群の統計データの差には、政策実施前時点ですでに生じている処置群と対照群の統計データの差が含まれているからです。例えば、表12－1を見ると、助成事業実施後時点における地域 A の平均所得額800万円（Y_{A2}）から地域 B の平均所得額500万円（Y_{B2}）を差し引くことによって求められる300万円（$Y_{A2}-Y_{B2}$）には、助成事業実施前時点ですでに生じている地域 A と地域 B の所得の差100万円（$Y_{A1}-Y_{B1}$）が含まれていることがわかります。

　一方、差の差の分析であれば、処置群における政策実施前後の統計データの差から、政策を実施しなくても生じる変化分を取り除いており、時系列比較が持つ問題点を解決しています。また、差の差の分析は変化に着目した方法であることから、助成事業実施前時点で生じている処置群と対照群の統計データの差は関係なく、クロスセクション比較が持つ問題点を解決しています。処置群と対照群の政策実施前後の統計データを手に入れることができれば、難しい計算を行わなくても、政策以外の影響を取り除いた上で政策効果が把握できることから、差の差の分析は有用な手法であるといえるでしょう。

3.2　差の差の分析を行う際の注意点

　差の差の分析は既存の統計データを用いることから、一からデータを収集するランダム化比較試験に比べるとハードルの低い手法であるといえるでしょう。しかし、差の差の分析を用いるには次の2つの仮定が満たされていなければなりません。

　1つ目の仮定とは、「処置群に対して政策が実施されなかった場合、処置群における時間経過による変化と対照群における時間経過による変化が等しい（データは平行に推移する）」という仮定です。この仮定のことを**平行トレンドの仮定**と呼びます。政策から受ける影響の有無以外の条件が処置群と対照群との間で似通っていることで、初めて対照群に選んだ個人やグループを仮想的な反事実状態とみなすことができます。平行トレンドの仮定が満たされて、初めて比較可能になるのです。しかし、処置群に対して政策が実施されなかった場合、処置群がどのように推移するのかを観測することは不可能です。そこで、政策実施前の期間を観察し、処置群と対照群の変化が等しければ（データが平行に推移していれば）、あくまでも可能性ですが、政策実施後の変化も等しいと考えます。

図12‐6　平行トレンドの仮定

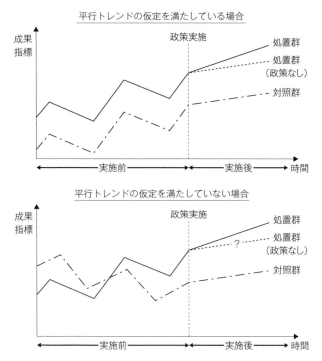

図12‐6の上の図をご覧ください。政策実施前の期間、処置群と対照群のデータは平行に推移しています。政策実施前の変化が等しいということは、処置群と対照群は似通った条件下にあることを示しており、政策実施後の期間においても政策による影響を受けなければ平行に推移することが予想されます。しかしながら図12‐6の下の図のように、政策実施前の期間、処置群と対照群のデータが異なる動きをしている場合、処置群と対照群は似通った条件下にあるとは考えにくく、政策実施後の期間において政策による影響を受けなくても異なる動きをすることが予想されます。

政策実施前の期間においてデータが同じような動きをしていなければ、対照群を仮想的な反事実状態とみなすことはできず、差の差の分析を用いることはできません。処置群と条件が似通った対照群を統計的に探し出して比較する**マッチング推定**という方法がありますが、本書のレベルを超えていることから取り扱いま

Part 3 政策効果把握のための分析手法を身につける

せん。しかし、少なくとも平行トレンドの仮定を満たさなければならないことは念頭に置いて、可能であれば政策実施前の複数時点における成果指標についてのデータを手に入れ、処置群と対照群の間で平行に推移しているかどうか確認してください。

2つ目の仮定は、「政策が実施されている間、成果指標に影響を及ぼすような事象が生じていない、または処置群と対照群の両方に生じている」という仮定です。この仮定のことを**共通ショックの仮定**と呼びます。たとえ平行トレンドの仮定が満たされていたとしても、政策実施期間中にどちらか片方のみに影響を及ぼすような事象が生じているなら、差の差の分析で導き出された結果が政策効果なのか、別の事象によって生じたのかが区別できなくなります。差の差の分析を用いて政策効果の把握を試みる際は、政策実施後に処置群と対照群の成果指標に影響を及ぼすような事象がどちらか片方だけに生じていないか確認しなければなりません。ただし、実際にその事象が片方だけに生じているのか、データを眺めるだけでは確認できない場合がほとんどです。第5章でとりあげた回帰分析、そして回帰分析を応用した決定要因分析（第7章）を用いて確認しましょう。

3.3　回帰分析で行う差の差の分析

第5章でとりあげた回帰分析を応用することにより、より精度の高い差の差の分析を行うことが可能になります。回帰分析は「地域で発生している事象（y）の原因は（x）にある。だから、原因となるxにメスを入れることで事象yを変えることができる」という仮説を検証し、政策形成に必要なエビデンスを発見するものです。本章の事例でいえば、地域で発生している事象（y）とは農家の所得の多寡であり、ブランド農作物の栽培への助成という政策（x）によって生じているのかを知りたいわけです。

回帰分析で差の差の分析を用いる場合、推計する際のモデルは

$$Y_{it} = \beta_0 + \beta_1 TRE_{it} + \beta_2 AFT_{it} + \beta_3 (TRE_{it} * AFT_{it}) + u_{it} \tag{12-1}$$

になります。通常の回帰分析の変数は数値データとなりますが、差の差の分析では政策の有無を表すダミー変数（第5章参照）を用います。(12-1)式におけるtは、政策実施前や実施後といった時点（例えば年、年度）を表しています。iは処置群や対照群に選んだ地域や個人などのサンプルを表しています。左辺にあるY_{it}は地域（個人）iのt期における成果指標（本章の事例でいえば所得）です。

図12-7　回帰分析の係数と差の差の分析

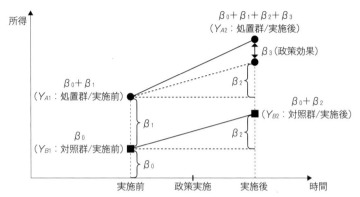

	政策実施前	政策実施後	差 （実施後－実施前）
処置群	$\beta_0+\beta_1$ （Y_{A1}）	$\beta_0+\beta_1+\beta_2+\beta_3$ （Y_{A2}）	$\beta_2+\beta_3$ （$Y_{A2}-Y_{A1}$）
対照群	β_0 （Y_{B1}）	$\beta_0+\beta_2$ （Y_{B2}）	β_2 （$Y_{B2}-Y_{B1}$）
差 （処置群－対照群）	β_1 （$Y_{A1}-Y_{B1}$）	$\beta_1+\beta_3$ （$Y_{A2}-Y_{B2}$）	β_3 （$Y_{A2}-Y_{A1}$）－（$Y_{B2}-Y_{B1}$）

続いて、(12-1)式の右辺にある各項について解説しますので、**図12-7**もあわせ
てご覧ください。

　β_0 は政策実施前時点における対照群の成果指標を表しています。TRE_{it} は対
照群に0、処置群に1をとる処置群ダミー変数であり、β_1 は政策実施前から生
じている処置群と対照群との成果指標の違いを表しています。AFT_{it} は政策実施
前に0、政策実施後に1をとる政策実施後ダミー変数であり、β_2 は処置群と対
照群に共通する2時点間における成果指標の変化分を表しています。$TRE_{it}{}^*$
AFT_{it} は上記のダミー変数の交差項、つまりダミー変数同士を掛け合わせたもの
であり、政策実施前の処置群、政策実施前の対照群、政策実施後の対照群のそれ
ぞれに0、政策実施後の処置群に1をとります。β_3 は対照群に比べて処置群の
成果指標が2時点間でどの程度変化したかを表しており、政策効果に該当します。
β_3 の値は **DID 推定量**と呼ばれ、回帰分析を用いて(12-1)式を推計した結果、統
計的に有意な結果が得られれば政策効果があることを意味します。

図12-7に示されているように、政策実施前時点の対照群の成果指標は β_0、政策実施後時点の対照群の成果指標は $\beta_0+\beta_2$、政策実施前時点の処置群の成果指標は $\beta_0+\beta_1$、政策実施後時点の処置群の成果指標は $\beta_0+\beta_1+\beta_2+\beta_3$ に対応していることになります。一度、差の差の分析について解説した図12-5や表12-1と対応関係を確認してみてください。

差の差の分析を行う場合、処置群と対照群との間で政策実施の有無以外の条件が等しくなければならないことは上述した通りです。しかしながら、全く条件の等しい地域同士や個人同士は存在しないことから、似通った地域同士や個人同士を対照群にせざるを得ないのが現実です。そうすると、わずかな条件の違いが成果指標に影響を及ぼしている可能性を排除できません。そこで、成果指標に影響を及ぼすと考えられる政策以外の要因について、コントロール変数 X_{it} として(12-1)式に加えてみましょう。

$$Y_{it}=\beta_0+\beta_1 TRE_{it}+\beta_2 AFT_{it}+\beta_3(TRE_{it}*AFT_{it})+\beta_4 X_{it}+u_{it} \tag{12-2}$$

(12-2)式を回帰分析によって推計することで、成果指標に影響を及ぼすと考えらえる要因についてコントロールしながら、より精緻に政策効果を把握することができます。後ほどコントロール変数を用いた具体的な事例を紹介します。

回帰分析を用いて差の差の分析を行う場合、通常の差の差の分析と同様、政策実施前後の2時点における処置群と対照群に関するデータが必要になります。**図12-8**に示されているように、同じサンプルに関して複数年に渡るデータが整備されていれば（第5章で説明したように、このようなデータを**パネルデータ**と呼びます）、政策実施前後の2時点を決め、その2時点の処置群と対照群に属するサンプルのデータをそれぞれ抽出することで、差の差の分析が可能になります。Excel を用いる場合は、図のようにデータを並び替えましょう。

処置群と対照群が都道府県や市町村単位であれば、（市町村合併がない限り）パネルデータを揃えることはそれほど難しくありません。しかし、既存の統計データは差の差の分析を目的に整備をされているわけではないことから、個人を分析対象とする場合、時点間で同じ個人が調査されているとは限りません。第5章で説明したように、ある時点における複数の個人やグループなどについて集めたデータのことを**クロスセクションデータ（横断面データ）**と呼びますが、パネルデータが手に入らない場合は、政策実施前後の2時点におけるクロスセクションデータを用いて差の差の分析を行いましょう。

図12-8　パネルデータのセッティング方法

地域(i) ＼ 時点(t)		実施前			実施後		
		1	2	3	4	5	6
処置群	a	a1	a2	a3	a4	a5	a6
	b	b1	b2	b3	b4	b5	b6
	c	c1	c2	c3	c4	c5	c6
対照群	d	d1	d2	d3	d4	d5	d6
	e	e1	e2	e3	e4	e5	e6
	f	f1	f2	f3	f4	f5	f6

地域(i)・時点(t)	被説明変数 (成果指標)	説明変数				
		ダミー変数（政策効果を知る）			コントロール変数 （政策以外の要因を除去する）	
	Y_{it}	TRE_{it}	AFT_{it}	$TRE_{it}・AFT_{it}$	$X1_{it}$	$X2_{it}$
a1	Y_{a1}	1	0	0	$X1_{a1}$	$X2_{a1}$
b1	Y_{b1}	1	0	0	$X1_{b1}$	$X2_{b1}$
c1	Y_{c1}	1	0	0	$X1_{c1}$	$X2_{c1}$
d1	Y_{d1}	0	0	0	$X1_{d1}$	$X2_{d1}$
e1	Y_{e1}	0	0	0	$X1_{e1}$	$X2_{e1}$
f1	Y_{f1}	0	0	0	$X1_{f1}$	$X2_{f1}$
a4	Y_{a4}	1	1	1	$X1_{a4}$	$X2_{a4}$
b4	Y_{b4}	1	1	1	$X1_{b4}$	$X2_{b4}$
c4	Y_{c4}	1	1	1	$X1_{c4}$	$X2_{c4}$
d4	Y_{d4}	0	1	0	$X1_{d4}$	$X2_{d4}$
e4	Y_{e4}	0	1	0	$X1_{e4}$	$X2_{e4}$
f4	Y_{f4}	0	1	0	$X1_{f4}$	$X2_{f4}$

4　差の差の分析に挑戦してみよう

4.1　交通インフラ整備と地域経済

　民間経済活動が広域化し地域間の相互依存関係が強化されている今日、道路や鉄道などの交通インフラの整備は、移動コストの低下を通じて物資の流通や人の移動を円滑化し、市場や取引先の選択肢を拡大させることで、整備地域の経済活動にプラスの効果をもたらすと考えられています。その一方で、移動コストが低

下すると、例えば「消費地に近いこと」という企業立地の制約が緩和され、企業活動環境の有利性を考慮した立地行動が促されることで、整備地域の経済活動にマイナスの効果をもたらす可能性もあります。

　このように、交通インフラの整備は移動コストを軽減することによって、企業がより有利な行動をとることを可能にしますが、整備地域に及ぼす効果はプラスの場合もあればマイナスの場合もあり、最終的にどのような効果が生まれたかは事後的に検証しなければなりません。そこで本節では、交通インフラとして九州新幹線鹿児島ルートをとりあげ、新幹線の開業が地域の経済活動にもたらした影響について、差の差の分析を用いて検証します。

4.2　九州新幹線開業前後における地価の変化

　2011年3月、福岡県福岡市の博多駅から鹿児島県鹿児島市の鹿児島中央駅に至る九州新幹線鹿児島ルートが全線開業し、博多駅から鹿児島中央駅までの所要時間が3時間50分から1時間17分へと短縮されました。九州地方の中心地である福岡市へのアクセスが改善されたことは、鹿児島中央駅周辺における企業活動環境を向上させ企業の収益性を高めている可能性があります。

　第11章でも紹介しましたが、公共施設が整備されることによる利便性の向上など、土地を取り巻く環境の変化がその土地の地価に反映される**キャピタリゼーション仮説（資本化仮説）**という考え方があります。キャピタリゼーション仮説に基づくと、新幹線の開業によって鹿児島中央駅周辺における企業活動環境が向上した場合、鹿児島中央駅周辺における商業地の土地需要が拡大し、その結果商業地の地価が上昇します。つまり、新幹線開業前後時点における商業地の地価を分析することで、新幹線の開業が企業活動環境に及ぼした影響を把握することができるのです。

　図12−9には、新幹線開業前である2000年と新幹線開業後である2020年における、鹿児島中央駅からの距離と基準地価との関係が示されています。新幹線開業前は鹿児島中央駅から離れるにつれて地価が上昇し、鹿児島中央駅から1,500メートルほど離れた場所でピークを迎えた後、地価が低下しています。鹿児島中央駅から1,500メートルほど離れた場所には、鹿児島最大の繁華街である天文館通りがあり、新幹線開業前は天文館通り周辺が鹿児島市の**中心業務地区**（CBD：Central Business District）であったことがわかります。一方、新幹線開業後は

図12 - 9　鹿児島中央駅からの距離と地価の関係

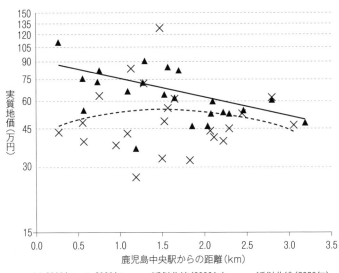

注）マクロ経済状態の変化などによる期間中の地価変動を取り除くため、国土
交通省『都道府県地価調査』に掲載されている地方圏の商業地の公示地価変
動率のデータを用いて、1990年基準データに実質化しています。
資料）国土交通省『都道府県地価調査』より作成。

　鹿児島中央駅周辺の地価が高く、鹿児島中央駅から離れるにつれて地価が低下し
ています。新幹線開業後、鹿児島市のCBDが天文館通り周辺から鹿児島中央駅
周辺へと移動した様子が伺えます。

　図には、2000年と2020年におけるデータの傾向を可視化した近似曲線が示され
ています。2000年の近似曲線と2020年の近似曲線の乖離は、この期間における地
価の上昇を表しています。2011年3月に新幹線が全線開業していることから、新
幹線の開業が地価の上昇に寄与している可能性があります。しかし、ここで注意
しなければならないのは、地価にはさまざまな社会的・経済的要因が影響してい
るということです。これらの要因が期間中に変化しているのであれば、地価上昇
のすべてが新幹線の開業によるものとは限りません。新幹線開業の効果を検証す
る際には、期間中に生じた他の要因の影響を取り除かなければならないのです。

　そこで、差の差の分析が役に立ちます。差の差の分析であれば、鹿児島中央駅
周辺を新幹線開業の影響を受ける処置群とし、鹿児島中央駅から離れており新幹

線開業の影響を受けず、かつ新幹線開業以外の条件については処置群と似通っている地域を対照群とすることで、新幹線開業以外の要因による影響をコントロールした上で新幹線開業の効果を抽出できます。

4.3　分析対象時点と分析対象地点の選定

　差の差の分析は、政策実施前後の2時点間のデータを比較することで政策効果を把握します。したがって、政策効果が全くあらわれていない時点を政策実施前とし、政策効果が十分に発揮された時点を政策実施後とすることが、政策効果を把握する上で望ましいタイミングの取り方といえます。九州新幹線鹿児島ルートは2011年3月に全線開業していることから、本節では全線開業の約10年前である2000年を政策実施前時点に該当する開業前時点とし、全線開業後約10年が経過した2020年を政策実施後時点に該当する開業後時点とします。ある程度の期間を空けて開業前後の時点を設定することで、できる限り開業効果を正確に把握できるよう心掛けていますが、開業後約10年経過後にすべての効果があらわれるという保証もありませんので、開業効果を過小に評価している可能性はゼロではありません。

　続いて、処置群と対照群を設定します。処置群と対照群を設定する際に注意しなければならない点は、新幹線開業から受ける影響以外の条件が処置群と対照群との間で似通っているかどうかです。似通っていることで初めて対照群を仮想的な反事実状態とみなすことができます。そこで、鹿児島中央駅から半径15km以内の地域を開業効果が及ぶ処置群とし、新幹線開業による影響以外の条件が処置群と似通っているであろう半径15kmから30kmまでの地域を対照群とします。対照群の範囲を広げすぎると、処置群と対照群の条件が大きく異なる可能性があるため、対照群の範囲を半径15kmから30kmまでとしています。

4.4　差の差の分析により明らかにする新幹線開業効果

　それでは、実際に差の差の分析を行ってみましょう。新幹線開業による企業活動環境への影響を検証することが目的であることから、商業地における地価データを比較します。地価のデータには、実際の取引価格である**実勢地価**、公的な土地評価の基準である**公示地価**、公示地価とならんで土地評価の基準となる**基準地価**、相続税や贈与税などを算定する際に用いられる**路線価**、固定資産税などを算

表12-2　差の差の分析の結果

（単位：円）

	2000年（開業前）	2020年（開業後）	差 （開業後－開業前）
0～15km （処置群）	439,459	649,343	209,884
15km～30km （対照群）	92,587	82,029	-10,557
差 （処置群－対照群）	346,872	567,314	220,441

定する際に用いられる**固定資産税評価額**などがあります。本節では公示地価と相互に補完関係にあり、都道府県が調査主体である基準地価を用いることとします。基準地価には国土交通省『都道府県地価調査』に掲載されているデータを使用します。

　開業前後の基準地価を比較するわけですが、景気など全国共通の要因や公共施設が整備されたなどの各地域固有の要因によって、この間地価は変動しています。そこで全国共通の要因による地価への影響をコントロールするために、『都道府県地価調査』に掲載されている地方圏における商業地の公示地価変動率のデータを用いて、1990年基準のデータに実質化します。公示地価変動率のデータを用いる理由は、公示地価変動率は地方圏における商業地の平均的な変動率を表しており、各地域固有の要因というよりは、景気など全国共通の要因による影響を受けていると考えられるためです。例えば1990年に比べて2000年の公示地価変動率が50％であった場合、地方圏の商業地の地価が平均的に50％上昇していることを示しており、この変化は全国共通の要因によるものと考えられることから、2000年の地価を1.5で割ることで全国共通の要因をコントロールします。

　表12-2には、開業前時点である2000年と開業後時点である2020年における処置群と対照群の基準地価の平均値が示されています。処置群と対照群に複数のサンプルが含まれている場合は、各時点の処置群と対照群についての平均値を比較することが一般的です。本節のケースであれば、開業前時点における処置群のサンプル数は28、対照群のサンプル数は22、開業後時点における処置群のサンプル数は28、対照群のサンプル数は16であることから、それぞれの地価の平均値を比較します。開業前後の間に対照群の地価（平均値）は1万557円下落しているこ

とから、対照群は処置群の仮想的な反事実状態であることを踏まえると、仮に新幹線が開業していなければ処置群の地価（平均値）も1万557円下落していたはずです。しかし実際は、この間に処置群の地価（平均値）は20万9,884円上昇しています。キャピタリゼーション仮説では、新幹線開業による企業活動環境の改善が地価に反映されると考えることから、新幹線の開業効果は地価の上昇額である22万441円であることがわかります。

4.5　回帰分析により明らかにする新幹線開業効果

　地価の決定には新幹線の開業以外にもさまざまな要因が影響を及ぼしていると考えられることから、これらの要因をコントロールすることでさらに精緻に開業効果を把握することができます。そこで本節では、土地自体が有する構造特性である地積、建蔽率、容積率、立地特性である最寄り駅までの距離、天文館通りまでの距離、地域環境特性である都市化の程度をコントロール変数として考慮します。地積は土地登記簿に記載されている面積、容積率は敷地面積に対する延床面積の割合であり、これらの値が高いほど広い建物の建設が可能になることから地価に影響を及ぼしている可能性があります（建蔽率についてはデータが欠損していることから考慮していません）。また、最寄り駅までの距離、鹿児島最大の繁華街である天文館通りまでの距離が近いほど、土地周辺がより都市化しているほど利便性が高いことから、利便性の違いが地価に影響している可能性があります。コントロール変数に考慮したこれらの条件が処置群と対照群で異なっていれば、その影響が地価の違いに反映される可能性があるため、コントロール変数を加えて調整します。

　以上のコントロール変数を含めたモデル、

$$Y_{it} = \beta_0 + \beta_1 TRE_{it} + \beta_2 AFT_{it} + \beta_3 (TRE_{it} * AFT_{it}) + \beta_4 Chiseki_{it} + \beta_5 Youseki_{it}$$

$$+ \beta_6 Eki_{it} + \beta_7 Tenmonkan_{it} + \beta_8 Toshika_{it} + u_{it} \tag{12-3}$$

によって開業効果を推計します。推計式における t は、開業前や開業後という時点を表しています。i は基準地価を計測している地点を表しています。左辺にある Y_{it} は各地点 i の t 期における基準地価です。式の右辺にある TRE_{it} は対照群に0、処置群に1をとる処置群ダミー変数であり、β_1 は開業前から生じている処置群と対照群との成果指標の違いを表しています。AFT_{it} は開業前に0、開業後に1をとる開業後ダミー変数であり、β_2 は処置群と対照群に共通する成果指

標の変化分を表しています。$TRE_{it}*AFT_{it}$ は上記のダミー変数の交差項であり、開業前の処置群、開業前の対照群、開業後の対照群のそれぞれに０、開業後の処置群に１をとります。β_3 は対照群に比べて処置群の地価が２時点間でどの程度変化したかを表しており、統計的に有意な結果が得られれば開業効果があることを示します。$Chiseki_{it}$、$Youseki_{it}$、Eki_{it}、$Tenmonkan_{it}$、$Toshika_{it}$ はそれぞれ、地積、容積率、最寄り駅までの距離、天文館通りまでの距離、都市化の程度といったコントロール変数を表しており、(12-2)式における X_{it} に該当します。β_4 から β_8 までについて統計的に有意な結果が得られれば、そのコントロール変数が地価に影響していることを示しています。

　コントロール変数とした地積、容積率、最寄り駅までの距離は、『都道府県地価調査』に掲載されているデータを用います。天文館通りまでの距離は、国土交通省『国土数値情報（都道府県地価調査データ）』に掲載されている各地点の緯度・経度データと天文館通りの緯度・経度データから、国土地理院『測量計算サイト（距離と方位角の計算）』を用いて直線距離を計測します。都市化の程度は人口密度を代理指標とし、総務省『国勢調査』に掲載されている総人口のデータを、国土交通省『全国都道府県市区町村別面積調』に掲載されている可住地面積のデータで除したものを用います（2020年については2015年のデータを使用しています）。**表12-3** には各コントロール変数の平均、データのばらつき度合いを表す標準偏差、最小値、最大値が示されています。最近では、このように変数の全体像を概観するために**基本統計量**を提示することが一般的になっています。地点によって値にばらつきがあることから、開業効果を正確にとらえるためにはこれらの変数による影響をコントロールする必要がありそうです。

　回帰分析を行うにあたり、開業前時点である2000年と開業後時点である2020年における処置群（鹿児島中央駅から半径15km 以内の地域）と対照群（半径15km から30km までの地域）について、被説明変数である基準地価、説明変数に加えたコントロール変数のデータを各統計書から入手・作成します。そして、これらのデータとともに各ダミー変数を Excel に入力することで、回帰分析を行う下準備が整います。**図12-10**にはデータ入力後の画面が示されています。地価の調査ポイントは時点によって異なることから、２時点のクロスセクションデータであり、図ではその一部を示しています。

　図12-10に示されたデータを用い、(12-3)式を回帰分析によって推計した結果

表12 - 3　コントロール変数の基本統計量

	平均	標準偏差	最小値	最大値
地積（m²）	385.05	79.63	69.00	6,738.00
容積率（%）	304.26	15.71	0.00	700.00
天文館通りからの距離（km）	11.44	1.14	0.05	30.56
駅距離（m）	607.50	68.47	0.00	2,800.00
人口密度（人／km²）	1,670.47	94.57	206.10	2,419.10

資料）国土交通省『都道府県地価調査』、国土交通省『国土数値情報（都道府県地価調査データ）』、国土地理院『測量計算サイト（距離と方位角の計算）』、総務省『国勢調査』、国土交通省『全国都道府県市区町村別面積調』より作成。

図12 - 10　回帰分析に用いるデータセット

	A	B	C	D	E	F	G	H	I	J	K	L
1	年次	市区町村名	鹿児島中央駅からの距離	被説明変数				説明変数				
2										コントロール変数		
3				基準地価（1990年基準）	処置群ダミー	開業後ダミー	処置群ダミー×開業後ダミー	地積	容積率	駅からの距離	天文館からの距離	人口密度
4	2000	鹿児島	0.27	434001	1	0	0	69	400	350	1.591238494	2,419
5	2000	鹿児島	0.55	483977	1	0	0	171	200	600	1.385155172	2,419
6	2000	鹿児島	0.57	394547	1	0	0	171	300	1000	2.085690994	2,419
7	2000	鹿児島	0.75	631275	1	0	0	231	400	700	0.834048559	2,419
8	2000	鹿児島	0.94	377450	1	0	0	116	200	1000	1.191324744	2,419
9						⋮						
10	2000	国分	27.41	147297	0	0	0	298	300	100	25.88383791	672
11	2000	国分	27.68	203849	0	0	0	278	400	700	26.15806133	672
12	2000	加世田	28.00	94691	0	0	0	191	300	100	29.50933411	382
13	2000	隼人	28.15	110210	0	0	0	908	400	300	26.66337767	672
14	2000	串木野	29.78	82855	0	0	0	183	200	400	30.55811102	879
15						⋮						
16	2020	鹿児島	0.27	1109740	1	1	1	69	500	330	1.591238494	2,406
17	2020	鹿児島	0.55	765991	1	1	1	171	200	660	1.376451766	2,406
18	2020	鹿児島	0.57	541337	1	1	1	171	300	900	2.085690994	2,406
19	2020	鹿児島	0.74	730805	1	1	1	174	400	900	0.814849401	2,406
20	2020	鹿児島	0.75	828245	1	1	1	397	500	950	0.827487699	2,406
21						⋮						
22	2020	南さつま	27.55	106643	0	1	0	756	200	120	29.05992514	305
23	2020	霧島	27.68	121801	0	1	0	278	400	700	26.15806133	648
24	2020	霧島	28.30	71727	0	1	0	439	300	300	26.81361821	648
25	2020	薩摩川内	28.57	41683	0	1	0	85	200	1	28.37244846	413
26	2020	いちき串木野	29.68	77140	0	1	0	185	200	300	30.45299292	413

表12 - 4　　回帰分析を用いた差の差の分析の結果

説明変数	回帰係数 （t値）	説明変数	回帰係数 （t値）
切片	309255.6 (1.16)	容積率	867.0 (4.34)
処置群ダミー	-194399.6 (-1.19)	天文館通りからの距離	-18240.8 (-2.13)
開業後ダミー	-38119.4 (-0.44)	駅距離	44.1 (0.90)
処置群ダミー×開業後ダミー	211179.4 (1.86)	人口密度	31.3 (0.38)
地積	-33.0 (-0.91)		
補正R²		0.549	

が**表12 - 4**に示されています。推計結果を確認すると、コントロール変数のうち容積率については1％水準で統計的に有意なプラスの結果、天文館通りからの距離については5％水準で統計的に有意なマイナスの結果が得られており、地価の違いに影響していることがわかります。容積率が高いほど延床面積の広い建物の建設が許可されることから、土地を有効活用できることが地価の上昇につながっていると考えられます。天文館通りからの距離が離れるほど利便性が悪くなることから、距離が遠い地域ほど地価が低くなっていると考えられます。

　開業効果を示す処置群ダミーと開業後ダミーの交差項の係数（β_3）は、10％水準で統計的に有意なプラスの結果が得られていることから、新幹線の開業によって鹿児島中央駅周辺（鹿児島中央駅から半径15km 以内）の地域の地価が他の地域よりも上昇していることが示されています。つまり、新幹線の開業による企業活動環境の改善が確認できます。なお、係数の値から新幹線開業による平均処置効果は約211,179円であることがわかります。

　このように回帰分析を用いることで、成果指標に影響を及ぼす政策以外の要因をコントロールし、政策効果をより精緻に把握することが可能になります。ここでは九州新幹線鹿児島ルートの開業効果をとりあげましたが、皆さんが気になる事例をとりあげ、差の差の分析にチャレンジしてください。

Part 4

EBPM の適用事例

第13章

観光政策立案にチャレンジしよう

本章のねらい

　本書ではこれまで EBPM を実行するために必要なデータ収集と加工、分析の方法を解説してきました。本章では、アフターコロナを見据えた地域がその活力を強化する上で大きな原動力になると考えられる観光を事例として、EBPM をどのように適用するかを戦略形成プロセスに沿って実践的に検討します。

　世界的な競争が展開される中で、観光地としての日本の魅力を拡大するためには国の観光政策が必要です。しかし、観光は地域密着型の産業であり、観光振興戦略は各地域の観光の実態と観光を取り巻く環境を踏まえた展開が不可欠です。そこで本章では、兵庫県の観光を EBPM の応用事例としてとりあげ、戦略形成のヒントを提供してくれる SWOT 分析を行います。

　兵庫県の観光を事例としていますが、他の地域や観光以外の分野にも応用できますので、読者の皆さんも地元等、関心のある地域とテーマについてケーススタディを試みてください。

1　観光戦略を立てる

1.1　観光戦略形成プロセス

　どのような政策にもそれを成功させるための戦略が必要です。第 1 章では日本の地域政策の問題点を指摘し、地域活性化戦略を形成するプロセスと、プロセスに沿った分析のポイントを示しました。地域活性化のエンジンとして期待がかかる観光についても、戦略形成は同様のプロセスをたどります。Goranczewski and Puciato（2010）は観光地の戦略プラニング（計画の策定）を 4 つのステージに区分して説明しています。**図13 - 1** はそれをさらに簡略化して示したもので

図13-1　観光戦略プランニングのプロセス

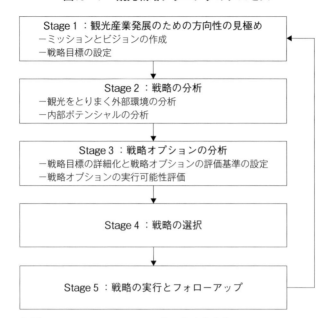

Stage 1：観光産業発展のための方向性の見極め
－ミッションとビジョンの作成
－戦略目標の設定

Stage 2：戦略の分析
－観光をとりまく外部環境の分析
－内部ポテンシャルの分析

Stage 3：戦略オプションの分析
－戦略目標の詳細化と戦略オプションの評価基準の設定
－戦略オプションの実行可能性評価

Stage 4：戦略の選択

Stage 5：戦略の実行とフォローアップ

資料）Goranczewski and Puciato（2010）より作成。

す。

　戦略プランニングの第1ステージでは観光地を発展させるための主な方向性を定めます。このステージを通じて、政策形成に必要とされるミッション、ビジョン、目標といった戦略プランの基本が立てられます。本来、観光は民間ビジネスの領域であり、成長と衰退は市場によって決まります。それにもかかわらず、観光に国や自治体が関わる必要があり、どのような役割を果たすべきなのかという**ミッション**がメッセージとして発信されることによって、公共部門が観光における自らの存在意義を組織の内外に伝えることができます。

　次に、望ましい将来像である**ビジョン**を明確にしなければなりません。観光という分野でどのような地域を目指すのか、ということです。ビジョン設定の過程でミッションはさらに具体的な形を見せることになります。そして、このミッションとビジョンは、公共部門が観光という分野で達成しようとしている戦略目標としてさらに具体的に示されます。こうして、観光地にとっての発展の方向性が見えてきます。

　次は、いかにして目標を達成するかという第2ステージです。このステージは、戦略を立てるための分析が中心となりますが、分析の正確さが戦略の質を決定づけます。第2ステージで力を発揮するのが、第9章でとりあげた SWOT 分析です。**SWOT 分析**は地域の経済状況（本章の場合は観光産業が置かれている状況）を、「強み（Strengths）」、「弱み（Weaknesses）」、「機会（Opportunities）」、「脅威（Threats）」という4つの要素に焦点を当てて分析する手法です。

　本章では、日本において重要な産業と位置づけられるようになった観光に焦点を当て、観光戦略を立てる上で重要なポイントを提示し、エビデンスの作り方のヒントを提供します。図13−1のプロセスでいえば第2ステージとなります。このステージが不十分なままに戦略を立てると、効果がなく資源の浪費につながります。逆に、このステージが適切に実行されるなら、戦略を立てる上での大きなヒントになります。

1.2　ビジョンを明確にすることの重要性

　SWOT 分析は戦略策定の手法であることから、SWOT 分析を行う前に、分析者がどのようなビジョンの達成を目標として戦略を策定しようとしているのか明確にしなければなりません。

　いま、ある地域が外国人か日本人かは関係なく、ただ漠然と「旅行者を増やす」ことをビジョンとして掲げ、戦略を策定するために SWOT 分析を行うとします。訪日外国人旅行者が増加し続けているという状況は、地域の旅行者を増加させる上でポジティブな外部環境の変化であるととらえ、SWOT 分析では「機会」に該当すると判断したとします。これは正しい判断なのでしょうか。

　京都市観光協会・京都文化交流コンベンションビューロー『2018年外国人客宿泊状況調査』によると、京都市の2018年における主要52ホテルの宿泊実人数は、外国人宿泊客数が前年比5.3%（2017年：111万1,031人、2018年：122万9,030人）の伸びであるのに対して、日本人宿泊客数は前年比マイナス9.4%（2017年：216万6,845人、2018年：206万2,716人）と減少しており、外国人旅行者の増加は地域を訪れる日本人観光客を減少させる可能性を示唆しています。

　仮に外国人旅行者の増加と日本人旅行者の減少の間に因果関係があるとすれば、外国人旅行者の増加は日本人旅行者の減少につながることから、「旅行者を増やす」という漠然としたビジョンを掲げている地域にとって、外国人旅行者の増加

は「機会」とは言い切れない可能性があります。

　仮に「地域の各所で外国人旅行者と出会う魅力あふれる地域を実現する」というような、外国人旅行者にターゲットを絞った明確なビジョンを掲げていれば、外国人旅行者が増加し続けている状況は地域にとってポジティブな外部環境の変化であり、SWOT分析では「機会」と判断できます。また、日本人観光客を呼び込むことをビジョンに掲げている場合、外国人旅行者の増加は地域にとってネガティブな環境変化の可能性があり、SWOT分析では「脅威」に分類されることになります。

　つまり、漠然としたビジョンを掲げるのではなく、どのようなビジョンの達成を目標としているかを明確にしなければ、SWOT分析を行う際、機会を脅威ととらえたり、強みを弱みととらえたり、ポジティブな要素と考えるべきなのかネガティブな要素と考えるべきなのか迷いが生じることになりかねません。SWOT分析を行う際には、ビジョンを明確にすることが重要なポイントとなります。

1.3　SWOT分析の進め方

　第9章で説明したように、SWOT分析の「強み（Strengths）」、「弱み（Weaknesses）」、「機会（Opportunities）」、「脅威（Threats）」という4つの要素は、外部環境と内部環境とに区分できます。機会や脅威は地域にとって「外部環境」であり、外国人旅行者に影響を与える為替相場、気候変動、災害、国の観光関連政策等がこれにあたります。2020年に発生した新型コロナウイルス感染症によって、外国人旅行者が激減したことはその例です。外部環境は地域自らがコントロールすることが困難であるだけでなく、予測が困難なために、戦略を立てることを難しくする可能性があります。しかし、可能な限り知識を深め、データをはじめとした必要な情報を迅速に収集することが求められます。

　集客施設、宿泊施設、おもてなし、自治体の観光振興への取組み、組織や体制、観光情報の発信等は「内部環境」です。また内部環境は、少なくとも地域がコントロールできる範囲内にあるという点では、戦略を立てる際に十分に計算に入れることができるものです。それだけに、地元の状況や事情を十分に踏まえる必要があるため、地域についての知識と情報、それらを含めた分析が不可欠です。

　SWOT分析を実践するプロセスを示したものが**図13-2**です。地域の観光が

図13 - 2　SWOT 分析のプロセス

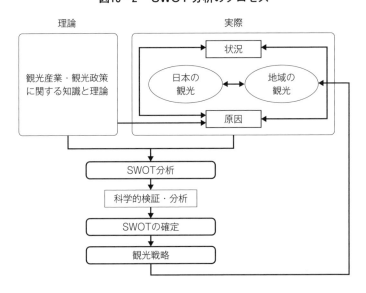

どのような状況にあるのかについての情報を得ることなしに SWOT 分析を行うことはできません。また、日本人だけでなく外国人旅行者の全体的な動向も地域観光に影響を与える要素として知っておく必要があります。また、地域観光が現在の状況にある背景には、観光の盛衰を決定づける原因があるはずです。この原因は思いつきではなく、専門家の知識や理論から得られる情報をもとに設定する必要があります。このように、SWOT 分析を行うためには、日本や分析の対象としている地域の観光に関する状況把握と、観光産業や観光政策に関する知識・理論、それらに基づいた観光発展の条件を準備しておく必要があります。

2　日本の観光を概観しよう

2.1　国内旅行者は頭打ちから減少へ

　日本人の国内の観光の動向を見てみましょう。**図13 - 3** は2010年から2019年までの宿泊と日帰りの延べ旅行者数の推移を示しています。旅行者数は観光・レクリエーションを目的としたものであり、ビジネスや帰省は除いています。旅行者

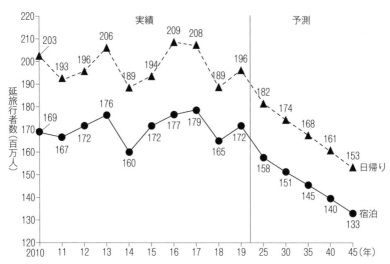

図13-3　国内旅行者の推移と将来予測

資料）観光庁『旅行・観光消費動向調査』、国立社会保障・人口問題研究所『日本の地域別
　　　将来推計人口（平成29（2017）年推計)』より作成。

数は変動しながらも一定の水準を保っています。これは、人口の多い団塊の世代
がリタイアし、時間的に余裕ができたことによって旅行回数が増えたために、高
齢化が進んだにもかかわらず旅行者数は減少しなかったからだと考えられます。
　しかし、**表13-1**に示すように、旅行を楽しむ人が多いのは70歳代までであり、
80代になると、旅行者数は大きく減少します。そこで、2018年の年齢別国内延べ
旅行者数（宿泊と日帰り）から人口当たり延べ旅行者数を求め、国立社会保障・
人口問題研究所が推計した年齢階級別の予測人口に乗じることで旅行者数を予測
しました。それによると、図13-3に示されているように、宿泊者数は2019年度
の延べ172万人から30年には151万人に、45年には133万人へと22.6％の減少、日
帰りも19年の196万人から45年には21.8％減の153万人となります。この算出方法
は、年齢別の1人当たり旅行回数が将来も変わらないと仮定しています。1人当
たり旅行回数が大幅に増えなければ、団塊の世代の高齢化とその後の世代の急速
な人口減少とによって、日本人の観光需要は減退すると予想されます。
　旅行者数の増減は年齢によって異なります。表13-1には2030年の年齢別延べ
宿泊旅行者数が計算されていますが、40代が26.4％減と最大の減少率を示し、30

表13－1　年齢別延べ旅行者数（宿泊）の将来予測と予測方法

| | 延べ旅行者数
（宿泊）（2018年実績）
（1000人） | 延べ旅行者数
（宿泊）/人口
（2018年実績） | 2030年の予測 | | | 対2018年
増減率
（％） |
			人口 （1000人）	延べ旅行者数 （宿泊） （1000人）	計算方法	
9歳以下	14,877	1.484	8,461	12,560	（←1.484×8461）	-15.6
10代	16,240	1.437	9,788	14,069	（←1.437×9788）	-13.4
20代	22,078	1.759	11,316	19,903		-9.9
30代	18,423	1.259	12,425	15,647		-15.1
40代	23,953	1.277	13,804	17,626		-26.4
50代	22,131	1.382	17,806	24,612	以下同じ	11.2
60代	23,892	1.409	15,831	22,303		-6.7
70代	17,371	1.145	14,005	16,041		-7.7
80代以上	6,044	0.547	15,688	8,586		42.1
合計	165,009	－	119,125	151,347	－	-8.3

資料）図13－3 に同じ。

代も15.1％減少します。この世代は子供と一緒の旅行が多いことから、9歳以下の旅行者数も15.6％の減少です。旅行者数の増加が予測されるのは80代以上と、団塊ジュニアの50代だけです。このように、年齢によっても旅行内容に対するニーズは異なります。そして、観光地によって主に対象とする年齢層が違うでしょうから、観光地としては今後の年齢別観光客の増減を踏まえた対応が求められます。

2.2　外国人旅行者への期待

2.2.1　外国人旅行者の増加

　図13－4 は外国人旅行者数（商用等は除く）の推移を示したものです。2000年には270万人であった外国人旅行者は2010年代の後半から大きく増加し、2019年には2,826万人と10倍強に達しました。新型コロナウイルス感染症問題によって外国人旅行者は激減していますが、地域経済の衰退に直面している地域にとっては、地域を活性化させる産業としての観光への期待は依然大きいと考えられます。そして、日本人観光客の増加が見込めない日本においては、外国人旅行者への期待は今後も変わりません。

図13-4　増加する外国人旅行者（観光、レジャーのみ）

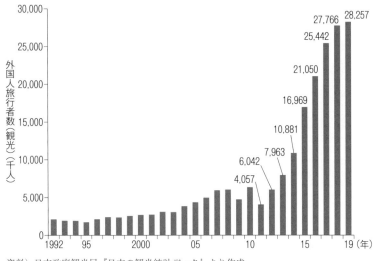

資料）日本政府観光局『日本の観光統計データ』より作成。

2.2.2　外国人旅行者の国籍の多様化

　2010年から2019年にかけて、観光目的で日本を訪れた外国人は約2,200万人も増加しました。その理由の一つは多くの国から外国人がやってくるようになったことです。**図13-5**は2019年の観光目的の外国人旅行者数の上位20カ国について2010年との比較と期間中の伸びを示しています。最も注目すべき点は、中国からの旅行者が約10倍に増加したことです。また、まだ量的にはそれほど多くはありませんが、タイが7.5倍、フィリピンが12.1倍、マレーシアが5.7倍、インドネシアが6.4倍、ベトナムが13.2倍とアジア諸国の経済発展によって訪日観光客が増加しています。このように、訪問客の国籍の多様化は日本に対する観光需要に変化をもたらす可能性があります。この点については後ほど触れることにしましょう。

2.2.3　増加するリピーター

　近年の外国人旅行者の特徴としてリピーターの増加があります。初めての訪日の場合、やはり旅行先は東京・箱根・富士山・名古屋・京都・大阪という5都市

図13‐5　外国人旅行者（観光目的）の上位20カ国（2019年）の伸び

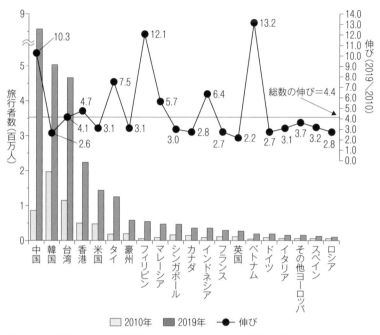

注）上位20カ国は2019年を基準としているため、2010年の順位とは異なっています。
資料）日本政府観光局『訪日外客・出国日本人数データ』より作成。

を周遊する旅行ルートである**ゴールデンルート**を選択する人が多いと考えられます が、2回目、3回目と訪日経験を重ねるにつれて、他の観光地を訪れたいとい う気持ちも出てくると思われます。

　図13‐6は訪日経験者の割合の推移を見たものです。アジアの訪問客にリピー ター率が高いのに対して欧米豪のリピーター率は低くなっています。また、アジ アの訪日客は2回以上が多くなっていますが、近年その比率は横ばいであり、訪 日熱は冷めてきているともいえます。こうした状況においては観光を地域活性化 のエンジンにしたい地域は、外国人旅行者のニーズと、観光地としての強みと弱 みを的確に把握することによってリピーターを増やすとともに、訪日経験が少な い国・地域への情報提供等の取組み、訪問客の日本での滞在期間を伸ばすことが 求められています。

図13－6　訪日経験者の割合

注）アジアは韓国、中国、台湾、香港、タイ、シンガポール、マレーシア、インドネシア、欧米豪はアメリカ、オーストラリア、イギリス、フランスです。
資料）DBJ・JTBF『アジア・欧米豪訪日外国人旅行者の意向調査（2019年度版）』より作成。

2.3　兵庫県の観光を概観しよう

2.3.1　外国人旅行者はどれくらい兵庫県を訪れているか

　たしかに外国人旅行者は急激に増加しました。しかし、外国人旅行者はゴールデンルートに沿った地域に偏っているといわれています。兵庫県が観光振興を実現する上で重要なことは、全国的に見て、兵庫県が外国人旅行者にとって行きたい観光地なのかどうかを知ることです。

　図13－7に示されているように、2018年（1月から12月）中に観光・レジャー目的で日本を訪れた外国人のうち、兵庫県を訪れた人の比率（訪問率）は6.3%でした。全国では神奈川県に次いで第11位と、決して低くはありませんが、大阪府（40.2%）、京都府（29.7%）には大きな差をつけられています。京都府に比べると兵庫県の観光地は見劣りがするし、大阪府と比べると買物や飲食の場の劣勢は否めないと感じている市民も多いと思いますが、これほどの差が生まれていることを知っている人は少ないかもしれません。

図13 - 7　訪日外国人の都道府県別訪問率（観光・レジャー目的）（2018年）

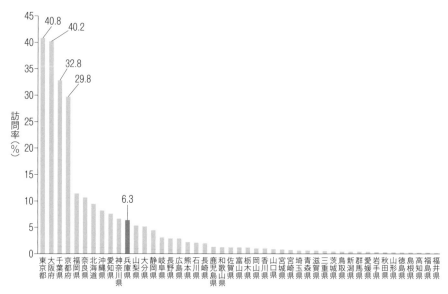

資料）観光庁『訪日外国人消費動向調査』より作成。

2.3.2　兵庫県の訪問率を時系列で見てみよう

　それでは、外国人旅行者が増加し、日本の観光が産業として重視されてきた中で、兵庫県の最近の傾向はどうなのでしょうか。**図13 - 8**は兵庫県、京都府、大阪府、奈良県の外国人旅行者の訪問率の推移を見たものです。観光客の増加とともに、大阪府と京都府の訪問率は大きく上昇し、2016年には大阪府が44.7％、京都府が33.2％に達しました。また、2010年代前半には兵庫県よりも低かった奈良県の訪問率が近年上昇しています。これに対して兵庫県の訪問率は6％台で推移し、傾向としてはわずかに低下しています。外国人旅行者の増加をつかみ切れていないといえるでしょう。

　ただ、大阪府と京都府の訪問率は低下しています。もう少し観察を続ける必要がありますが、リピーター率が上昇し、地方の観光地への嗜好の高まりを反映している可能性もあります。奈良県の訪問率の上昇は京都府から奈良県への観光シフトの結果かもしれません。しかし、兵庫県はこうしたリピーターもとらえ切れていないといえそうです。

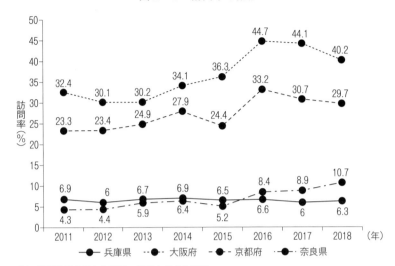

図13 - 8　訪問率の推移

注）2011年は4月から12月。他は1月から12月。
資料）観光庁『訪日外国人消費動向調査』より作成。

3　観光の3要素について学ぼう

3.1　観光の「3A」

　今後、外国人旅行者を地域に呼び込めるかどうかが観光振興における大きなポイントです。しかし、外国から来てもらうためには、ただ漫然と、外国人旅行者の増加という事実だけに期待するのではなく、外国人旅行者のニーズを的確にとらえ、そのニーズに照らして地域の強みや弱みを把握し、観光振興戦略を立てなければなりません。その際に重要となる要素があります。

　観光の要素は大きく、① Accessibility（近接性）、② Accommodation（宿泊施設）、③ Attraction（観光名所・集客施設）の3つだといわれています。これが**観光の3A**です。これらの要素をもとに各地域の観光に関しての強みや弱みをより具体的に把握することができます。

　Accessibility（近接性）は単に地理的距離が短いということではなく、航空機、

鉄道、バスといったさまざまな交通機関を使ってその観光地に到着するまでの簡便さ、快適さ、経済性、安全性という条件が満たされなければなりません。観光プロダクトは多くの商品やサービスと異なり、顧客が時間とお金を使って移動することによって初めて手にすることができるものであるため、観光地までのアクセスの良し悪しは、人びとが旅行先を決定する上で極めて重要な要素になります。

　日本の観光地のホームページを見ると、アクセスは観光スポット（点）毎に提示され、せいぜい、そこを中心に周辺観光地までの所要時間が示される程度のものが多くなっています。ゴールデンルートに沿った観光地は線でアクセスをとらえれば良いのですが、そこから外れたエリアでは、観光スポットは点や線ではなく面でとらえ、ネットワークとしてのアクセスの良し悪しを判断する必要があります。

　Accommodation（宿泊施設）には超高級ホテルから低料金の宿泊施設までさまざまなタイプがあり、施設に対する旅行者のニーズに応える必要があります。**表13 - 2**は外国人旅行者が希望する宿泊施設を国別に見たものです。各国ともほぼ共通して温泉のある日本旅館という答えが最多ですが、イギリス人観光客は豪華で快適な高級ホテル（西洋式）が51％と最多です。また、2位以下は国によって宿泊施設に対する嗜好が異なっています。このように、宿泊施設についてもニーズが多様化しています。

3.2　観光プロダクト

　3つめの A である Attraction（観光名所や集客施設）は観光で最も重要で基本的なものであり、外国人旅行者が訪れたいと感じる名所や施設が充実しているかどうか、またその情報が十分に発信できているかが観光振興にとって重要なポイントとなります。観光名所や集客施設等を**観光プロダクト**（プロダクツともいう。製品や生産物のこと）といいます。

　観光プロダクトには他にもさまざまなものが存在します。企業は販売目的でプロダクトを生産していますが、企業のプロダクトが自動車、テレビ、食品といったように、単一のものがほとんどであるのに対して、地域が観光客に対して販売するプロダクトは複合的です。つまり、旅行者が家を出発してから帰宅するまでの一連の流れはすべて観光プロダクトを構成するものなのです。例えば、降り立った空港、鉄道の駅、バスの停留所での体験、交通機関の質、観光地における住

表13-2　外国人旅行者が希望する宿泊施設

施設	韓国 施設	韓国 %	中国 施設	中国 %	台湾 施設	台湾 %	香港 施設	香港 %	タイ 施設	タイ %	シンガポール 施設	シンガポール %
1　温泉のある日本旅館	1	83	1	86	1	77	1	73	1	59	1	66
	4	32	3	58	3	42	3	44	4	44	4	36
2　日本旅館（温泉なし）	3	27	6	16	2	26	2	28	6	22	3	34
	6	18	2	14	4	25	4	24	2	16	6	29
3　豪華で快適な高級ホテル（西洋式）	5	13	5	10	6	20	6	16	3	16	2	21
	2	11	4	9	5	16	5	7	5	11	5	15
4　安価で基本的な設備のみが備わっているホテル（西洋式）	7	2	7	2	7	3	7	2	7	5	7	2
	8	1	8	0	8	0	8	0	8	0	8	0

施設	マレーシア 施設	マレーシア %	インドネシア 施設	インドネシア %	アメリカ 施設	アメリカ %	オーストラリア 施設	オーストラリア %	イギリス 施設	イギリス %	フランス 施設	フランス %
5　ユースホステル・ゲストハウス	1	73	1	76	1	58	1	52	3	51	1	63
	4	32	4	29	3	49	3	51	1	49	3	41
6　現地の人から有料で借りる家・アパート	6	32	6	28	4	31	4	30	2	27	2	31
	5	22	5	25	2	27	6	23	4	27	4	28
7　親族・知人宅	3	20	3	17	6	19	2	20	6	14	6	26
	2	17	2	14	5	7	5	9	5	8	5	17
8　その他	7	4	7	1	7	7	7	5	7	7	7	3
	8	0	8	0	8	0	8	0	8	0	8	0

注）％は希望の施設／回答者数。
資料）DBJ・JTBF『アジア・欧米豪訪日外国人旅行者の意向調査（2019年度版）』

民の対応も観光プロダクトの一部です。観光名所が整っているだけでは、観光地としては十分ではありません。観光プロダクトはインターネット等の媒体を通じて旅行者に観光地のイメージを決定づけることになりますが、イメージと実態との間にギャップがあれば旅行者は失望し、リピーターにはなりません。

　観光プロダクトには**表13-3**のように、地域の裁量が及ぶものと、地域の裁量の及ばないものとがあり、戦略を立てる際には、地域が影響を与えることができる要因に焦点を合わせることが重要です。しかし、地域の裁量が及ぶものであっても、地域にとって外生的に与えられる要因を踏まえて戦略を立てなければなりません。地域の裁量が及ばないものには当該地域にとって有利なもの（機会）と不利なもの（脅威）がありますから、観光振興戦略を立てるためには、それらを事前に把握しておくことが必要です。そこにSWOT分析の意義があります。

表13 - 3　観光プロダクト

地域の裁量が及ぶもの	・ 集客施設（テーマパーク、リゾート施設等） ・ 文化（博物館等の文化施設、無形文化資産） ・ 宿泊施設 ・ おもてなし ・ 町並み ・ 治安
地域にとって外生的なもの	・ 地理的位置 ・ 気候 ・ 自然資源（山・海岸・湖等） ・ 歴史遺産 ・ 空港・高速道路・鉄道等の基幹インフラ

4　兵庫県の観光に SWOT 分析を応用しよう

4.1　ロジックツリーを作成しよう

　外国人旅行者の増加、旅行者におけるリピーター率の上昇、旅行者のニーズの多様化といった、観光を取り巻く環境の変化の中で、観光に必要な要素を充実させることで兵庫県の観光を発展させることができます。SWOT 分析をうまく使えば、兵庫県の観光における問題を引き起こしている根本原因について洞察を得ることができます。

　本章のこれまでの情報を簡単に整理しましょう。

［観光の動向］

①人口減少によって日本人の国内旅行需要は減少していくことが予想される。

②外国人旅行者は急増している。

③外国人旅行者の国籍は多様化している。

④外国人旅行者はリピーターが増えている。

⑤兵庫県は外国人旅行者を十分に取り込んでいるとはいえない。

⑥外国人旅行者が増加した近年においても兵庫県の訪問率は緩やかな低下傾向にある。

［観光に必要な要素］

⑦観光振興には 3 A（Accessibility（近接性）、Accommodation（宿泊施設）、

Attraction（観光名所・集客施設））の要素の充実が必要である。

⑧観光プロダクトは観光名所や集客施設だけでなく、旅行者が家を出発してから帰宅するまでの一連の流れのすべてを含んでいる。

　以上の情報を基礎として兵庫県の観光に関してのSWOT分析を行います。

　まず、第1章で重要性を指摘した論理的思考の**ロジックツリー**（Logic Tree）を観光に適用することを考えてください。①から⑥より、ここでの議題とすべきコア問題は、外国人旅行者が増加している中で兵庫県が十分に旅行者を呼び込めていないことです。ロジックツリーではこのコア問題を引き起こした原因を深く追及していきます。原因として出てくるものは、すべての地域にも当てはまる一般的な原因から兵庫県に特有の原因まで、また地域の裁量が及ばない要因から地域の取組み次第で変化する要因まで、さまざまだと思います。

　⑦と⑧より、観光振興には3Aの充実が欠かせないことから、外国人旅行者を呼び込めていない原因は、近接性（Accessibility）、宿泊施設（Accommodation）、観光名所・集客施設（Attraction）の3方向からアプローチできそうです。コア問題が生じている原因を近接性（Accessibility）に求めるとすれば、「観光地までのアクセスに原因があるのではないか？　だから、外国人旅行者を呼び込めていないのでは？」という仮説が立てられます。さらに3.1項より、近接性は観光地に到着するまでの簡便さ、快適さ、経済性、安全性という条件が満たされなければなりませんでした。このことを踏まえると、「アクセスに原因がある」という仮説は「簡便さに欠けるのではないか？」「快適さに欠けるのではないか？」「経済性に欠けるのではないか？」「安全性に欠けるのではないか？」というより具体的な仮説へと分解できます。

　コア問題が生じている原因を宿泊施設（Accommodation）に求めるとすれば、「宿泊施設に問題があるのではないか？　だから、外国人旅行者を呼び込めていないのでは？」という仮説が立てられます。さらに「宿泊施設に問題がある」という仮説は「ニーズにあった宿泊施設は存在しているものの、絶対数が不足している」という量的な問題と、「数は足りているものの、旅行者のニーズにあっていない」という質的な問題とに分解できます。

　コア問題が生じている原因を観光名所・集客施設（Attraction）に求めるとすれば、「観光名所・集客施設に問題があるのではないか？　だから、外国人旅行者を呼び込めていないのでは？」という仮説が立てられます。さらに「観光名

図13 - 9　外国人旅行者誘客に関するロジックツリー

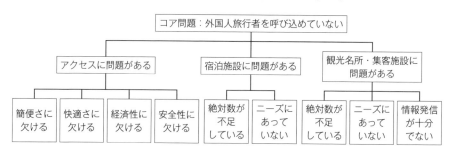

所・集客施設に問題がある」という仮説は宿泊施設同様、量的な問題と質的な問題とに分解できるでしょう。また3.2項より、情報が十分に発信できているかも観光振興にとって重要なポイントであり、量的にも質的にも十分な観光名所・集客施設を有していたとしても、情報発信に問題があることも考えられます。つまり「情報が十分に発信できていないのでは？」という仮説も立てられるでしょう。

　図13 - 9にはロジックツリーの一例が示されています。ここでは観光振興に必要な３Ａを切り口としてロジックツリーを作成しましたが、旅行者が家を出発してから帰宅するまでの一連の流れの中で接する観光プロダクトを切り口としてロジックツリーを作成することも可能です。外国人旅行者にとっての観光地の魅力を左右する要因を追究し、コア問題をより細かく具体的なものに分解していきましょう。

4.2　SWOT 分析を行おう

　ロジックツリーによって、外国人旅行者を呼び込めていないというコア問題を細かく具体的に分解していきました。続いて、現状分析の結果やロジックツリーの結果を踏まえてSWOT 分析を行いましょう。出された考えを強みと弱み、機会と脅威とに分類します。**図13 - 10**は Goranczewski and Puciato（2010）が示した観光のSWOT 分析の例です。これは一般的な例示であり、地域毎に事情が異なります。諸外国の所得水準の上昇は外国旅行者を増やしますのでポジティブな外部環境つまり機会です。北陸新幹線の開業によって金沢の観光客が増えたように、交通機関が整備されれば観光にはポジティブな影響が及びます。しかし、これはあくまでも一般論であって、交通機関が従来のままの地域にとっては、便利

図13-10　観光の SWOT 分析（例）

	ポジティブな要素	ネガティブな要素
内部環境	**強み（Strengths）** 自然、歴史遺産・建築物等、整備された観光インフラ、優れた人的資源、観光地としてのブランド力	**弱み（Weaknesses）** 観光政策の財源難（自治体の弱い財政力）、貧弱なインフラ、自治体の弱い行政能力
外部環境	**機会（Opportunities）** 観光関連法令の改善、経済成長の加速化（個人所得の増加）、観光市場の活性化、交通機関の整備、観光投資向け外部資金の調達	**脅威（Threats）** 観光旅行客の嗜好の変化、近隣地域の集客力の強化（これはチャンスにもなる）、景気の停滞、外国為替の変動（自国通貨高。下落の場合は機会）

資料）Goranczewski and Puciato（2010）より作成。

になった観光地に旅行客を奪われるというネガティブな要素（脅威）にもなります。

　自然、歴史遺産といった観光資源は、それらが地域内にあれば確かに強みです。しかし、それは必要条件であって十分条件ではありません。外国人旅行者を呼び込むほどに魅力のある観光資源であって初めて強みになるわけです。ここでは観光旅行客の嗜好の変化をネガティブな要素ととらえていますが、嗜好の変化はむしろ有利に働く観光地があるかもしれません。また、弱みだと思っていても、「他地域よりはまし」ということなら弱みにはなりません。このように、一般論としてポジティブな要素やネガティブな要素といえたとしても、観光のように地域密着型産業の場合には、地域の実態を精査した上で、的確な判断を下さなければならないのです。

　図13-11は上記情報をもとに兵庫県の観光にSWOT分析を適用したものです。政府は観光立国実現に向けた施策を推進したり、「観光立国実現に向けたアクション・プログラム」を策定したりする等の取組みを進めていますが、これは兵庫県の観光にとってもプラスですし、図13-5で見たように、経済発展によるアジア諸国の外国旅行者の増加もプラスの外部要因です。しかし、兵庫県は関西という大都市圏に位置してはいますが、ゴールデンルートから外れていることはマイナス要因といえるでしょう。京都府や大阪府といった観光地に近接することは、観光振興への一体的な取組みが可能であると考えるとプラス要因ですが、一方で、京都府、大阪府と競合し、旅行者を奪われているならマイナス要因となります。

図13 - 11　兵庫県の観光と SWOT 分析

	ポジティブな要素	ネガティブな要素
内部環境	**強み（Strengths）**	**弱み（Weaknesses）**
	神戸・温泉地・世界遺産姫路城・自然等の多様な観光名所	魅力ある観光名所が少ない
	観光地としてのブランド力、神戸牛や瀬戸内の魚介等の豊富な食材	観光政策の財源難（厳しい財政事情）、宿泊施設の不足
外部環境	**機会（Opportunities）**	**脅威（Threats）**
	国の観光推進政策、アジア諸国の経済成長と個人所得の増加、円安、インターネットの普及	団体旅行の減少等（旅行形態の変化）、ゴールデンルートに偏る外国人旅行者（ルートから外れている）
	・外国人旅行者はリピーターが多くなっている ・外国人旅行者の国籍は多様化している	
	京都・大阪という観光地と一体	京都・大阪という観光地と競合

　このように、京都府・大阪府と近接していることが「機会」なのか「脅威」なのかは検証が必要なのです。

　また、検証が必要なことは内部要因にも存在します。兵庫県には国際情緒豊かな神戸、温泉地、自然といった多様な観光名所があり、これを「強み」とみなすことができます。しかし、兵庫県の観光の実態を見ると、むしろ魅力的な観光名所が少ないという「弱み」ととらえる人もいるでしょう。

　国が公表している全国データや都道府県データから得られる情報では、SWOT 分析を行うには十分ではありません。地元地域の詳細なデータとそれを用いた分析が必要です。とくに、観光は外国人旅行者を巡っての競争ですので、強みや弱みは相対的なものとしてとらえる必要があり、そのためにも比較対象を基準としたベンチマーク型の分析が不可欠です。

　また、ブランド力、「おもてなし」のように定量的な分析が難しい質的情報については、関係者へのインタビューやアンケート等が必要になります。ただ、質的情報は主観的になりがちです。それを避ける方法の一つが**デルファイ法**です。専門的になりますので本書では詳細な説明は省略しますが、簡単にいえば次のような方法です。

　まず、観光や地域経済に詳しい専門家や有識者を選んで意見を求めます。得られた回答は統計的に集約して取りまとめ、これを添えて同じ質問を再度専門家に

対して行い、意見の再検討を求めます。この質問とフィードバック、意見の再考という過程を繰り返すと、グループの意見が一定の範囲に収束していきます。この意見集約によって、精度の高い意見を得ようというわけです。読者の皆さんは、インタビューやアンケートを行う際には、できるかぎり主観的な要素を取り除く工夫をしてください。アンケート調査については第4章でとりあげていますので、参照してください。

5　SWOT分析にエビデンスを盛り込もう（その1）

5.1　リピーターの増加は兵庫県の観光にとってプラスなのかマイナスなのか？

　SWOT分析は地域の強みと機会を活用し、弱みと脅威を最小化するための戦略を立てる優れた手法ですが、上で見たように、強みなのか弱みなのか、あるいは本当に強みといえるのか、といったことを明確にしなければ、戦略に活かすことはできません。つまりSWOT分析には科学的な分析に基づいた客観性の高いエビデンスが不可欠です。そのためにもデータ分析、調査結果、行政運営の効率性などの量的・質的情報を収集し分析しなければなりません。

　リピーターの割合が高くなっている現在、これまで外国人旅行者が訪れることの少なかった観光地にもチャンスが訪れている可能性があります。図13-12は訪問したい観光地を、訪日経験毎に示したものです。全体としてはゴールデンルートと北海道が高い値となっています。しかし、注目すべきは、訪日経験が増えるに従って、行ってみたい観光地が広がっていることです。神戸市の訪問希望者率は訪日経験1回では10%ですが、訪日経験が2回以では23%に上昇します。

　日本人が海外旅行をする場合でも同様ですが、外国に最初に行く時には、どうしてもその国の首都、あるいは大都市等に行き、そこから他の主要都市等を回るのが普通であり、2回目、3回目と訪問回数が増えるにつれ、それ以外の地域にも関心が向き、地方にも足を延ばすことが多いと思われます。この調査結果を見る限り、外国の方々も同様で、リピーターとして日本のことを知れば知るほど、ゴールデンルート沿いの観光地や大都市以外の観光地にも関心が高まり、訪問意欲が増す傾向が読み取れます。したがって、リピーター率が上昇することは兵庫

図13-12　行ってみたい観光地

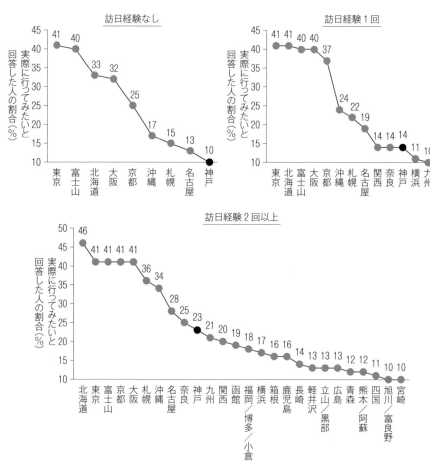

注）知っていると答えた観光地に実際に行ってみたいと回答した人の回答者数に対する割合です。
資料）DBJ・JTBF『アジア・欧米豪訪日外国人旅行者の意向調査（2019年度版）』より作成。

県の観光にとってはプラスなのです。

　しかし、リピーターが増加するという要因は「もう一度日本に旅行をしたい」という気持ちを外国人が持つかどうかという外生的なものです。先に見たように、最近リピーター率が頭打ちになっている状況を考えると、日本全体の魅力を外国人に発信することが求められます。重要なことは、観光地が外国人リピーターの

増加というチャンスをモノにできるかどうかです。

　DBJ・JTBF『アジア・欧米豪訪日外国人旅行者の意向調査』では、行ってみたい日本の観光地のイメージについての調査も行われています。それによると、最も行きたいと答えた観光地のイメージは、韓国は温泉、中国は桜と富士山、香港は桜と温泉、台湾、タイ、シンガポール、マレーシア、インドネシアは桜、アメリカ、イギリス、フランスは日本庭園、オーストラリアは日本庭園と新幹線となっています。2位以下についてもウェブサイトで調べてみてください。外国人旅行者がどのような観光ニーズを持っているかを知ることができ、観光戦略を立てる際のヒントになります。

5.2　国籍の多様化は兵庫県の観光にとってプラスなのかマイナスなのか？

　リピーターの増加とともに、外国人旅行者のもう一つの最近の傾向は旅行者の国籍が多様になってきたことです。この多様化は兵庫県の観光にどのように影響するでしょうか。**表13‒4**は外国人旅行者が訪日旅行をしたいと考えたきっかけを、国別に見たものです。アジア及び欧米豪の旅行者の合計で回答が多かったものを順に並べると、①自然や風景、②日本食、③日本文化・歴史、④温泉、⑤治安が良いとなっています。しかし、国別に見ると、自然や風景、日本食は各国にほぼ共通して上位に位置しているものの、例えば、日本文化・歴史は欧米豪では上位に登場するのに対して、アジアでは温泉やショッピングが上位にランクされています。このように、国籍によって日本の観光地について魅力と感じるものが微妙に異なっているのです。多様な観光資源を持つ兵庫県にとっては、外国人旅行者の国籍の多様化は「機会」ととらえるべきでしょう。

　この調査では全体の16位に渡航時間があがっているのですが、外国人は時間とお金をかけて遠方から来訪するわけですから、それを上回る魅力を感じなければ、旅行目的地として選択してもらえないことはいうまでもありません。観光産業に関しては、今後の国内人口の減少で内需の伸びは期待できないことから、成長を目指す場合には外国人旅行者に目を向けざるを得ませんが、このように、外国人の嗜好は欧米の方々とアジアの方々の間で異なるだけでなく、アジアの中でも国によって日本観光に期待するものが異なるのです。

　今後、兵庫県が外国人旅行者を増やすためには、国籍、訪日回数、年齢、旅行形態、観光地情報の入手方法などの違いによって市場が細分化されていることを

表13－4　訪日旅行をしたいと考えたきっかけ

全体順位	（単位：%）	韓国	中国	台湾	香港	タイ	シンガポール	マレーシア	インドネシア	アメリカ	オーストラリア	イギリス	フランス
1	日本の自然や風景に関心があるから	32	42	51	39	55	54	63	66	41	52	47	54
2	日本食に関心があるから	47	33	52	59	55	63	39	48	42	51	37	47
3	日本の文化・歴史に関心があるから	19	30	40	26	38	36	43	50	42	51	54	58
4	日本の温泉に関心があるから	44	33	43	47	43	39	34	33	24	28	18	22
5	治安が良いから	27	24	47	37	47	40	39	22	22	46	23	31
6	日本でのショッピングに関心があるから	33	31	49	44	40	28	25	26	21	20	14	11
7	日本の世界遺産に関心があるから	10	16	29	20	37	20	33	39	28	37	31	40
8	日本人のライフスタイルに関心があるから	14	18	22	19	35	26	37	28	26	29	29	41
9	日本のファッション、ゲーム、アニメに関心があるから	16	23	19	20	27	16	15	21	16	15	14	20
10	直行便があるから	18	15	37	21	24	19	12	12	8	15	4	10
11	日本の鉄道に関心があるから	4	12	17	14	28	15	24	35	15	19	17	5
12	日本の科学・技術に関心があるから	9	13	9	11	24	15	25	42	11	16	15	14
13	日本のKawaii文化に関心があるから	8	15	14	9	31	17	21	24	11	17	12	20

注）グレーで塗られた部分は、それぞれの国における「きっかけ」上位5位を表しています。
資料）DBJ・JTBF『アジア・欧米豪訪日外国人旅行者の意向調査（2018年度版、2019年度版）』より作成。

認識した上で戦略を立てなければなりません。そのためにも、多様化したニーズを的確に把握するというマーケティングの実施とともに、現在、そのニーズに照らして地元観光地がどのような強みと弱みを持っているのかを把握する必要があります。

5.3　外国人旅行者の宿泊が少ないのは宿泊施設不足が原因なのか？

　宿泊施設は観光に必要な3要素（3A）の一つです。したがって、宿泊施設が不足していると宿泊客を取り逃してしまう可能性があります。宿泊施設が量的に不足しているかどうかは定員稼働率（宿泊者数÷宿泊施設の宿泊定員数）を見ればわかります。**図13−13**は2018年（1月から12月の集計値）の宿泊施設の定員稼働率を都道府県別に見たものです。ただし稼働率は観光目的の宿泊者が50％以上の宿泊施設に絞っています。こうすることによって、ビジネス客による稼働率への影響をある程度緩和することができます。

　稼働率が高いのは東京都、大阪府、京都府といったゴールデンルートに位置する地域であり、その他の地域では北海道、沖縄県が高いのに対して、長野県、山梨県、山形県、福井県といった観光産業への依存度の高い県において稼働率が低くなっています。兵庫県は29.8％と、全国的に見ればとくに低いわけではありませんが、大阪府や京都府に比べると低い数値です。兵庫県の稼働率を見るかぎり、兵庫県の宿泊施設は量的には足りているといえるでしょう。宿泊施設に関連した兵庫県の弱みは、量の不足ではなく、質に問題があるといえるかもしれません。

　観光依存度の高い地域では、旅館やリゾートホテルといった1室当たりの定員が多い施設が多いために、家族連れや少人数グループでの旅行が多い現在では、構造的に定員稼働率が低くなりがちです。したがって、稼働率が低い場合は、供給側に原因があるのか需要側に原因があるのかを見極めることも必要です。数字上は客室数を減らせば稼働率は上昇します。しかし、問題はそれほど単純ではありません。宿泊施設の供給能力が低下すれば、訪問客も減少する可能性があります。とくに、宿泊施設の閉鎖が増えると、観光地として衰退しているというイメージの定着により、さらなる観光客の減少を招くという「負の連鎖」を招きかねません。

　図13−14は外国人旅行者の訪問率と宿泊施設定員稼働率との関係を見たものです。訪問率が高い地域ほど、定員稼働率が高くなっており、両者には強い相関関係があります。このことは、宿泊施設に対するビジネス需要が少なくても、外国人旅行者を呼び込めれば、観光の重要な資源の一つである宿泊施設を有効に活用できることを示しています。逆に、外国人旅行者が少ない地域ほど宿泊施設の稼働率が低く、観光産業も停滞していることが推測できるわけです。

図13‐13　都道府県別に見た宿泊施設の定員稼働率（2018年）

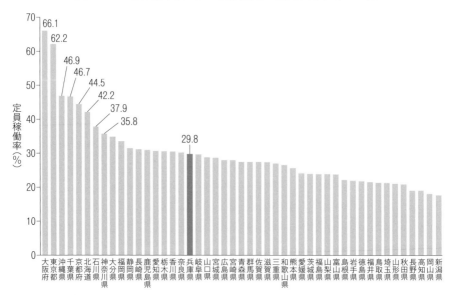

資料）観光庁『宿泊旅行統計調査』より作成。

　図では散布図から得られた近似線を示しています。近似線は「訪問率が○○％なら、定員稼働率は△△％になるはずだ」という訪問率と稼働率の理論的な関係を表す線です。京都府は訪問率が高いために稼働率は高くなっていますが、近似線よりも低いところに位置しています。このことは、京都府を訪れた外国人旅行者は、宿泊は別のところで行っていることを示しています。もしかすると、近似線よりも上に位置する大阪府で宿泊している可能性があります。兵庫県はおおむね、近似線上に位置しています。訪問率と稼働率は理論どおりであり、他府県に流れているとはいえません。つまり、兵庫県は外国人旅行者を十分に呼び込めておらず、その結果として、全体の宿泊者数、施設稼働率も低迷している状況にあると思われます。

　今後、外国人旅行者の兵庫県への訪問率を高めることができたとしても、観光資源の一つである宿泊施設を旅行者のニーズに合わせたものにしなければ、宿泊客を取り逃がしてしまう可能性があります。表13‐2には外国人旅行者の国別に希望する宿泊施設を掲載しています。ほとんどの国で第１位となっている宿泊施

図13-14　外国人旅行者訪問率と宿泊施設定員稼働率

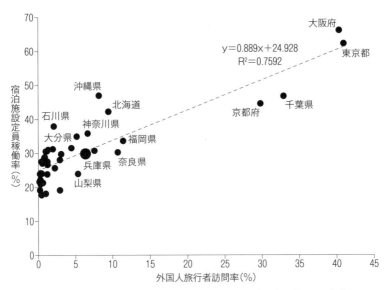

資料）観光庁『宿泊旅行統計調査』、観光庁『訪日外国人消費動向調査』より作成。

設は「温泉のある日本旅館」であり、第2位は、中国、台湾、香港、アメリカ、オーストラリア、フランスからの旅行者は「豪華で快適な高級ホテル（西洋式）」、タイ、シンガポール、マレーシア、インドネシアからの旅行者は「安価で基本的な設備のみが備わっているホテル（西洋式）」でした。国別旅行者の伸びと宿泊施設ニーズをとらえた上で、宿泊施設についての強みと弱みを評価することが必要です。

6　SWOT分析にエビデンスを盛り込もう（その2）
―兵庫県の観光名所、集客施設を分析する―

6.1　各地の観光地点の数を知る方法

　観光地の集客力に影響を与える観光プロダクトは複合的ですが、観光名所や集客施設の魅力が観光に影響を与える最大の要素であることは間違いありません。とくに、リピーターが増加している日本の観光において、ゴールデンルートに位

表13－5　観光地点の分類と内容

	内容等
自然	自然景観が鑑賞できる観光地点
歴史・文化	寺社・仏閣といった歴史的建造物及び博物館・美術館、水族館等の見学施設
温泉・健康	「〇〇温泉」と同じ名のつくエリアの温泉施設全体を一つの地点とする
スポーツ・レクリエーション	スポーツやレクリエーションを主目的に計画・整備された施設
都市型観光	ショッピング、飲食等、都市・商業のさまざまな魅力を体験できる地点
その他	―

資料）観光庁『共通基準による観光入込客統計』より作成。

置しない地域が特色ある観光資源を売り物として競争できる時代がやってきている中で、兵庫県の訪問率が低迷していることから、「魅力ある観光地が少ないのではないか」「兵庫県の観光地は外国人旅行者のニーズをとらえ切れていないのではないか」という声も聞こえてきます。本当にそうなのでしょうか。エビデンスがないままに鵜呑みにしてしまうと、正しい戦略を立てることができません。

　観光庁では、観光入込客数や観光消費額を、訪問目的別（観光／ビジネス）や発地別（県内／県外／外国人）に、地域間の比較ができるよう共通基準を策定し、各都道府県に導入を働きかけ、『共通基準による観光入込客統計』を公表しています（https://www.mlit.go.jp/kankocho/siryou/toukei/irikomi.html）。そこでは、都道府県内の観光地点及び行祭事・イベントに訪れた人数を、観光地点の管理者・行祭事・イベントの実施者等の報告によって調査するとともに、都道府県内の観光地点を訪れた観光客を対象に、訪問地点数・観光地点消費額単価等について調査が行われており、観光に関してのさまざまな情報を入手できます。

　観光地点とは、観光・ビジネスの目的を問わず、観光客を集客する力のある施設又はツーリズム等の観光活動の拠点となる地点を意味し、日常的な利用、通過型の利用がほとんどを占めると考えられる地点は対象としないこととされています。ただし、前年の観光入込客数が年間１万人以上、もしくは前年の特定月の観光入込客数が５千人以上であることが条件となっています。内容は**表13－5**に示されています。この調査によって、観光客数に影響を与える観光名所や施設の「数」を都道府県別に知ることができます。

6.2　外国人旅行者が少ないのは兵庫県の観光地が少ないからか？

　2016年時点での観光地点数は、最多の兵庫県が939、最少の和歌山県が122と、兵庫県の観光地点数は全国トップです。観光名所や施設の「数」が少ないことが兵庫県の弱みではないかという仮説は当てはまりそうにありません。ところが外国人宿泊者数は、最多の神奈川県が439万人回であるのに対して、兵庫県は44万人回と大きな差が存在します。そこで、2016年（1月から12月集計）時点における観光地点数と観光目的の外国人宿泊者数（人回）との関係について、**図13 - 15**で見てみましょう。

　宿泊者数の差は大きいために、縦軸の数値は対数変換をしました。対数変換の方法については第7章の2.1.4に記されていますが、対数変換することによって、10,000は9.210に、1,000は6.908に、100は4.605に、10は2.303というように、大きな値を小さくして示すことができるようになります。

　観光名所や集客施設は観光客数に影響を与えることは容易に想像できます。図を見ると、観光地点数と宿泊者数の関係を示した点はかなりばらついてはいますが、観光地点が増えると宿泊者数が増えるという関係は見られるようです。そこで、43都道府県のデータから、観光地点数と宿泊者数の関係を回帰分析によって推計してみました。回帰分析は第5章で解説していますので、そちらを参照してください。

　推計結果は、

$$ln（宿泊者数（千人回））＝4.02＋0.00358×観光地点数 \tag{13-1}$$
$$\quad（9.63）\quad（3.30）$$

自由度修正済み決定係数＝0.190　　括弧はt値

となります。宿泊者数は観光地点数だけで約19％が決まることを示しています。この式に、各都道府県の実際の観光地点数を入れて計算すると、各観光地点数に対応した「ln（宿泊者数）」が求まります。この数値を実人数に再変換することができ、これを理論値といいます。**図13 - 16**はExcelを使って行った回帰分析の結果と、それを用いた外国人宿泊者数の理論値を導くプロセスを示しています。

　例えば、兵庫県の場合、観光地点数は全国で最多の939ですので、（13-1）式に観光地点数939を入れて計算すると、ln（宿泊者数）は7.38となります。この数値は対数変換した値ですから、これを実数に戻す必要があります。Excelで「＝

図13 - 15　観光地点数と外国人宿泊者数（千人回）

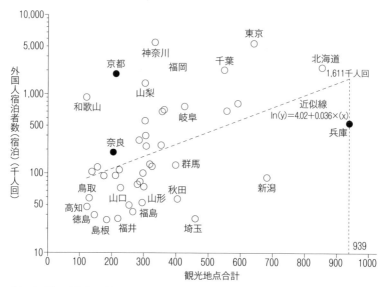

注）石川県、長崎県、沖縄県は未集計、大阪府は未導入。
資料）観光庁『共通基準による観光入込客統計』2016年より作成。

exp（7.38)」と入力することで再び実数に戻すことができます。こうして計算
した宿泊者数の理論値は161万 1 千人回になります。しかし、実際の宿泊者数は
43万 6 千人回、理論値の約 4 分の 1 でしかありません。図13 - 15の京都府と奈良
県を比べてみましょう。観光地点数は、京都府が213、奈良県が205とほぼ同じな
ので、宿泊者数の理論値は京都府が12万人、奈良県が11万 6 千人とほとんど差は
ありません。ところが、実際の宿泊者数は、京都府が181万 1 千人であるのに対
して、奈良県は18万 5 千人と、京都府は奈良県の約10倍となっています。

　図13 - 15の近似線よりも上に位置する都道府県は、実際の宿泊者数が理論値を
上回っているところです。奈良県も、理論値より多いのですが、京都府には大き
な差をつけられています。読者の皆さんも、どこかの地域について理論値を計算
し、実際の宿泊者数との乖離を調べてみてください。

　観光名所や集客施設の数と外国人宿泊者数との間にはプラスの相関、つまり観
光地点数が多いほど宿泊者数は多いことがわかりましたが、地域によって両者の
関係には大きなバラツキがあります。つまり、観光地点数だけでは宿泊者数を説

図13-16　外国人宿泊者に関する回帰分析の結果と宿泊者数の理論値導出プロセス

回帰統計	
重相関 R	0.4575378
重決定 R2	0.2093408
補正 R2	0.1900565
標準誤差	1.303496
観測数	43

分散分析表

	自由度	変動	分散	観測された分散比	有意 F
回帰	1	18.44454	18.44	10.8554662	0.002036884
残差	41	69.66317	1.699		
合計	42	88.10771			

	係数	標準誤差	t	P-値	下限 95%	上限 95%	下限 95%	上限 95%
切片	4.0235536	0.417534	9.636	4.30112E-12	3.180326393	4.866780797	3.180326	4.866781
観光地点合計	0.0035792	0.001086	3.295	0.002036884	0.001385312	0.005773086	0.001385	0.005773

	観光地点数	宿泊者数		ln（宿泊者数理論値）		宿泊者数（理論値）	
				入力	結果	入力	結果
北海道	・・・	・・・	→	・・・		・・・	
⋮	⋮	⋮		⋮		⋮	
京都府	213	1811	→	=$C$16+C23*$C$17	4.786	=exp(F23)	120
兵庫県	939	436	→	=$C$16+C24*$C$17	7.384	=exp(F24)	1,611
奈良県	205	185	→	=$C$16+C25*$C$17	4.757	=exp(F25)	116
⋮	⋮	⋮	→	⋮		⋮	
鹿児島県	・・・	・・・	→	・・・		・・・	

明するには十分ではないのです。回帰分析の結果から観光地点数では宿泊者数の19％しか説明できないということは、宿泊者数の地域間の差の81％は他の要因によって決まっていることを意味しています。

　観光振興のためには、実際の宿泊者数が理論値を下回っているかどうかを確認し、下回る地域においては、観光地の規模や質、アクセスの良さ、競争相手の存在等、観光における強みや弱みを明らかにした上で戦略を立てる必要があります。

6.3　兵庫県の観光地は規模や質の面で見劣りするのか？

　兵庫県は、観光地点の数は多いのですが、外国人旅行者の宿泊にはつながっていません。ここから兵庫県の観光地が規模や質の面で見劣りするのではないかという考えが生まれます。その可能性は否定できませんが、これまでのデータ分析だけではこのように断定することはできません。というのも、図13-15で用いた観光地点数は、自然、歴史・文化等すべてを集計したものとなっているからです。集客力の有無は種類によって異なる可能性があります。観光地点をさらに詳細に

区分し、例えば、歴史・文化の観光地点数と、それを目当てに訪れた外国人旅行者数との関係を分析できれば、観光地としての魅力をより詳細に知ることができます。しかし、観光地点を細分化した都道府県別の外国人宿泊者数は『共通基準による観光入込客統計』には掲載されていません。そこで、日帰りと宿泊、日本人と外国人を合計した「観光入込客数（延べ）」を使わざるを得ません。

　図13-17は観光地の種類別に観光地点数と観光入込客数との関係を示しています。自然、温泉・健康に関しては、兵庫県は近似線よりも上に位置しており、大きな集客力を発揮しているといえるでしょう。ところが、歴史・文化、スポーツ・レクリエーションは近似線より下に位置し、十分な集客につながっていないことがわかります。都市型観光については近似線上にあり、理論値と実際の入込客数が一致しています。しかし、神戸や阪神間といった都市型観光に有利なエリアに恵まれているにもかかわらず、それらが大きな集客力を発揮しているとはいえません。兵庫県の観光戦略としては歴史・文化、スポーツ・レクリエーション、都市型観光の集客力を強化することに焦点を絞り込む必要があります。自然や温泉・健康の強い集客力をさらに強めることも可能ですが、どちらがより効果的であるかについてはさらなる分析が必要です。

　しかし、ここからさらに深い分析を行うことは、全国レベルで公表されたデータでは困難です。地域観光について科学的根拠に基づいた政策形成（EBPM）を実行するためには、本章で行ってきたように、都道府県別データ等を用いた分析によって特定の観光地が解決すべき課題を絞り込んだ上で、各地域の詳細なデータや地元の関係者へのアンケートやインタビューによる情報収集を行うことが必要なのです。この流れこそがEBPMのプロセスといえます。

7　観光戦略を導出しよう

7.1　クロスSWOT分析による戦略の導出

　ここまで、イメージベースのSWOT分析を補強するためのエビデンスを収集してきました。5.1項では、訪日経験が増えるに従って行ってみたい観光地が広がることから、リピーター率が上昇することは兵庫県の観光にとって「機会」であることが明らかになりました。5.2項では、観光地について魅力と感じるもの

図13-17　観光種類別に見た観光地点数と観光入込客数の関係（2016年）

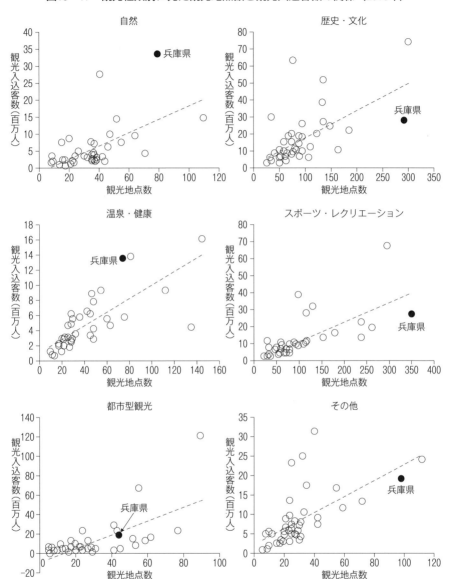

注1）　観光入込客数は延べ人数である。

　2）　大きく外れていることから、自然では福岡県、温泉・健康、スポーツ・レクリエーション、都市型観光では東京都を除いている。

資料）観光庁『共通基準による観光入込客統計』2016年より作成。

図13‐18　外国人旅行者誘客に関するクロス SWOT 分析

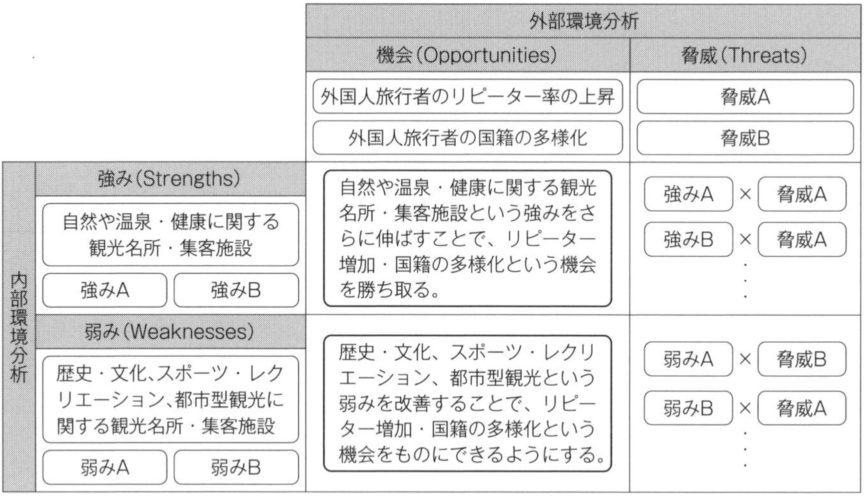

		外部環境分析	
		機会（Opportunities）	脅威（Threats）
		外国人旅行者のリピーター率の上昇	脅威A
		外国人旅行者の国籍の多様化	脅威B
内部環境分析	強み（Strengths） 自然や温泉・健康に関する観光名所・集客施設 強みA　強みB	自然や温泉・健康に関する観光名所・集客施設という強みをさらに伸ばすことで、リピーター増加・国籍の多様化という機会を勝ち取る。	強みA × 脅威A 強みB × 脅威A ： ：
	弱み（Weaknesses） 歴史・文化、スポーツ・レクリエーション、都市型観光に関する観光名所・集客施設 弱みA　弱みB	歴史・文化、スポーツ・レクリエーション、都市型観光という弱みを改善することで、リピーター増加・国籍の多様化という機会をものにできるようにする。	弱みA × 脅威B 弱みB × 脅威A ： ：

が国籍によって異なることから、多様な観光資源を持つ兵庫県にとって外国人旅行者の国籍の多様化は「機会」ととらえられることが明らかになりました。また6節では、2016年時点の兵庫県の観光地点数は全国トップであり、観光名所や集客施設の数は兵庫県の「弱み」ではないこと。そして、自然や温泉・健康に関する観光名所・集客施設は十分な集客につながる「強み」であること。歴史・文化、スポーツ・レクリエーション、都市型観光については、立地上の優位性があるにもかかわらず十分な集客力を発揮していない「弱み」であることが明らかになりました。

　日本の観光の現状を分析した2.2項で明らかになったように、外国人旅行者の国籍が多様化しリピーターが増加している現在、ゴールデンルート沿いに位置し多様な観光名所・集客施設を有する兵庫県は、外国人旅行者にとって魅力的な地域になる可能性を秘めています。**図13‐18**に示されているように、兵庫県が有する自然や温泉・健康に関する観光名所・集客施設という「強み」をさらに伸ばすことで機会を勝ち取る「積極化戦略」とともに、歴史・文化、スポーツ・レクリエーション、都市型観光という兵庫県の「弱み」を改善することで機会をものにできるようにする「弱点克服戦略」により外国人旅行者を呼び込むことが、兵庫県には求められているといえるでしょう。

　ここでは、コア問題を発生させている原因についてそれほど深掘りしていないロジックツリーをもとにSWOT分析を行いました。ロジックツリーをさらに深掘りしていくことにより、より的が絞られた戦略策定が可能になりますのでチャレンジしてください。

7.2　SWOT分析を活用する上でのポイント

　最後に、SWOT分析を用いて兵庫県の観光戦略を立てる上で重要なポイントを示しておきましょう。

　第1は、強み、弱み、機会、脅威を思いつくままに網羅しないようにすることです。観光振興に大きく影響するとともに、誰もが認める強みや弱みを抽出しなければなりません。つまり、SWOT分析の各要素はイメージや思い込みではなく、事実に基づいたものでなくてはならないのです。したがって、できるかぎり科学的な方法によって得られるエビデンスが必要です。先の都道府県別データを用いた分析では、外国人宿泊者数は観光地点数との相関があることが明らかになりました。もちろん、観光地点数だけでは宿泊者数の約19％しか説明することはできませんでした。したがって、さらに要因を追加することによって回帰分析の精度を高めることができれば、強みや弱みとなる要因をより絞り込んだ形で知ることができます。

　第2は、強み、弱みは競争相手や全国水準といった**ベンチマーク**（比較のために用いる指標）との相対的なものとしてとらえる必要があることです。強みだと思っていたことが、じつは全国的に見れば劣っている可能性があるからです。例えば、京都府であれば世界遺産や国宝級の寺社仏閣が数多くありますから、誰が考えても強みとなります。それでは、姫路城のある姫路市はどうでしょうか。姫路城は世界遺産ですから観光名所や集客施設は強みとして位置づけられるかもしれません。しかし、京都府や奈良県と比べると弱みととらえられるかもしれません。決定要因分析ができればその結果を用いて理論値を算出することが可能になります。この理論値がベンチマークなのです。上の例では、兵庫県の観光地点数は939ですので、これだけの観光名所や集客施設があれば外国人の宿泊者数は161万1千人回（理論値）あっても不思議ではないのですが、実際には43万6千人回と4分の1です。つまり、観光名所や集客施設は多いが集客力が弱いということで、弱みに分類されることになります。

　第3は、適切な戦略を立てることができるようにするためにも、強みや弱みはより具体的なものとすることです。観光地点数がさまざまな種類の観光名所や集客施設を合計したものであれば、「観光名所が多いこと（少ないこと）」といったように、あいまいな強み（弱み）を指摘することしかできません。データ上の制約もあり、日本人と外国人、日帰りと宿泊を含めた観光入込客数を用いましたが、観光地点を区分し、種類毎の観光地点数と観光入込客数との関係を検証することで、より具体的な観光戦略形成のヒントが得られます。

補章

データ先進都市・米国ダーラムに学ぼう

　第1章で紹介した米国ダーラムが発展した背景には、地域開発に関しての地元のさまざまな工夫と実践があります。その一つがデータの活用です。都市再生に果たしたマスタープランの役割とその評価のあり方、公民連携による開発戦略の実行等に加えて、企業や市民へのアンケート調査を行い施策に活かすなど、ダーラムのデータ活用戦略からは多くのことを学べます。

　ダーラムのオープンデータを見ていきましょう。**図補 – 1**はインターネットに掲載されているオープンデータに関するウェブサイトの入り口です。このウェブサイトには8つの入り口があります。ここで、「繁栄、公平、ダーラムのビジネス環境（Prosperity, Equity, and Durham's Business Landscape）」の扉をクリックすると、「ダーラムにおけるビジネスの総合調査結果（第1回）（Durham's first General Business Survey）」の結果から、ビジネスの場としてのダーラムの満足度、雇用等、ビジネスのしやすさという視点から分析したダーラムを見ることができます。ダーラムへの進出を考えている企業にとってはありがたい情報です。どのような情報が提供されているかをもう少し見てみましょう。

　図補 – 2はダーラムにおける Business Climate（ビジネスに影響を与える環境）に関する情報です。ビジネスの場としてのダーラムの評価や、公共交通機関の便利さ、空港へのアクセス等、ビジネスに影響を与えると考えられるファクターについて、企業がどの程度の重要性を感じているか、つまり企業のニーズ等を知ることができます。さらにウェブサイトではビジネス調査の質問項目（Wordファイル）と個々の回答者の回答結果（Excelファイル）を見ることができます。そして、ダーラムが実施している事業支援プログラムについて、その存在を知っているか、各プログラムについて詳しく知りたいかどうかを尋ねています。ダーラムが再生に成功した背景の一つは、このように企業のニーズを自治体がとらえ

307

図補 - 1 ダーラムのオープンデータ

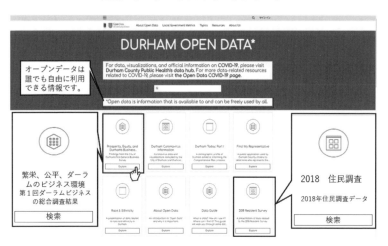

資料）DURHAM OPEN DATA（https://live-durhamnc.opendata.arcgis.com/）より作成。

図補 - 2 ビジネスの場としてのダーラムの評価

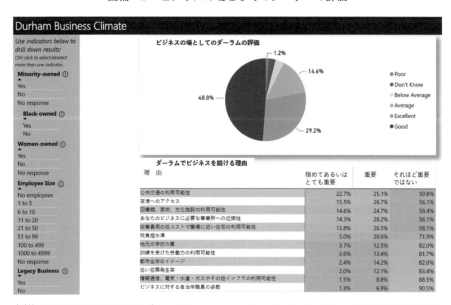

資料）DURHAM OPEN DATA（https://storymaps.arcgis.com/collections/881eee3e3fef4a688b52f9b12a95b3ed?item=9）より作成。

図補 - 3　ダーラムのビジネスデータポータル

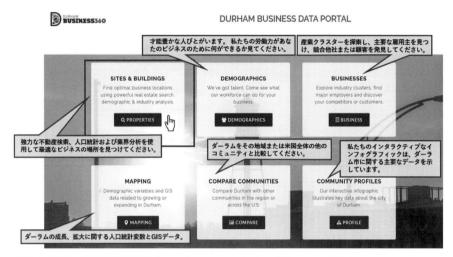

資料）DURHAM BUSINESS 360（https://data.durhambusiness360.com）より作成。

ようとしたことにあります。

　ダーラムで事業展開を考えている投資家にも、**図補 - 3**のようにさまざまな情報がわかりやすく提供されています。このウェブサイトでは、事業所を開く上での不動産情報、人口構造等の市場情報を入手できます。しかも、ダーラムのビジネス環境を地域との比較で提示するなどの工夫も行われています。例えば、「SITES & BUILDINGS（不動産）」をクリックします。すると、地図上に不動産の位置が示されるとともに、各不動産の情報が提示されます。ダーラムでの投資に関心を持っている人にとって、適地を見つけるのに便利な情報です。ダーラムが企業誘致に大きな関心を持っていることが投資家にも伝わってきます。

　10年以上にわたってダーラム市とダーラム郡は、インフラから安全、学校まですべての分野についての住民の考えを知るために「住民調査」を実施しており、結果が予算編成等に活用されています。図補 - 1の「住民調査」から進んでいくことができます。とくに注目したいのが「重要度 - 満足度」分析です。これは、限られた財源を最も有効に活用して住民満足度を最大にするためには、重要度が高く住民の満足度が低いサービスに優先的に予算を投入すべきだという考えです。住民調査から得られた主要行政サービスに対して、住民が感じる重要度と満足度

図補 − 4　　重要度-満足度比率

Category of Service	Most Important %	Most Important Rank	Satisfaction %	Satisfaction Rank	Importance-Satisfaction Rating	I-S Rating Rank
2019 Importance-Satisfaction Rating Durham, North Carolina Major Categories of City and County Services	**2019　重要度-満足度比率** ノースキャロライナ　ダーラム 市および郡の主要サービス					
Very High Priority (IS >.20)						
Overall maintenance of city streets	43%	2	29%	24	0.3044	1
Overall quality of public schools	38%	3	33%	23	0.2584	2
Overall quality of police protection	51%	1	59%	10	0.2099	3
High Priority (IS .10-.20)						
Overall ease of travel within Durham	23%	4	40%	18	0.1397	4
Overall quality of pedestrian facilities (e.g. sidewalks)	16%	5	37%	20	0.1024	5
Medium Priority (IS <.10)						
Overall quality of the public transit system (GoDurham)	14%	6	36%	21	0.0860	6

資料）Durham County 2019 Resident Survey Findings Report（https://www.dconc.gov/Home/ShowDocument?id=30130）より作成。

調査の結果を組み合わせて、行政サービスの供給の優先順位を付けたものの一部を**図補 − 4** に載せています。読者の皆さんもダーラムのオープンデータのウェブサイトを覗いてみてください。

参考文献・参考資料

はしがき
- 林宜嗣・林亮輔・林勇貴・山鹿久木（2018）『地域政策の経済学』日本評論社。

第1章
- Sutcliffe, S. and J. Court（2005）"Evidence-Based Policymaking: What is it? How does it work? What relevance for developing countries?" Overseas Development Institute, Research reports and studies.
- 経済誌『フォーブス』（2013年）
- 林宜嗣・中村欣央（2018）『地方創生20の提言』関西学院大学出版会。
- 林宜嗣・林亮輔・林勇貴・山鹿久木（2018）『地域政策の経済学』日本評論社。
- Kaplan, R. S. and D. P. Norton（2000）*The Strategy-Focused Organization: How Balanced Scorecard Companies Thrive in the New Business Environment*, Harvard Business School Press.（櫻井通晴訳（2001）『キャプランとノートンの戦略バランスト・スコアカード』東洋経済新報社。）

第2章
- 観光庁『共通基準による観光入込客統計』
- 経済産業省『工業統計調査』
- 厚生労働省『人口動態調査』
- 厚生労働省『毎月勤労統計調査』
- 国土交通省『国土数値情報』
- 総務省『経済センサス調査』
- 総務省『国勢調査』
- 総務省統計局『e-Stat』
- 総務省統計局『jSTAT MAP』
- 総務省統計局『miripo ミクロデータ利用ポータルサイト』
- 総務省統計局『住民基本台帳人口移動報告』
- 総務省統計局『世界の統計』
- 総務省統計局『全国消費実態調査』
- 総務省統計局『統計でみる都道府県・市区町村のすがた（社会・人口統計体系）』
- 総務省統計局『労働力調査』
- 谷謙二（2018）『フリー GIS ソフト MANDARA10パーフェクトマスター』古今書院。

・内閣府『県民経済計算』

・一橋大学経済研究所『SRI 一橋大学消費者購買指数』

第3章

・総務省『人口推計』

・総務省『労働力調査』

・総務省統計局『住民基本台帳人口移動報告』

・福井県『累年統計表』

・林宜嗣・林亮輔・林勇貴・山鹿久木（2018）『地域政策の経済学』日本評論社。

第4章

・栗山浩一（1998）「第6章　湿原生態系の評価と倫理的満足」『環境の価値と評価手法―CVM による経済評価―』、北海道大学図書刊行会。

・寺田鮎美（2007）「文化施設の便益計測と来館者の価値意識に関する実証分析―大原美術館を例に―」『日本都市計画学会論文集』第44巻第3号、pp.1-8。

・酒井隆（2012）『図解　アンケート調査と統計解析がわかる本 ［新版]』日本能率協会マネジメントセンター。

・菅民郎（2007）『らくらく図解　アンケート分析教室』オーム社。

・内田治・福島隆司（2011）『例解　多変量解析ガイド―EXCEL アドインソフトを利用して―』東京図書。

・林勇貴（2016）「仮想評価法を用いた博物館の実証的研究」『日本経済研究』第73巻、pp.84-110。

第5章

・一般財団法人自動車検査登録情報協会「自動車保有台数」（2020年9月）

・厚生労働省『賃金構造基本統計調査』（e-Stat）

・総務省統計局『統計でみる都道府県のすがた』

・総務省統計局『平成27年国勢調査最終報告書』

・内閣府『県民経済計算』

・林宜嗣・林亮輔・林勇貴・山鹿久木（2018）『地域政策の経済学』日本評論社。

第6章

・厚生労働省『健康寿命及び地域格差の要因分析と健康増進対策の効果検証に関する研究』

・厚生労働省『国民生活基礎調査』

・厚生労働省『人口動態統計特殊報告』

・総務省『社会生活基本調査・生活行動に関する結果』

・林宜嗣・山鹿久木・林亮輔・林勇貴（2018）『地域政策の経済学』日本評論社。

・林宜嗣・中村欣央（2018）『地方創生20の提言』関西学院大学出版会。

第7章

・国立社会保障・人口問題研究所『日本の地域別将来推計人口（平成30（2018）年推計）』

・総務省『国勢調査』

・総務省『労働力調査』

・内閣府『県民経済計算』

・内閣府『国民経済計算』民間企業資本ストック

・林宜嗣・山鹿久木・林亮輔・林勇貴（2018）『地域政策の経済学』日本評論社。

第8章

・小林伸生（2004）「シフト・シェア分析による国内各地域の製造業の生産動向分析」『経済学論究』第57巻、第4号、115-134頁。

・内閣府『県民経済計算』

・半澤誠司・武者忠彦・近藤章夫・濱田博之（2015）『地域分析ハンドブック』ナカニシヤ出版。

・林宜嗣・山鹿久木・林亮輔・林勇貴（2018）『地域政策の経済学』日本評論社。

第9章

・明石市ホームページ『こども医療費助成』

・大阪市ホームページ『こどもの医療費を助成します』

・大阪府交野市政策企画課（2018）『転入出者アンケート調査の結果報告』

・厚生労働省『保育所等関連状況取りまとめ（令和2年4月1日）』

・神戸市『保育所等利用待機児童数調査（2020年4月1日時点)』

・神戸市『令和元年中の人口の動き』

・神戸市ホームページ『こども医療費助成制度』

・総務省統計局『住民基本台帳人口移動報告』

・田中隆一（2016）『計量経済学の第一歩—実証分析のススメ』有斐閣。

・林宜嗣・山鹿久木・林亮輔・林勇貴（2018）『地域政策の経済学』日本評論社。

・森田果（2017）『実証分析入門—データから「因果関係」を読み解く作法』日本評論社。

・山本勲（2016）『実証分析のための計量経済学　正しい手法と結果の読み方』、中央経済社。

第10章

・愛知県（2016）『平成23年（2011年）愛知県産業連関表』愛知県県民生活部統計課

・大阪府（2016）『平成23年（2011年）大阪府産業連関表』大阪府総務部統計課

・大阪府（2018）『平成25年（2013年）大阪府産業連関表（延長表）』大阪府総務部統計課
・観光庁（2018）『共通基準による観光入込客統計』
・観光庁（2019）『訪日外国人消費動向調査』
・経済産業省（2017）『2025年国際博覧会検討会報告書』
・高林喜久生（2020）「地域産業連関表から見た関西経済の構造―大阪府経済を中心に」広瀬憲三編著『関西復権の道―アジアとの共生を梃子として』（関西学院大学産研叢書43号）、第1章、中央経済社。
・総務省『平成27年産業連関表』
・総務省『平成30年家計調査年報』
・土居英二・浅利一郎・中野親徳（2019）『はじめよう 地域産業連関分析（改訂版）』日本評論社。
・東京都（2016）『平成23年（2011年）東京都産業連関表報告書』東京都総務局統計部
・東京都オリンピック・パラリンピック準備局（2017）『東京2020大会開催に伴う経済波及効果（試算結果のまとめ）』2014年4月
・奈良県（2016）『平成23年奈良県産業連関表について』奈良県総務部知事公室統計課
・内閣府（2020）『平成28年度 県民経済計算年報（令和元年版）』内閣府経済社会総合研究所 国民経済計算部
・日本生産性本部（2019）『主要産業の労働生産性水準の推移』生産性データベース（JAMP／Japan Main Productivity-indicators database）
・兵庫県「兵庫県産業連関分析ワークシート」
・兵庫県統計課『平成27年兵庫県産業連関表』

第11章

・Rosen, S.（1974）"Hedonic Prices and Implicit Markets: Product Differentiation in Pure Competition," *The Journal of Political Economy*, Vol.82, No.1, pp.34-55.
・池内淳（2003）「仮想評価法による公共図書館の経済評価」『日本図書館情報学会誌』第49巻第3号、89-107頁。
・栗山浩一（1997）『公共事業と環境の価値―CVM ガイドブック―』築地書館。
・栗山浩一（1998）『環境の価値と評価手法―CVM による経済評価―』北海道大学図書刊行会。
・栗山浩一・庄子康・柘植隆宏（2013）『初心者のための環境評価入門』勁草書房。
・国土交通省「土地情報総合システム」

・国土交通省『国土数値情報ダウンロード』
・国土交通省河川局河川環境課（2010）「河川に係る環境整備の経済評価の手引き（別冊）」、3月
・林勇貴（2014）「地方公共財の間接便益とスピル・オーバー—芸術・文化資本へのヘドニック・アプローチの適用—」『関西学院大学経済学論究』第68巻第2号、61-84頁。
・林勇貴（2016）「仮想評価法を用いた博物館の実証的研究」『日本経済研究』第73号、84-110頁。
・林亮輔（2015）「鹿児島市内における企業活動に対する九州新幹線開業効果の検証—ヘドニック・アプローチを用いた実証分析」長峯純一編著『公共インフラと地域振興』中央経済社、34-50頁。

第12章
・依田高典・田中誠・伊藤公一朗（2017）『スマートグリッド・エコノミクス：フィールド実験・行動経済学・ビッグデータが拓くエビデンス政策』有斐閣。
・伊藤公一朗（2018）『データ分析の力　因果関係に迫る思考法』光文社。
・国土交通省『国土数値情報（都道府県地価調査データ）』
・国土交通省『全国都道府県市区町村別面積調』
・国土交通省『都道府県地価調査』
・国土地理院『測量計算サイト（距離と方位角の計算）』
・総務省『国勢調査』
・中室牧子・津川友介（2019）『「原因と結果」の経済学—データから真実を見抜く思考法』ダイヤモンド社。

第13章
・Goranczewski, B. and D. Puciato（2010）"Swot analysis in the formulation of tourism development strategies for destinations," *Tourism*, Vol.20, Issue 2, pp. 45-53.
・DBJ・JTBF『アジア・欧米豪訪日外国人旅行者の意向調査（2018年度版、2019年度版）』
・観光庁『共通基準による観光入込客統計』
・観光庁『宿泊旅行統計調査』
・観光庁『訪日外国人消費動向調査』
・京都市観光協会・京都文化交流コンベンションビューロー『2018年外国人客宿泊状況調査』
・国立社会保障・人口問題研究所『日本の地域別将来推計人口（平成29（2017）年推

計)』
・日本政府観光局『日本の観光統計データ』
・日本政府観光局『訪日外客・出国日本人数データ』

補章

・DURHAM OPEN DATA
・DURHAM BUSINESS 360（https://www.durhambusiness360.com）
・Durham County 2019 Resident Survey Findings Report
・林宜嗣・中村欣央（2018）『地方創生20の提言 考える時代から実行する時代へ』関西学院大学出版会、2018年

索　引

さ　行

執筆者一覧

林 宜嗣（はやし・よしつぐ）1、2、3、6、7、13、補章執筆
現在、株式会社 EBPM 研究所代表、前関西学院大学経済学部教授。1951年生まれ。関西学院大学経済学部卒業。関西学院大学大学院経済学研究科博士課程単位取得。経済学博士。主著：『現代財政の再分配構造』（有斐閣、1987年）、『都市問題の経済学』（日本経済新聞社、1993年）、『新・地方分権の経済学』（日本評論社、2006年）、『新版 地方財政』（有斐閣、2008年）、『地方創生20の提言―考える時代から実行する時代へ―』（共著、関西学院大学出版会、2018年）、『地域政策の経済学』（共著、日本評論社、2018年）、『基礎コース財政学』（共著、新世社、2019年）、『新・地方財政』（共著、有斐閣、2021年）ほか。

高林喜久生（たかばやし・きくお）5、10章執筆
現在、大阪経済法科大学経済学部教授。1953年生まれ。京都大学経済学部卒業。経済学博士。住友信託銀行、大蔵省財政金融研究所主任研究官、広島大学経済学部助教授、関西学院大学経済学部教授を経て現職。主著：『日本経済のマクロパフォーマンス―構造変化の実証分析―』（東洋経済新報社、1988年）、『地域間格差の財政分析』（有斐閣、2005年）、『関西経済の構造分析』（共著、日本評論社、2018年）、『関西経済復権の道―アジアとの共生を梃子として―』（共著、中央経済社、2020年）、『EU の規範とパワー』（共著、中央経済社、2021年）ほか。

髙﨑滋之（たかさき・しげゆき）2、3章執筆
現在、株式会社日本経済研究所主任研究員。1980年生まれ。京都大学農学部卒業。京都大学大学院農学研究科修士課程及び法政大学大学院経済学研究科修士課程修了。修士（農学、経済学）。食品メーカー勤務、地方自治体勤務を経て現職。主論文：「地方自治体における EBPM 導入に向けた調査研究」『日経研月報』2019年8月号（共著、2019年）。

林 亮輔（はやし・りょうすけ）5、9、12、13章執筆
現在、甲南大学経済学部教授。1983年生まれ。関西学院大学経済学部卒業。関西学院大学大学院経済学研究科博士課程修了。博士（経済学）。日本学術振興会特別研究員、鹿児島大学法文学部准教授を経て現職、厚生労働省地域雇用活性化推進事業支援コンサルタントを兼任。主著：『地域再生戦略と道州制』（共著、日本評論社、2009年）、

『公共インフラと地域振興』（共著、中央経済社、2015年）、『地域政策の経済学』（共著、日本評論社、2018）、『基礎コース財政学』（共著、新世社、2019年）、『新・地方財政』（共著、有斐閣、2021年）。

林 勇貴（はやし・ゆうき）　4、8、11章執筆
現在、大分大学経済学部准教授。1988年生まれ。関西学院大学経済学部卒業。関西学院大学大学院経済学研究科博士課程修了。博士（経済学）。日本学術振興会特別研究員を経て現職、文化庁技術審査専門員を兼任。主著・主論文：『文化経済学—理論と実際を学ぶ』（共著、有斐閣、2019年）、「仮想評価法を用いた博物館の実証的研究」『日本経済研究』第73号（2016年）、『地域政策の経済学』（共著、日本評論社、2018年）、『基礎コース財政学』（共著、新世社、2019年）、『新・地方財政』（共著、有斐閣、2021年）ほか。

能瀬昂介（のせ・こうすけ）　2、3章執筆
現在、株式会社日本経済研究所副主任研究員。1993年生まれ。法政大学経済学部卒業。大阪大学大学院経済学研究科修士課程修了。修士（経済学）。証券会社のエコノミストを経て現職。主論文：「地方自治体における EBPM 導入に向けた調査研究」『日経研月報』2019年8月号（共著、2019年）。

編著者

林 宜嗣（はやし・よしつぐ）　株式会社 EBPM 研究所代表取締役
林 亮輔（はやし・りょうすけ）　甲南大学経済学部教授

地域データ分析入門
すぐに役立つ EBPM 実践ガイドブック

2021年12月25日　第1版第1刷発行
2024年10月15日　第1版第5刷発行

編著者──林 宜嗣・林 亮輔
発行所──株式会社日本評論社
　　　　　〒170-8474　東京都豊島区南大塚3-12-4
　　　　　電話 03-3987-8621（販売）、03-3987-8595（編集）
　　　　　https://www.nippyo.co.jp/ 振替 00100-3-16
印刷所──精文堂印刷株式会社
製本所──株式会社難波製本
装　幀──図工ファイブ
検印省略 © Y. Hayashi and R. Hayashi, 2021
落丁・乱丁本はお取替えいたします。
Printed in Japan
ISBN978-4-535-55947-9